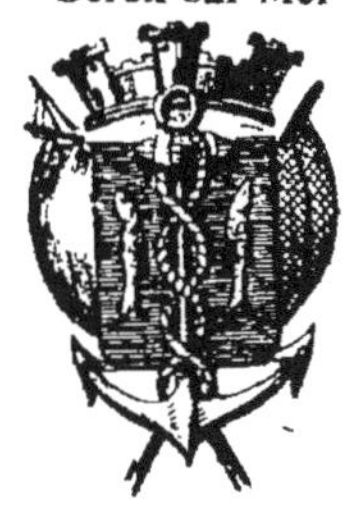

L. DUPLAIS

Officier d'Académie

LE VIEUX BERCK

Illustrations hors texte.

Chaque pays a ses usages, ses mœurs, ses habitudes.
(Acad.)

PRIX : DIX FRANCS

1909

IMPRIMERIE H. VAILLANT-CARMANNE (S. A.
8 — Rue Saint-Adalbert — 8
LIÉGE

DU MÊME AUTEUR :

Poésies (éditions épuisées) . . . . o 50
   (Médaille d'honneur de la Société d'Encouragement au Bien.)
Progrès de la Littérature en Saintonge. . . . . ·o 50
Les Figures maritimes (célébrités rochefortaises) 8 00
   (Médaille d'honneur de la Société d'Instruction et d'Éducation
     populaires.) (2 vol. de 1665 à 1896.)
L'Amiral Dupleix 1 00
   (Médaille d'honneur de l'Académie des Palmiers.)
Rioust de Villaudren (éditions épuisées) 1 00
   (Médaille de bronze de la Société littéraire et artistique « La
     Pomme ».)
Ollivier Basselin 1 00
   (Mention honorable.)
La Bretagne et ses fils 5 00
   (Médaille de première classe de l'Académie des Palmiers.)
Le Vin de Champagne . . . . o 15
Malfiliâtre. 1 00
   (Médaille de bronze de l'Académie Normande.)
Bagnoles-de-l'Orne (deuxième édition) 1 25
   (Médaille de vermeil de la Société littéraire et artistique « La
     Pomme ».)
Brizeux, avec portrait (deuxième édition) 1 50
   (Médaille de bronze, même concours.)
Etude sur la Légion d'honneur . . . . o 50
Etude sur Bouquet (Michel) (édition épuisée) . . . . o 50
   (Première mention de la Société « La Pomme ».)
Etude sur les Anguier (deuxième édition) . . . . o 75
Littré, sa vie, ses œuvres. Historique du Dictionnaire français. 1 00
   (Médaille de bronze de la Société « La Pomme ».)
Broussais (histoire complète) 1 00
Biographie du Docteur Cazin, avec portrait 1 00
Etudes Littéraires (Gustave Flaubert et Bouquet) 1 50
Lourdes 1 00

Voir suite 3ᵉ page de la couverture.

L. DUPLAIS

Officier d'Académie

LE VIEUX BERCK

Illustrations hors texte.

Chaque pays a ses usages, ses mœurs, ses habitudes.
(*Acad.*)

PRIX : DIX FRANCS

1909

IMPRIMERIE H. VAILLANT-CARMANNE (S. A.)
8 — Rue Saint-Adalbert — 8
LIÉGE

A Monsieur le Docteur D. Quettier, Maire, Conseiller général, Chevalier de la Légion d'honneur.

A Messieurs les Adjoints et Conseillers municipaux de la Ville de Berck-s/mer.

Messieurs,

En vous dédiant ce livre, — recueil des travaux accomplis par vos prédécesseurs, — je n'ai qu'un but, celui d'encourager, s'il est possible, votre dévouement aux intérêts du pays.

Ouvriers de la première heure, aidés par la science médicale et chirurgicale, ils ont fait sortir de ce pauvre petit village, de ces montagnes de sable, de ces garennes incultes, une ville connue du monde entier.

L'histoire doit être impartiale. Si quelques-uns ont dévié du chemin de l'honneur, rappelons-nous que nul n'est parfait, et paix à leurs cendres.

L. DUPLAIS.

Berck-Plage, le 31 mars 1909.

BERCK.

D'après M. Souquet, archéologiste et historien d'Etaples, les Berckois seraient arrivés à Berck, comme naufragés, provenant de l'Amérique du Nord, ou des pays au-dessus de la Scandinavie, vers l'an 1300. Le navire sur lequel ils étaient, portait le nom de *l'Arche* et vint échouer dans la partie sud à quatre kilomètres du clocher. Ils recueillirent les épaves du petit canot de *l'Arche* et l'appelèrent dans leur patois *S'tio Barco*, d'où vient le nom de Berck.

En 1311, il s'écrivait comme maintenant. En 1587, il s'orthographiait *Berque*; en 1632, *Bercq* et *Bricq*. A la veille de la Révolution, ainsi que dans la première moitié du XVIIIe siècle, *Berqueville*.

Au XIIe siècle, la bourgade qu'était Berck, alors perdue au milieu des sables, fut incendiée plusieurs fois par les Anglais (¹), qui ne laissèrent debout que la tour de l'Eglise.

Elle fut de nouveau pillée et ravagée en 1542. Deux ans plus tard, pendant le siège de Montreuil, plusieurs maisons furent incendiées ainsi que l'église et le Moulin. Ce qui restait fut détruit lors du passage de l'armée du Dauphin qui allait pour reprendre Boulogne.

Avant la guerre on comptait 1800 habitants et 300 maisons. Quant la paix fut signée, il ne restait que 250 personnes, 20 maisons et quelques huttes!... Les Berckois n'aimaient et n'aiment encore pour la plupart, que le métier de marin, malgré les dangers continuels auxquels ils sont exposés.

(¹) Origine de la dénomination : *Chemin des Anglais*.

Quelques-uns se sont signalés par les services rendus au pays.

L'histoire doit également conserver les noms de deux braves femmes. L'une, la veuve Delacroix mourut centenaire: l'autre, Marianne Brillard, fonda la Plage de Berck.

Familles Berckoises

Habitant la commune aux XVIIe et XVIIIe siècles.

1669. — Cornu, Malingre, Rivet, Clerc. Macquet, Bataille, Blond, Baillet et Bouville.

1670. — Blondel et Fontaine.

1672. — Calouin.

1675. — Le Bœuf et Beauchamp.

1678. — Parmentier.

1689. — Bodot, Deplanque. Dez, Delattre et Delarue.

1690. — Gressier.

1691. — Pauchet.

1732. — Drapier.

1735. — Caubert, Deguine et Bridenne.

1741. — Thuillier, Bodot, Lamart, Fournier. Pentier, Bras et Marchand.

1753. — Callouart, Boulogne. Buzelin, Wadoux et Wisse.

1760. — Romain, Deroussant, Sagnier, Watelier et Renault.

1761. — Clément.

1762. — Cozette, Droit et Carpentier.

1763. — Couplet, Delavalle, Bernard et Deprierre.

1764. — Herbette.

1765. — Derne et Lentialle.

1766. — Berzin et Odiquer.

1767. — Cacheleux et Dumini.

1768. — Haudiguer.

1773. — Masson.

1778. — Boulanger, Michault et Valun.
1780. — Boisselier, Deparis, Claire, Ledoux et Guilbert.
1781. — Hagnéré, Boubet et Pruvost.
1782. — Ouin et Charlet.
1784. — Marlart.
1785. — Danne et Crapoulet.
1786. — Danzon et Duhamel.
1787. — Maillart et Delossière.
1788. — Loffière.
1789. — Douai, Leleu et Colibeau.
1793. — Grumelard, Geloul et Duporche.

Etat-civil

De 1669 à 1908.

De 1669 à 1792, les registres de l'Etat-Civil étaient tenus par le Clergé, qui allait à Montreuil les faire parapher par les représentants du pouvoir; c'est ainsi que se retrouvent sur ceux de l'Eglise St-Jean-Baptiste, du village de Bercq, les noms de MM.:

1691. — ENLART (François), Seigneur de *La Salle Gambierre* Conseiller du Roy et son lieutenant général à Montreuil-sur-M. (Ce registre fut présenté par le sieur Le Blond, matelot, marguillier de la dite paroisse).

1706. — PRÉVOST D'AURICOURT (Charles) garde et conservateur des registres baptêmes, mariages et sépultures, pour les élections de Doullens et Ponthieu. Soumis à la régie des droits de contrôle, suivant l'édit du Roy, de juin 1705.

De 1731 à 1738. — BECQUET (Jean-Baptiste-François). Seigneur du grand et du petit Beaurepaire, Conseiller du Roy et son lieutenant au baillage d'Amiens, établi à Montreuil-sur-Mer y tenant le siège pour la vacance des charges de lieutenant général et particulier.

1755. — HURTEL (J.-Bte-Joseph), Seigneur d'*Aboval*, Conseiller et avocat du Roy, au baillage d'Amiens, établi à Montreuil-sur-Mer, y tenant le siège pour la vacance des charges de lieutenant général et particulier. (Présenté au greffe par M. *Le Sage*, vicaire général).

De 1756 à 1758. — MONSIGNY (Godefroy-Nicolas), Conseiller du Roy, lieutenant particulier, assesseur criminel au baillage d'Amiens, y tenant le siège pour la vacance de la charge de lieutenant général.

De 1759 à 1789. — POULTIER, Conseiller du Roy, au baillage de Montreuil.

An I. 1792. 12 décembre. — Les registres d'Etat-Civil de la municipalité de Bercq, canton de Waben, district de Montreuil-sur-Mer ont été paraphés, par MM.:

BOIDIN (Louis-Albert-Antoine), Vice-Président du Directoire, à Montreuil-sur-Mer.

An II. — BRAZIER (Jean-François-Joseph), Vice-Président à Montreuil.

An III. 6 Fructidor. — HACOT-DUVIOLLIER, Administrateur du Directoire à Montreuil-sur-Mer.

De l'an III à l'an V. — GIRANDON (Célestin), Président de l'Administration municipale du canton de Waben.

An VI. — BRASSEUR (J.-Bte), Président de l'Administration pour le canton de Waben.

An VII. — BOUBET, Président du canton de Waben, accompagné du citoyen OBRON, Secrétaire de la dite Commune.

An VIII. — MARIETTE (Jacques-François), Agent municipal de Waben, accompagné du citoyen OBRON, Secrétaire.

An X. — POULTIER, Sous-Chef de Montreuil-sur-Mer.

De l'an XI à l'an XIV. — ENLART, Président du Tribunal de Montreuil. Les registres des Actes de l'Etat-Civil, ont été arrêtés en exécution de l'art. 4 du décret impérial, du 21 Fructidor, au XIII et seront continués sous les dates du calendrier Grégorien pendant l'année, 1806.

A Berck, le 10 Nivose, an XIV.

(31 Décembre 1805).

Signé: Beaussant, Maire.

De cette époque à la nôtre, les registres de l'Etat-Civil sont côtés et paraphés par MM. les Sous-Préfets et Magistrats du Tribunal Civil de Montreuil-sur-Mer.

Naissances. Mariages. Décès.

De 1669 à 1908.

SIÈCLES	ANNÉES	NAISSANCES	MARIAGES	DÉCÈS
XVIIᵉ	1669	5	5	6
»	1670	10	2	10
»	1671	4	10	7
»	1672	32	9	12
»	1673	43	6	9
»	1674	29	15	11
»	1675	21	3	6
»	1676	23	7	5
»	1677	37	10	4
»	1678 à 1680	Pas de documents	Pas de documents	Pas de documents
»	1681	14	7	16
»	1682	30	11	11
»	1683	31	2	20
»	1684	12	5	9
»	1685	8	12	15
»	1686	6	9	10
»	1687	32	7	23
»	1688	31	4	26
»	1689	33	3	17
»	1690	31	13	25
»	1691	45	10	24
»	1692	34	13	26
»	1693 à 1697	Pas de documents	Pas de documents	Pas de documents
»	1698	28	9	5
»	1699 à 1700	Pas de documents	Pas de documents	Pas de documents
XVIIIᵉ	1701	34	4	21
»	1702	22	10	14
»	1703	25	14	22
»	1704	30	10	37
»	1705	Pas de documents	Pas de documents	Pas de documents
»	1706	27	12	24
»	1707	32	11	31
»	1708	26	9	58
»	1709	6	4	31
»	1710	11	6	28
»	1711	11	20	31
»	1712	21	16	15
»	1713 à 1714	Pas de documents	Pas de documents	Pas de documents
»	1715	4	3	8
»	1716	6	2	11
»	1717	6	3	9
»	1718 à 1728	Pas de documents	Pas de documents	Pas de documents
»	1729	6	3	10
»	1730	2	2	5

SIÈCLES	ANNÉES	NAISSANCES	MARIAGES	DÉCÈS
XVIIIe	1731	8	4	6
»	1732	10	4	11
»	1733	7	3	5
»	1734	9	2	9
»	1735	3	1	4
»	1736	11	5	9
»	1737	8	3	5
»	1738	6	4	12
»	1739	19	6	15
»	1740	12	9	8
»	1741	17	4	21
»	1742	17	4	17
»	1743	16	8	30
»	1744	29	8	6
»	1745	18	5	5
»	1746	27	6	6
»	1747	24	3	11
»	1748	27	8	28
»	1749	29	10	40
»	1750	32	8	11
»	1751	27	16	Pas de documents
»	1752	28	4	11
»	1753	26	6	11
»	1754	34	17	15
»	1755	32	5	10
»	1756	28	2	9
»	1757	24	6	23
»	1758	23	7	25
»	1759	25	11	15
»	1760	20	5	8
»	1761	34	5	20
»	1762	26	1	29
»	1763	28	30	48
»	1764	41	8	21
»	1765	37	5	18
»	1766	37	10	37
»	1767	29	2	25
»	1768	45	5	15
»	1769	20	5	18
»	1770	33	3	20
»	1771	37	8	15
»	1772	Pas de documents	Pas de documents	22
»	1773	24	6	34
»	1774	23	3	38
»	1775	19	8	49
»	1776	26	8	12
»	1777	22	4	12
»	1778	26	6	10
»	1779	21	9	39
»	1780	28	6	15

Siècles	Années	Naissances	Mariages	Décès
XVIIIe	1781	28	16	17
»	1782	41	4	8
»	1783	29	11	29
»	1784	11	4	8
»	1785	39	9	28
»	1786	35	7	38
»	1787	38	12	35
»	1788	46	8	29
»	1789	31	1	16
»	1790	30	9	16
»	1791	47	11	12
»	1792	37	30	38
»	1793	80	20	29
»	1794	44	14	Pas de documents
»	1795	27	8	»
»	1796	43	17	»
»	1797	51	18	»
»	1798	43	Pas de documents	20
»	1799	51	9	27
XIXe	1800	Pas de documents	11	17
»	1801	»	11	41
»	1802	»	16	29
»	1803	»	8	20
»	1804	»	10	35
»	1805	»	Pas de documents	25
»	1806	»	»	26
»	1807	»	12	22
»	1808	»	14	28
»	1809	»	7	24
»	1810	34	8	21
»	1811	37	4	39
»	1812	28	10	28
»	1813	36	9	14
»	1814	43	18	17
»	1815	48	15	11
»	1816	47	4	16
»	1817	36	2	14
»	1818	39	12	16
»	1819	45	10	23
»	1820	50	12	26
»	1821	49	3	13
»	1822	38	11	26
»	1823	60	13	30
»	1824	53	12	22
»	1825	59	26	33
»	1826	58	18	16
»	1827	70	9	48
»	1828	64	7	44
»	1829	58	11	33
»	1830	65	16	24

SIÈCLES	ANNÉES	NAISSANCES	MARIAGES	DÉCÈS
XIXe	1831	71	17	32
»	1832	61	16	134
»	1833	76	11	48
»	1834	48	7	25
»	1835	60	15	32
»	1836	74	7	31
»	1837	63	8	34
»	1838	67	17	28
»	1839	68	9	38
»	1840	61	14	37
»	1841	58	16	35
»	1842	57	18	53
»	1843	71	28	32
»	1844	82	12	38
»	1845	74	15	41
»	1846	64	14	37
»	1847	50	11	25
»	1848	66	21	53
»	1849	86	20	90
»	1850	71	13	38
»	1851	80	20	39
»	1852	75	12	54
»	1853	76	14	38
»	1854	60	14	23
»	1855	69	11	48
»	1856	80	35	35
»	1857	116	37	46
»	1858	98	24	60
»	1859	108	24	62
»	1860	90	26	86
»	1861	106	25	59
»	1862	101	32	100
»	1863	122	37	56
»	1864	120	31	58
»	1865	123	37	68
»	1866	149	41	127
»	1867	148	31	101
»	1868	160	51	90
»	1869	148	41	97
»	1870	170	25	161
»	1871	115	29	128
»	1872	152	31	81
»	1873	133	26	115
»	1874	114	22	109
»	1875	113	23	105
»	1876	107	34	116
»	1877	117	25	104
»	1878	105	27	113
»	1879	129	30	119
»	1880	100	24	150

SIÈCLES	ANNÉES	NAISSANCES	MARIAGES	DÉCÈS
XIXᵉ	1881	110	41	107
»	1882	154	33	116
»	1883	121	39	152
»	1884	126	43	147
»	1885	141	41	124
»	1886	160	32	146
»	1887	144	56	144
»	1888	163	34	155
»	1889	149	41	144
»	1890	146	33	160
»	1891	157	42	170
»	1892	158	47	166
»	1893	176	45	172
»	1894	196	64	221
»	1895	183	51	178
»	1896	191	47	161
»	1897	213	68	186
»	1898	186	47	205
»	1899	217	52	232
XXᵉ	1900	208	39	240
»	1901	182	50	255
»	1902	201	64	237
»	1903	195	46	235
»	1904	194	65	251
»	1905	227	68	263
»	1906	230	65	293
»	1907	224	79	297
»	1908	223	87	274

Eglise St-Jean-Baptiste [1]

L'Eglise de Berck-Ville rappelle les monuments du XIIIe
siècle. On croit cependant qu'elle date de 1137. Elle est ensa-
blée et on y pénètre par la fenêtre qui surmontait jadis le
portail, le niveau du pavé étant à quatre mètres au-dessus
du pavage primitif. *C'est ici la Maison de Dieu*, est-il écrit
sous le vitrail d'entrée. La tour, autrefois beaucoup plus

---

[1] *Berck Ville et Plage*, 3ᵉ édition, 1900, page 78.

élevée, est une construction tout à fait distincte du reste de l'édifice. Elle a une forme quadrilatère et a porté un feu, jusqu'à la Révolution. Les cartes des XVIIe et XVIIIe siècles la représentent, comme un phare situé sur le bord de la mer. Le dernier guetteur, du nom de Boulongue (Michel), fut frappé par la foudre, en 1780. Elle porte encore la trace d'un système de défense qui se trouve dans les forteresses et églises du moyen-âge. C'est un mâchicoulis, espèce d'ouverture verticale pratiquée à l'extérieur sur la façade occidentale au-dessus du portail. C'était par cette ouverture que les assiégés, en temps de guerre, jetaient des matières enflammées sur les ennemis. La restauration en pierres blanches que la mer a profondément rongées, a eu lieu pour réparer les dégâts causés par l'orage de 1780. La partie supérieure en briques et la flèche datent du commencement du siècle dernier. Les premiers matériaux sont en grès, d'un brun gris, extrait d'un rocher recouvert par les eaux de la mer. Le clocher renferme deux cloches; la plus ancienne date de 1546. Le vaisseau qui renferme les deux nefs n'est pas lié mais simplement adossé à la tour. Les huit colonnes octogonales en grès qui supportent et divisent la longueur totale en six travées ont leurs chapiteaux à un mètre au-dessus du niveau du pavé. Les fenêtres des nefs, ainsi que celles du chœur, ont été relevées; on voit encore les restes de deux anciens chapiteaux portant la trace d'armoiries. La voûte est un berceau ogival en plafond tout à fait récent; les chefs représentent: l'homme, le lion, l'aigle et le bœuf. La fenêtre de l'abside a été murée et porte la trace de meneaux; celles du chœur ont été rétrécies. Ce dernier, plus élevé que les nefs, dont il est séparé par un arc triomphal en plein cintre, est moins ancien que le reste de l'édifice; il remonte à peine au XVIIe siècle; sa voûte est comme une ogive surbaissée, avec nervures prismatiques qui viennent finir sur des pendentifs dignes d'attention; ils sont en pierre jaune gris et représentent une quinzaine de naïfs sujets. L'Église est sous le vocable de St-Jean-Baptiste. Parmi les statues qu'elle renferme, celles de St-Vincent-de-Paul et de St-Marcoul sont assez remarquables. Plusieurs vitraux ont été offerts par les paroissiens. Les familles Clef et Macquet; Mmes Bataille-Thorillon, Coppin et autres personnes désignées seule-

Eglise St-Jean-Baptiste. — Berck-Ville. — 1137.

Cliché F. Fournier.

ment par leurs initiales. Celui des *Reines*, a été donné de 1881 à 1887. En décembre 1894, un morceau de plafond se détacha pendant un service d'enterrement et blessa un assistant.

Le clocher fut réparé, en 1897, par les soins de M. Macquet Rivet (Emile) qui fit appel à la générosité publique [1].

A la fin de 1889, en faisant des travaux de carrelage, les ouvriers mirent à jour un autel et un cercueil parfaitement bien conservés.

L'Eglise est le seul monument historique de la Ville. Une ancienne coutume, chère à tous les Berckois, est d'illuminer la paroisse quand on procède à l'adjudication des « places »; la tradition est de conserver celles de ses ancêtres. Les prix atteints sont parfois très élevés, comme il arriva pour la vente, en 1899.

De 1650 à 1780, plusieurs habitants furent enterrés dans l'Eglise. Voici leurs noms :

1650. — Bouville (Charles).

1748. 9 Novembre. — Bridenne (Marguerite), 51 ans, femme de Rivet (Charles), maître de bâteau.

1749. 14 juin. — Roussel (Nicolas), 63, ans, veuf de Vasseur (Marguerite).

1760. 1er Juin. — Malingre, 73 ans, receveur de la Vicomté de Berck.

1763. 29 mai. — De La Rue (J. Ble), 52 ans, inhumé en présence de Malingre (Jacques), bailly.

1764. 11 Janvier. — Rivet, 62 ans, patron de bâteau.

1766. 12 décembre. — Malingre (Charles), 34 ans, époux de Roussel (Elisabeth).

1769. 31 Mars. — De Calonne de Bessart (Elisabeth), veuve de Messire De Collivaux, Seigneur de Mousseaux.

1769. 26 Octobre. — Malingre (Pierre).

1780. 12 Mars. — Marchand (Marguerite).

A partir de cette année, les prêtres eux-mêmes eurent leur sépulture dans le Cimetière.

---

[1] Souscription du 25 juin 1897.

Le Clergé

Prêtres et desservants de l'Eglise St-Jean-Baptiste de Berck,

de 1670 à 1908.

1670. — MM. Le Badif, curé.

1688. — J. Bouery, curé, Froissart, Macquet, abbés.

1689. — Flagault (Charles), curé, décédé à l'âge de 74 ans, le 18 avril 1729. Inhumé à Montreuil-sur-Mer.

1691. — Drunolt, vicaire.

1730. 8 Février. — Le R. P. Cyprien de Ste Rose, carme de Montreuil, célébra le mariage de Cornu (Jacques) avec Bouville (Jeanne).

1730. — Binois, curé.

1732. 9 Février. — Le R. P. Germain de Ste Angelique, carme de Montreuil, baptisa Bouville (Jeanne).

1736. 4 Avril. — Le R. P. Gévy de St Augustin, carme de Montreuil, baptisa Macquet (Marie-Thérèse et Jean-François) jumeaux.

1736. 3 Décembre. — Le R. P. André de St Joseph, prieur, carme de Montreuil, baptisa Rivet (Marie-Jeanne).

1737. 2 Février. — Le R. P. Romain de Ste Thérèse, des carmes de Montreuil, baptisa Bridenne (Philippe).

1738. — Roussel (Louis), curé.

1738. 10 Janvier. — Le R. P. Constantin de St Jean Baptiste, célébra le mariage de Cornu (Claude), tendeur de bateaux avec Bouville (Jeanne).

1747. 30 Septembre. — A été passé l'acte suivant :

« Par nous, Malingre (Louis-Pasquier), bachelier en théolo-
» gie, de la Faculté de Paris, vicaire de la Madeleine, en la
» cité de Paris, en présence du sieur Roussel (Louis), curé de
» Berck, a été marié solennellement Malingre (Jacques), âgé
» d'environ 25 ans, fils de feu Malingre et de Baillet (Marie-
» Jeanne), d'une part, assistés chacun de Messire Malingre
» (Michel-Philippe), maître ès arts, en l'Université de Paris

» et vicaire de Quend, son oncle, et Marchand (Marguerite),
» fille de feu Marchand et Mlle Boulle (Antoinette), âgée d'envi-
» ron 20 ans, assistée de Marchand (Jean), son père; autre
» part tous deux de cette paroisse, etc. »
Suivent les signatures.

1770. — Becquelin, vicaire.

1779. — Rivet, desservant.

1782. — Daullé, vicaire.

1783. — Lécuyer, curé.

1789. — Conbronne, curé.

1793. — Hecquet (Charles), curé constitutionnel.

De cette époque à 1848, la paroisse fut administrée par MM.
Daveluy, Delattre, Vasseur et Derain, curés.

1848. — M. Delrue, curé, décédé le 28 mai 1881, inhumé à
Berck-Ville.

1881. 3 Juin. — Coppin, curé.

Berckois

Rivet, Inspecteur général des douanes.

1789. — Rivet (Théophile), fils de Rivet (Philippe), mareyeur
et de Malingre (Marie-Anne), était le sixième d'une famille
de dix enfants. Après avoir reçu quelques leçons de l'abbé
Hecquet, il s'instruisit seul. A dix-huit ans, il était postillon
et faisait le service de Berck à Paris. A l'un de ses départs
de la Capitale, la diligence qu'il conduisait n'avait plus qu'une
place de libre, quand deux dames se présentèrent pour partir.
Les voyageurs mécontents, voulaient bien en laisser monter
une, mais ils se refusaient d'accepter la seconde. Le jeune
Rivet intervint et avec beaucoup de persuasion finit par caser
la jeune dame qui se plaça près de sa mère. Pour l'en remer-
cier, celle-ci lui donna sa carte en disant: « quand vous

viendrez à Paris, je ferai quelque chose pour vous ». Cette carte portait le nom de Mme de Champlieu, dont le fils était alors directeur général des douanes.

De retour à Berck, Rivet consulta sa famille et il fut convenu qu'à son prochain voyage, il se présenterait chez sa protectrice. L'accueil le plus cordial lui fut fait et M. de Champlieu le fit immédiatement entrer dans ses bureaux à titre d'auxiliaire. Il y resta deux ans. Fit ensuite les campagnes de Russie, d'Allemagne; la paix signée, il revint à Paris, rentra de nouveau dans l'Administration des Douanes à titre de surnuméraire. Quelques années après, il fut nommé commis principal à Bastia et à Dieppe; demanda et obtint d'aller à la Guadeloupe, en qualité de Directeur intérimaire. Nommé inspecteur principal à Bourbon, il fut, sur la demande du Contre-Amiral Bazoche, décoré de la Légion d'Honneur, en récompense de ses bons services et nommé inspecteur général.

Se sentant malade, il demanda son retour en France, mais n'eut pas la consolation de revoir sa Patrie; il mourut sur la terre étrangère, en octobre 1849, à l'âge de 60 ans.

Il avait épousé une créole, Mlle Girandeau, de laquelle il eut deux enfants. Un fils, mort à Saïgon, en 1903, inspecteur des finances, et une fille mariée au commandant Delagrange. Son éloignement et sa haute situation ne l'avaient point fait oublier sa famille, dont il fut toujours le soutien. Son père avait été ruiné dans l'affaire des Fourgons (¹). L'une de ses sœurs, épousa M. Cornu (Jean Louis), qui fut maire de Berck. Parmi ses plus proches parents se trouvent MM. Cornu-Parmentier, Fontaine et Lecieux, secrétaire actuel de la Mairie de Berck.

(¹) Avant les lignes de chemins de fer, des Sociétés s'étaient formées pour le transport du poisson à Paris et autres villes. La Société des *Fourgons*, de Berck, était une succursale de celle de Boulogne s/mer; quand elle fit faillite, elle entraîna la ruine de trois berckois, parmi lesquels se trouvait Rivet (Philippe).

1819. — **Bouville dit Prince de Joinville.**

Bouville (Jacques-Antoine), dit *Prince de Joinville*, né à Berck, en 1819; décédé le 29 décembre 1908. Après avoir voyagé quelque temps sur l'*Alquemen* et la *Créole*, il passa à bord de la *Belle-Poule*, commandée par le capitaine de corvette, Prince de Joinville. C'est à Constantinople, où son navire se trouvait, que le commandant reçut l'ordre d'appareiller pour conduire la *Belle-Poule* à Ste-Hélène, afin d'y aller chercher et de ramener en France la dépouille mortelle de Napoléon Ier.

Bouville fit partie du détachement des huit marins qui transportèrent le cercueil à bord, le 16 octobre 1840 (¹), après que le général anglais Munemore en eût fait la remise au Prince de Joinville.

Il se trouva également aux sièges de Mogador et de la Vera Cruz. Par décision ministérielle, en date du 27 mars 1906, il reçut la médaille d'honneur des marins et du commerce. L'année suivante, ce vieux brave fut décoré de l'Etoile noire du Bénin.

Les jours de fêtes, quand nos marins suivent les processions, sur la poitrine de plus de 150 d'entre eux brillent les médailles rappelant leur dévouement et leurs états de services. Aux trois couleurs nationales, se mêlent celles du Tonkin, de Crimée, de la Baltique, du Mexique, d'Italie, de Madagascar, de Chine, etc., etc.

Aussi bien dans la campagne de 1870-71, que dans les colonies, nos marins Berckois se sont signalés et se signalent encore par leur courage et leur amour de la Patrie!

En août 1908, un tout jeune, Gressier (Philippe), trouva la mort dans l'explosion de la *Couronne*, à Toulon. La dépouille de cette victime du devoir, repose dans le cimetière de Berck-Ville.

____

(¹) Le dernier survivant de la « *Belle-Poule* », Civatte (Jean-Pierre), habite Nice et est âgé de 86 ans.

Berckoises

LA CENTENAIRE.

An VI, 10 Ventôse. Bridenne (Elisabeth), veuve Delacroix.

Acte de naissance.

Aujourd'hui dix Ventôse, sixième année républicaine, six heures du soir, par devant moi, Charles Deroussant, agent municipal de la commune de Berck, chargé de recevoir les actes destinés à constater les naissances, mariages et décès des citoyens est comparu en la maison commune Claude Bridenne, matelot, âgé de 42 ans, assisté de Philippe Bodot, matelot, âgé de 21 ans et de Elisabeth Buzelin, âgée de 21 ans, tous domiciliés dans la commune de Berck, a déclaré à moi Charles Deroussant que Marie-Anne Baillet, sa femme du légitime mariage est accouchée aujourd'hui dans sa maison d'un enfant femelle auquel il a donné le prénom d'Elisabeth, d'après cette déclaration, que Philippe Bodot et Elisabeth Buzelin ont certifié conforme à la vérité et la représentation de l'enfant dénommé, j'ai rédigé le présent acte que Claude Bridenne, père de l'enfant, Philippe Bodot et Elisabeth Buzelin ont déclaré ne savoir signer.

Fait en la commune, le jour, mois et an susdit :

Signé : DEROUSSANT.

Elisabeth Bridenne est décédée, le 1er Mars 1899. Elle répétait souvent : « Le travail ne fait pas mourir » et en effet que de luttes, de fatigues, de larmes dans cette longue existence !

Cliché L Duplais.

LA CENTENAIRE,

Elisabeth BRIDENNE, veuve DELACROIX, née à Berck-Ville, le 10 ventôse, An VI.
Décédée le 1er Mars 1899.

Confirmée à l'âge de onze ans, elle fit sa première communion à quatorze et se maria à vingt-sept ; elle eut sept enfants, en perdit trois du croup dans la même semaine ; seules deux filles lui restèrent.

Elisabeth épousa Delacroix (Jean Baptiste), décédé le 1er Mai 1875, à l'âge de soixante-douze ans. Il fut patron de bateau pendant une quarantaine d'années et conseiller municipal [1]. Les anciens Berckois se le rappellent, coiffé non du bonnet de matelot, mais singulière particularité, d'un chapeau haut de forme.

Depuis 1825, la veuve Delacroix habitait la même maison construite pour son mariage, rue des Grognards. D'une foi très ardente, elle récitait chaque jour son chapelet trois fois — toujours le même depuis soixante ans. — Aveugle pendant une vingtaine d'années, elle recouvra la vue à quatre-vingt-dix-sept ans. **Sa nourriture ne s'est jamais composée que de lait**, de pommes de terre et de lard. Comme douceurs, elle aimait le sucre candi. Ni sourde, ni infirme, douée d'une mémoire remarquable on peut dire qu'elle s'est éteinte dans la plénitude de ses facultés.

Le 28 février 1898, la ville de Berck, célébra la fête de la centenaire. Tout le pays fut en joie. Dès la veille, la musique municipale lui donna une aubade et lui offrit des fleurs. Le matin, elle se rendit dans le coupé de M. Paul Magnier, à l'Eglise paroissiale, où la foule lui témoigna une respectueuse sympathie. Un repas auquel assistèrent MM. l'abbé Coppin, curé de Berck-Ville et Deligny, vicaire ; Parmentier (Oswald), maire ; Macquet (Philippe), adjoint, réunit les familles Bridenne, Delacroix et Fontaine-Bocquet, enfants, petits-enfants arrière petit-fils de la centenaire.

L'année suivante la même foule accompagna à sa dernière demeure la dépouille d'Elisabeth Bridenne dont le souvenir d'honnêteté et de probité survivra à sa mémoire.

Une croix de fer, des branchages, des ronces recouvrent les restes de celle que tous appelaient : *Grand'mère cent ans !...*

---

[1] Son petit-fils Delacroix (J. B.) a été Conseiller municipal, en 1892.

1812. — **Brillard (Marianne) dite Marianne toute seule** [1]
Fondatrice de la Plage.

Acte de naissance.

L'an 1812, le 18 Novembre, à midi, par devant nous, Jean Louis Cornu, maire et officier de l'Etat-Civil de la **commune de** Berck, ont comparu le sieur Michel Bouville, mareyeur, âgé de 29 ans, lequel nous a présenté un enfant du sexe féminin, né aujourd'huy, quatre heures du matin, de lui déclarant et de Marie-Anne Gressier, son épouse, âgée de 19 ans et auquel il a déclaré vouloir donner les prénoms de Marie-Anne-Elisabeth, lesquelles présentations et délibérations faites en présence des sieurs François Cornu, marchand, âgé de 27 ans et de Louis Versin, préposé des Douanes, âgé de 30 ans, tous deux domiciliés dans cette commune qui ont signé le présent acte avec nous, le père a déclaré ne savoir signé de ce interpellé.

Signés : VERSIN, CORNU.

CORNU, maire.

Marianne Bouville, faisait partie d'une famille de onze enfants. Cette pauvre femme dont la noblesse du cœur égalait la misère, épousa Philippe Brillard. D'un seul coup, le choléra de 1852, lui enleva son mari et quatre enfants. Elle ne resta qu'avec *t'iote Marie* et *t'iot François* [2], qui échappèrent à la mort comme par miracle.

Depuis cet affreux malheur, on ne la désignait dans le pays que sous le nom de *Marianne toute seule*. Ce fut en 1844, qu'elle vint habiter la Plage, dans une maisonnette isolée au milieu des Dunes, où se sont élevés les chalets St-André, Bride, St-Hubert, à l'Entonnoir. Là, elle gardait les enfants pendant que les pêcheurs allaient à la mer. M. Charpentier, sous-

---

[1] *Berck-Ville et Plage*, 3e édition, 1900, page 162.

[2] La veuve et la fille de François Brillard, tiennent la buvette du chemin de fer, à Rang-du-Fliers-Verton. Son neveu, Delobel, est employé au buffet de la gare d'Arras.

inspecteur des enfants assistés de Montreuil, l'ayant remarquée, lui confia huit scrofuleux. « Elle ne pouvait, dit le Docteur Houzel, résister aux pleurs d'un enfant. »

Les résultats de ses soins furent tels qu'elle attira l'attention du Docteur Perrochaud, qui lui en envoya trente, en lui adjoignant trois religieuses de l'Ordre des Franciscaines de Calais. Elles logeaient dans le grenier. M. l'abbé Delrue, curé Berck-Ville, disait la messe dans une petite chambre. On construisit alors le premier hôpital maritime, en 1861. Le Berck médical n'eut donc d'autre berceau que la chaumière de *Marianne toute seule*. Cette digne femme fut enlevée à l'affection de tous, le 3 août 1874. Elle fut inhumée dans le cimetière de Berck et sur la croix de fer marquant sa place se lit en dessous de son état-civil, l'inscription suivante:

Sa maison servit d'asile aux malheureux!
Elle reçoit là-haut la récompense des services qu'elle a rendus.

Sur la demande de Mlle Léonie Duplais, le 17 Septembre 1894, le Conseil municipal a donné son nom à la partie de l'Entonnoir où elle habitait.

L'une des plaques se trouve au chalet *Marie-François*, appartenant à M. Norman; l'autre, après le refus de M. Hall, dont la maison forme le coin de rue, a été placée de l'autre côté, sur la propriété de M. Sangnier, chalet *Rixheim*.

Là, ne s'arrêtera certainement pas la dette contractée par le pays entier envers celle qui contribua à faire sa renommée, sa fortune par les soins dévoués qu'elle prodigua aux premiers enfants malades guéris à Berck-Plage.

Le culte du souvenir est trop inné dans nos cœurs pour laisser dans l'oubli cette humble femme qui donna sa vie au soulagement des pauvres petits infirmes. Nul ne restera sourd à mon appel, fait au nom de la reconnaissance publique.

L'Hôtel-de-Ville

Les armes composées sous l'administration de M. Alfred Macquet portent d'azur aux deux poissons d'or: un hareng, un maquereau et des attributs maritimes.

Le 12 Juillet 1893, eût lieu l'inauguration de ce monument qui remplaça une maison presque en ruine, devenue trop petite par l'augmentation des services. L'intérieur est en pitch-pin. On remarque les salles des Fêtes, des Mariages et celle consacrée aux séances du Conseil municipal.

Après la visite officielle à l'Hôtel-de-Ville, un banquet de deux cents couverts réunit les invités, au nombre desquels se trouvaient MM. Dubourg, maire de Montreuil; Bigot, maire d'Etaples; Sailly, conseiller général; Bloquel, Godin, conseillers d'arrondissement, etc.

Le premier discours fut celui du maire, vinrent ensuite ceux de MM. Seer, sous-préfet de Montreuil; Boudenoot, député; le baron Henri de Rothschild; enfin quelques mots de MM. Watelier et Foucart terminèrent la séance.

Tous souhaitèrent à la ville de Berck, le plus de prospérité possible. « J'espère, dit l'honorable député, que l'an prochain, nous fêterons l'inauguration du *Chateau d'Eau de Berck;* lorsque vous aurez réalisé ce progrès, si nécessaire dans une agglomération qui atteint à certains jours de l'année, quinze à vingt mille personnes, vous anéantirez le germe des maladies infectieuses. En attendant, améliorez votre éclairage et qu'une surveillance plus vigilante soit exercée sur tous les services de la voirie. »

Pendant des années, dans la salle des Fêtes, plusieurs cal-

La plus vieille maison de Berck
. Route de l'Impératrice, bâtie par C. Apéme.

touches ornaient les inscriptions suivantes: *Ordre, Sécurité, Concorde, Prudence, Persévérance, Volonté, Charité, Liberté, Justice* et *Force.*

En 1898, un jeune artiste, M. Jan Lavezzari (¹), a fait revivre le Vieux-Berck, sur les panneaux de l'Hôtel-de-Ville. Dans la salle des Mariages, on voit l'ancienne Mairie, l'Octroi, un chantier de bateaux sur l'emplacement duquel est l'Ecole des filles actuel, la fontaine des Halles qui a été construite sur le terrain du puits, la Mollière, les routes de l'Impératrice et du Calvaire, en 1820, tout le quartier dit des *Manchons,* la plus vieille maison de Berck, bâtie par Pierre Apême, et longtemps occupée par Alexandre Lala (²). Sur l'un des côtés se voient le Moulin Bailly et celui de Gui t'es bête. Les costumes datent de 1850.

Les voituriers qui emportaient le poisson à Paris, portaient blouses bleues et bonnets de coton blanc; les jours de fêtes, ils se coiffaient d'un bonnet d'astrakan. On les nommait *Cache-Marée* (³). Les mareyeurs formaient une Société désignant à tour de rôle, celui qui était chargé du service à Paris. A chaque départ de fourgons (⁴) le conducteur faisait claquer son fouet, c'était fête dans le village. Un postillon les précédait en partant deux heures avant eux pour prévenir de leur passage à chaque station. Les postillons meilleurs coureurs du pays étaient Carpentier dit *Collier* et Gressier dit *Capable.*

A cette époque nos matelots embarqués sur le S. V. S. S. n° 1, portaient le petit bonnet bleu, qui, les dimanches et jours de fêtes, était remplacé par le bonnet rouge. Les marins berckois

---

(¹) A fait la remise de ses travaux de décoration à la Municipalité, le 1ᵉʳ mai 1909.

(²) Vendue le 13 mai 1909, à Macquet-Gouvel au prix de 3200 frs. Vient d'être démolie.

(³) Les chevaux des *cache marée* paissaient dans un terrain appelé la *Plaine Colaine,* situé dans le voisinage des dunes appartenant à MM. Deuge, maintenant propriété de M. Francis Tattegrain. Dans les environs se trouve l'endroit le plus dangereux de la baie d'Authie.

(⁴) Le fourgon du hareng et des merlans se nommait *cache-girotte.* La *cache du vêpre* servait au transport du poisson qui arrivait en retard.

n'ont plus de costumes particuliers et sur les voiles de leur dernier bateau se lit en gros chiffres, le n° 2.524...

De 1840 à 1855, se trouvaient sur la plage, à l'endroit dit démarrage, d'anciens bateaux, appelés *Grands Foyers ;* ils servaient à la pêche des turbots, des blancs grouillards, de la raie, des soles, etc., etc., pour laquelle on se servait de filets appelés *fols.*

Dans la salle du Conseil municipal, il faut remonter au temps de l'histoire de la Grande Armée. Voici d'après un document officiel dû à l'obligeance de M. le capitaine Bottet. un de nos fidèles de la Plage, l'état des défenses de la partie de la côte, en 1803.

Arrondissement de Montreuil et de St-Valery.

Batterie du Touquet. — 2 canons de 24.

Batterie de l'anse à l'avoine; une pièce de 4 pour les signaux et un canon d'alarme.

Batterie de l'anse au Beurre; 1 pièce de 24 en fer, 1 en bronze et une de 8.

Il y a de plus 2 canons de campagne de 4 pour se poster au besoin sur toute la côte entre la Canche et l'Authie.

Batterie de la pointe du Haut-Banc; une pièce de 24 en fer et signal.

Ici finit la direction de St-Omer, les deux rives de l'Authie appartenant à celle du Havre.

La baie de l'Authie est défendue par la Batterie de la Rochelle, 2 canons de 24 en bronze; Batterie de Routhiauville, 1 canon de 24 en fer; Batterie de la Dune-blanche, 1 canon de 24 en fer.

Jan Lavezzari a reproduit: La batterie du Haut-Banc. Une immense dune au sommet de laquelle se trouve un canon. Par une échappée sur la baie d'Authie, on aperçoit échoué un brick anglais l'*Aspic*, qui, malgré les efforts de l'ennemi n'a pu reprendre la mer. Tout près se trouve un mât de signaux. — Le poste des Douanes. · La maison de *Marianne toute seule*, fondatrice de la Plage.

Sur le panneau d'en face: Des dunes. — Le Christ de la

LE CHRIST DE LA MARINE.
A l'Entonnoir. — Incendie du Grand Hôtel, nuit du 3 au 4 juin 1907.

Marine (1). — Un bateau dans lequel a été élevée une ancienne famille de pêcheurs Blond (Philippe).

Dans la salle des Fêtes, l'artiste a retracé l'existence entière du Marin. — Un chantier de bateau, là se trouve l'enfant jouant avec un petit canot. — Mousse, à bord du S. V. S. S. n° 2, 108. — Homme, il embarque. — Mise à l'eau du bateau. — Sa femme attend avec d'autres le retour de la pêche, elles sont là avec leurs paniers, les petits clapotent dans l'eau. — C'est l'arrivée du 1.231 S. V. S. S. — Plus tard, vieux, son bateau n'est plus qu'une épave enlisée dans le sable et recouverte d'écume.

Jadis intrépide, il erre maintenant au bord du rivage, poussé par un vent de tempête. — Au dos, une manne pleine de bois, des planches brisées sous les bras, regardant encore avec amour, cette mer en fureur qui est l'âme de sa vie!...

---

(1) Ce Christ fut élevé en 1852, alors que M. l'abbé Delrue était curé de la paroisse de Berck. A la suite de fortes tempêtes, le coq et la coquille placés au haut de la Croix furent projetés sur le sable. Après l'incendie du 3 au 4 juin 1907, qui détruisit une partie de ce quartier de l'Entonnoir, un Comité composé pour Berck Ville de MM. Macquet dit *Compère*, adjoint; Bouville, fils dit *Joinville*; Gressier, père; Rivet (J. B.) dit *Clodon*; pour la Plage, M. Rivet dit *St-Luc*, conseiller municipal et Mlle Léonie Duplais, se réunit. Une souscription donnant la somme de 349 fr. 50 fut recueillie et le calvaire restauré. Il a été béni, le 15 août, par M. l'abbé Asset, curé de N.-Dame-des-Sables à la Plage. Au-dessus du buis, qui n'a pas été atteint par les flammèches tombant en pluie de feu, se lit l'inscription suivante :

> *Ce Christ a été préservé*
> *des flammes dans l'incendie*
> *du 3 au 4 Juin 1907.*

Patois de Berck (¹)

Français	*Patois*
Mauvais temps.	*Woyl temps.*
Maladie.	*Woyl.*
Qu'a-t-elle gagné ?	*Quoi q'-t'-o dépouillé ?*
Un garçon ou une fille?	*Ché t'in fiu ou un fil?*
Qu'as-tu mangé ?	*Quoi q'-t-o minga ?*
Du bœuf.	*Du bu.*
Il faut se coucher.	*Yi feu es conyezt.*
Quelle est belle cette fille !	*Qualez rétu ché fil !*
Quel beau bâtiment.	*Qué bieux Batimin.*
Où est-il ton père?	*Papa y et parti à ché batieux.*
Et ta mère ?	*Avecq li.*
Ta mère amorce ses filets pour aller à la mer.	*Mamanalacle ses zins et pi à vot aux vers, et pi a hénom pour aquiez.*
Elle est allée traire la vache.	*El parti moude ros vacques.*
Notre cheval est à la pature.	*Nos bidets età pature, nos quiovieux aussi.*
Je suis fort chargé de pommes de terre.	*Su fort querqué de peume et taire.*
Au nouvel an, j'en ai bien embrassé un cent.	*Al nouvel ainé jes n'ai bien racollé in chent.*
J'ai mangé de la fricassée.	*J'ai mingé du ratatouilles aux vieux.*
Papa, maman sont couchés à midi.	*Papa, maman foite nouné.*
Va donner du son au baudet.	*Court donner du tercheux al bodet.*
Mettre dans le cercueil.	*Mettre dans le louju.*
Personne étrangère à l'équipage d'un bateau.	*Horzin.*
Voiles pour cérémonies d'Eglise. (Il n'y en a plus que trois dans la paroisse).	*Affulettes.*

(¹) *Berck-ville et plage,* 3ᵉ édition, 1900, page 137.

Jeunes filles en blanc, qui assistent aux feux de la Saint-Jean et de la St-Pierre.	*Roignes.*
Laver du linge.	*Débrouez.*
Mettre sécher au soleil.	*Mettre pasquire au solet.*
De la soupe au lait.	*Des soupes inbolies.*
De la soupe au choux.	*Des soupes à collets.*
Une bèche pour le jardin.	*In louchez pour fouir nos gardins.*
Toile qui recouvre le siau au ver.	*Brayure.*
Un chien.	*In quiem.*
Un chat.	*In caux.*
Un mouton, un veau.	*Une berbis, in vieux.*
Un balai.	*Un ramon.*
Une chaise.	*Une cayelle.*
Un fauteuil.	*Un cudot.*
Une glace.	*In milois.*
Du bois à brûler.	*Du bos à brouler.*
Des souliers.	*Des sollez.*
Des poireaux.	*Des poirrions.*
Un plat.	*In plaux.*
Un pot.	*In quoix.*
Une soupière.	*In gâte.*
Un passoir.	*In coulois.*
Une poèle.	*Une payelle.*
Un chaudron.	*In codron.*
Une brosse.	*In bruche.*
Une échelle.	*In fourquiez.*
Une fourche.	*In équielle.*
Un cuvier.	*In bacquet.*
Un traversin de lit.	*In cavet.*
Un matelas.	*In mantelaux.*
Des draps.	*Draux.*
Des rideaux de fenètres.	*Des ridieux de farnettes.*
Des couteaux.	*Coutieux.*
Chenets.	*Garfut.*
Pincettes.	*Epinches.*
Crémaillère.	*Une baie.*
Savon vert.	*Zieppe.*
Encre.	*Lincque.*
Crabes.	*Varares.*
Crevettes.	*Sauterelles.*

Farine.	*Fraigne.*
Réglisse.	*Ringoliche.*
Tabac.	*Toubac.*
Cigares.	*Chigares.*
Bras.	*Mes brat.*
Jambes.	*Gammes.*
Cheveux.	*Caveux in détrouilliez.*
Un couteau.	*In contieux.*
Panier à bras.	*In peigniez à brant.*
Paille.	*Etrain.*
De la craie.	*Mallon.*
Chanter.	*Canter.*
Pleurer.	*Braire.*
Qu'ils sont beaux !	*Qui sont bieux !*
Quel combat !	*Quécombaux !*
Un pantalon.	*In qulotte.*
Un mouchoir.	*In brai, in mouchoix.*
Tablier.	*A courcheux.*
1ᵉʳ jupon.	*Picho.*
2ᵉ jupon.	*Gartiu.*
Sac à provision du Vérotier.	*Léné.*
Jambières de laine.	*Houzettes.*
Mieux.	*Miu.*
Cacher.	*Muche.*
Tarte aux pommes.	*Patrouillard.*
Sauterelles ou cigales.	*Bidet de Pâtis.*
Noix.	*Gogue.*
Acheter.	*Acater.*
Frelon.	*Malou.*
Cierges.	*Candelle.*
Tourner.	*Toupicher.*
Poisson.	*Pichon.*
Embrasser.	*Racolé.*
Femmes et filles de matelots.	*Blancs bonnets.*
Regarder en ouvrant la bouche.	*R'bayer s'boudinette.*
Montreuil.	*Montreux.*

La Douane

Les Douaniers, La Capitainerie de Berck-sur-Mer.

L'origine des droits perçus sous la dénomination de taxe de *douane* est fort ancienne. On en retrouve la trace partout où existait le commerce d'échange. Nous la voyons à Athènes, prise sur l'*emporium*. Chez les Romains, les droits de douane remontent au commencement de leur histoire. Non seulement dans le port d'Ostie, mais encore dans les Alpes, les routes, les rivières, les forêts étaient frappées du *portorium*. Il existèrent de même dans la Gaule, sous les rois de la première et de la deuxième race; ils se nommaient *telenum* et portaient sur les transports de marchandises par terre et par eau.

A l'époque de la féodalité, l'histoire du régime douanier est difficile à suivre, chaque domaine ayant ses frontières; les tarifs étaient remplacés par la volonté des barons. Une ordonnance de Saint-Louis, en 1254, interdit l'exportation des grains et des vivres. Le 1er février 1304, un édit de Philippe-le-Bel, défend la sortie des métaux précieux, armes, blé, etc...

Deux arrêtés de Charles-le-Bel, rendus en 1322 et 1324, interdirent le droit de sortie à toutes marchandises.

En 1378, la perception des droits de douane fut étendue aux marchandises provenant des provinces et exportées au dehors du royaume.

Le roi recevait les droits connus sous les dénominations de *tonnage* et de *pondage* (jauge pour les liquides et pesées pour les autres marchandises).

A compter d'Henri V jusqu'à Charles Ier il était voté pour toute la durée du règne. Le premier Parlement de ce dernier roi, ne voulut accorder le vote des droits de *douane* que pour un an; ce vote fut considéré comme une offense au roi, la Chambre haute refusa de le sanctionner: d'où dissolution du Parlement. Les droits de *douane* furent pour quelque chose dans la révolution.

La douane a été organisée militairement par brigades le 1er mai 1791. A cette époque les douaniers formaient un corps de 13.284 agents de service actif.

De 1809 à 1812, ils prirent une grande part aux campagnes de l'Empire. On les appelait les *Chasseurs verts*. Napoléon les avait en estime et les vieux soldats de la Grande Armée se sont toujours rappelé leur infatigable concours dans la lutte suprême qu'ils soutinrent contre les cohortes de l'Europe coalisée. L'un de leurs bataillons assista avec la garde, aux adieux de Fontainebleau. Ils durent à leur célébrité plus qu'à leurs opinions politiques, de se voir relégués jusqu'en 1830 dans leurs attributions spéciales, malgré les démarches faites par le maréchal Soult en 1831. Leur organisation militaire n'eut lieu que par un décret du 22 Septembre 1882.

En 1870, les premières victimes de la guerre furent les douaniers Mouty père et fils. De service au poste de Schrekling, ils furent attaqués par des hulans; ils les repoussèrent, tuant le capitaine et blessant plusieurs chevaux. La nuit suivante (23 au 24 juillet) une compagnie d'infanterie prussienne revint à la charge. Mouty fut tué, après avoir refusé de se rendre; son fils, criblé de coups de baïonnettes, fut laissé pour mort. Un médecin le recueillit, pansa ses dix-neuf blessures et le sauva. Longtemps après, le brave douanier fut décoré de la médaille militaire. Les douaniers du Haut-Rhin reçurent un ordre du jour élogieux du colonel Denfert-Rochereau. A signaler aussi le brave Marcoux, chevalier de la Légion d'Honneur, les préposés Pathé, Weber, Lejuste et autres, dont les noms sont conservés avec soin dans les annales glorieuses du régiment.

Le corps militaire est composé de 38 bataillons et de même que les chasseurs à pied, les douaniers n'ont qu'un seul drapeau dont la garde est confiée alternativement à chaque bataillon pendant cinq ans.

La capitainerie de Berck-sur-Mer appartient au 31e bataillon, 3e compagnie dont le chef, M. Gréterin, habite Boulogne-sur-Mer.

De 1809 à 1839, les capitaines de brigades s'appelaient contrôleurs de brigades. Ce poste fut occupé par:

MM. Thiébaut de 1809 à 1812, Patte de 1812 à 1814, Gaillard de 1814 à 1815, Caillier de 1815 à 1816, Lebon de 1816 à 1817, Courtois de 1817 à 1820, Lanette de 1821 à 1822, Blouez de

1822 à 1823, Peltier de 1823 à 1830, Massard-Lahoussay de 1830 à 1831, Lemazurier de 1831 à 1832, Morin de 1832 à 1833, Thomas de 1834 à 1835, et Orange de 1836 à 1839.

M. Périn fut alors nommé capitaine et la capitainerie de Berck-sur-Mer fut transférée à Merlimont de 1841 à 1869.

Elle eut comme titulaires:

MM. Périn de 1841 à 1852, Cauchard de 1853 à 1861, et Duflot de 1861 à 1869.

De 1869 à 1871, la cipitainerie fut réinstallée à Berck sous les ordres du capitaine Groux qui occupa ce porte jusqu'en 1882.

De 1882 à 1886, la capitainerie de Berck est transférée à Conchil-le-Temple, pour éviter la contrebande de la Belgique qui franchissait les lignes. Furent nommés capitaines:

MM. Sagot de 1882 à 1884, Bellemotte de 1884 à 1885, Malo de 1885 à 1886, époque où la capitainerie revient de nouveau à Berck. M. Malo resta jusqu'en 1900 et fut remplacé par M. Greux, capitaine actuel ([1]).

La capitainerie de Berck, comprend trois officiers et cinquante-deux hommes, les lieutenants de Berck et de St-Quentin-en-Tournances en tout six brigades: *Anse-au-Beurre* (Merlimont); l'*Ecluse* (Groffliers); *Fort-Mahon* (Somme); *St-Quentin* (Somme); *Bout-des-Crocs* (Somme) et *Berck*; plus une brigade maritime. Une patache circule de la Canche à la baie d'Authie, elle effectue des croisières sur tout le littoral de la capitainerie, laquelle a l'honneur de compter parmi ces hommes des braves décorés pour faits de sauvetages; tels: Germe, Patoux, Siam, Debruyne, Carré et autres.

([1]) Né à Abbeville (Somme), le 7 avril 1861, M. le Capitaine Greux (Auguste) débuta dans le service actif comme préposé, à Rouen, le 1er mai 1881, sous-lieutenant, en 1888, il fut appelé sur les frontières du Grand-Duché-de-Luxembourg; dirigea ensuite les lieutenances de Brieg et de Brainville (frontières allemandes); fut appelé, en 1890, à Duclair, puis à Rouen, en 1894; promu capitaine en 1897 à la Bouille, fut nommé à Berck-sur-Mer en 1900. Cet officier s'est toujours signalé par son énergie et son infatigable activité. A prêté un concours efficace dans les incendies de la Ville et de la Plage, notamment à l'Eden-Casino, le 11 Juillet 1903. Nommé Capitaine hors classe, sur place, à compter du 1er mai 1909.

La caserne de la Douane a été construite en 1848. En 1889, les vieux puits furent fermés par mesure d'hygiène; elle est alimentée avec l'eau d'Airon.

Le douanier débute aux appointements de 1.000 francs; nommé de 1re classe, il touche 1.100 francs. Le sous-brigadier de 2me classe, 1.150 francs; le sous-brigadier de 1re classe, 1.200 francs; le brigadier de 2me classe, 1.250 francs; le brigadier de 1re classe, 1.350 francs; le sous-lieutenant, 1.800 francs; le lieutenant de 2me classe, 2.100 francs; le lieutenant de 1re classe, 2.400 francs; le capitaine de 3me classe, 2.700 francs; le capitaine de 2me classe, 3.000 francs; le capitaine de 1re classe, 3.500 francs.

Sur ces traitements jusqu'au grade de brigadier, une retenue est effectuée pour l'habillement, l'équipement, le service de santé et le casernement. Les officiers ne paient que le service de santé et le casernement.

<hr>

Délibérations du Conseil municipal
Elections

De 1826 à 1908.

1826. — Après l'incendie du 8 Juin 1826, alors que M. Cornu (Jean Louis), était maire de Berck, MM. Rivet (Philippe) et Malingre (François) adjoints, il fut décidé que les usines de tausserier, filets et brusserier contiguës aux habitations, dont les cheminées étaient en bois, ne pourraient être construites qu'à 400 toises des maisons, que les cheminées seraient en briques et qu'aucune couverture en paille ne serait autorisée dans la commune, à moins d'être à 400 mètres de toute autre construction.

1827. — Le garde-champêtre Bridenne, dont la conduite fut inexplicable lors de ce sinistre et qui, du reste, depuis douze ans d'exercice, ne remplissait ses fonctions que par caprice, fut révoqué et remplacé par un sieur Bontel, seul homme, a-t-il été dit au Conseil Municipal le 5 Septembre, capable, étant étranger au pays, et de ce fait, n'ayant ni alliance, ni rapports familiers avec ses habitants, de faire un service régulier.

En 1827, également, le Conseil Municipal fit droit à la pétition du sieur Pouilly, lequel demandait l'adjudication publique des poids et mesures attachés aux marchés de Berck. L'adjudicataire prêta serment devant le juge de Paix et un règlement fut établi d'après les prix des poids et mesures de Montreuil.

Dans la séance du 15 Mai, un conseiller municipal ayant fait remarquer que la Commune avait assez de moyens d'existence pour ne pas obliger l'instituteur à aller quêter aux bateaux à chaque marée, il fut décidé qu'un traitement de 300 francs lui serait alloué, à partir du 1er Janvier 1828 et qu'alors il recevrait gratuitement les enfants des veuves et indigents sur liste soumise à l'approbation du maire qui fera payer chaque enfant aisé.

1828. — Conformément à la loi du 28 Juillet 1824 pour l'entretien et la réparation des chemins vicinaux, tout chef de famille ou d'établissements à titre de propriétaire, de régisseur, de fermier ou colon, porté sur l'un des rôles des contributions directes, était tenu — pour 1828 — à une prestation en nature, laquelle suivant l'art. 5 de la dite loi, pouvait être convertie en argent de la façon suivante, par chaque journée: à 1 fr. 25 pour un homme, 3 fr. pour un cheval ou un mulet, 0 fr. 75 pour un âne, 3 fr. pour un chariot, non compris l'attelage ni le conducteur.

11 Septembre. — Les gardes nationaux nomment comme officiers: MM. Delacroix, syndic des gens de mer, capitaine; Pauchet (Michel) et Romain, sous-lieutenants.

Voulant faire cesser la mésintelligence existant entre les débitants de boissons et l'autorité, par le refus d'acquitter les droits d'octroi, que néanmoins à la suite de poursuites judiciaires, les débitants ont été condamnés à payer, le Conseil Municipal consent à restreindre les droits sur les eaux-de-vie et le vin, il exempte la bière et le cidre.

Un crédit de 200 francs est demandé à l'autorité supérieure pour les réparations des chemins de Rang-du-Fliers et de Groffliers impraticables aux transports des marées.

Décembre. — Les habitants réclament une nouvelle diminution d'impôts. Deux cents chefs de famille sont dans la plus grande misère par suite de l'accroissement considérable des grands bateaux de pêche qui, depuis plus de deux ans, anéantissent le poisson sur la côte, seule ressource du pays. Les mareyeurs sont ruinés, les marins sans travail et les dix-neuf vingtièmes des habitants ne vivent que de pommes de terre. En face de cette situation, le Conseil Municipal, par l'entremise de M. le Préfet, soumit le cas au Conseil d'arrondissement, afin d'obtenir pour Berck, une diminution sur la quote-part de l'impôt mobilier, puisque déduction faite des indigents, il faudra faire un plus grand nombre de côtes irrécouvrables, la côte mobilière se trouvant au-dessous des valeurs locatives, ce qui n'existe dans aucune commune du département et peut-être même en France.

Voilà ce qu'était Berck à la fin de l'année 1831 !...

D'après les instructions de M. le Préfet, les chemins communaux ont été classés de grande communication départementale :

1re classe.

De Montreuil à St-Omer, par Hucqueliers.
De Montreuil à Aire, par Colline.
De Douriez à Neuville, par Brimeux.

2me classe.

De Montreuil à Berck.
De Berck à Nampont.
De Montreuil à Cucq.
De Montreuil à Hubersent, par Longvilliers.
De Montreuil à Desvres, par Beussent et Parenty.
De Montreuil à Fruges, par Créquy.
De Montreuil à Hesdin, par Campagne.
De Montreuil à Douriez.
De Montreuil à Maintenay.
De Nampont à Labroye.
De Douriez à Hucqueliers, par Wambercourt et Royon.
D' Etaples à Hucqueliers
De Hucqueliers à Samer.

De Hucqueliers à Desvres.

De Montreuil à Beaurainville.

Toutes les communes de l'arrondissement furent imposées d'un centime par franc pour la confection des dits chemins de 2me classe.

1830. — La population augmentant d'une manière sensible, le local servant à la fois de maison commune et d'école, devint trop exigu, la Ville acheta un terrain de 23 ares, 12 centiares, appartenant au sieur Cornu (Philippe), mareyeur, pour la somme de 1.132 francs, à l'effet d'y bâtir une école.

16 Septembre. — Le Conseil Municipal réuni prêta serment en ces termes: « Nous jurons fidélité au Roi des Français, obéissance à la Charte constitutionnelle et aux Lois du Royaume ».

Ont signé: MM. Barbier, chevalier de la Légion d'honneur, maire ; Malingre (François) adjoint ; Bailly, Bataille (Jean-Louis); Le Bœuf (Jean-Baptiste); Malingre (Charles); Baillet (Philippe); Bouville (Pierre); Gressier (Michel) et Rivet (Philippe), conseillers municipaux.

Octobre. — M. Barbier donna sa démission et fut remplacé par M. Malingre (Charles); Malingre (Michel, fils) fut nommé adjoint.

Par décision préfectorale, du 20 décembre, MM. Rivet (Charles); Macquet (Charles) ; Lamart et Thuillier (Jean-Baptiste), furent nommés membres du Conseil Municipal de la commune.

Les gardes nationnaux, au nombre de quarante-neuf nommèrent à l'unanimité: MM. Barbier, ancien maire, capitaine, Clément (Michel), lieutenant et Delarue (Pierre) sous-lieutenant. Ils prêtèrent serment, le 24 avril 1831.

1831. — Le 2 Mars, les débitants de boissons demandèrent la suppression de l'octroi. Elle fut refusée.

En Avril suivant, une taxe sur les bestiaux, allant paître dans le terrain communal de la « Mollière » (1), fut demandée pour travaux urgents. Un fossé de huit mètres de largeur

---

(1) Don de Mlle de la Vigogne, à la ville de Berck s/mer. 4e Edition. *Berck, Ville et Plage*, 1905, page 23.

s'imposait: 1o Pour séparer le terrain de Berck d'avec celui de Groffliers; 2o Pour empêcher toute communication des bestiaux des deux communes; 3o Pour servir d'écoulement des eaux stagnantes.

Cette taxe fut ainsi fixée: pour un cheval, fr. 1.75; un poulain, fr. 1.50; une vache, fr. 1.25; une génisse, fr. 0.75; un âne, fr. 0.75.

Par décision du 22 Mai, et conformément à la loi du 26 Mars 1831, les contribuables ci-dessous sont hors d'état de payer les contributions: MM. Tessout, Baillet (Philippe); veuve Macquet; Théophile, fils; Macquet; Lamart (Philippe); Baillet (Jacques); veuve Calouin; Lamart-Rivet (Philippe); Baillet (Jacques); Bouville (Charles, fils); Deparis (Pierre); veuve Geneviève, dite *Cary*; Couplet (Antoine); Wadoux; Prévost (Philippe); Macquet (Michel); Deparis.

1832, 5 Janvier. — Le Conseil Municipal fut ainsi composé: MM. Malingre (Charles), maire; Rivet (Charles), adjoint; Bataille (Jacques) fils; Delacroix (Pierre-Antoine); Bailly (Pierre); Drapier (Michel); Bouville (Jean-Baptiste); Macquet (Charles); Barbier (Isidore); Delarue (Jean-Baptiste); Dacquet (Jean-Louis); Baillet (Philippe); Baillet (Evrard-Charles); Delarue (Pierre); Thuillier (Jean-Baptiste) et Brillard (Michel).

Garde nationale. La compagnie compte trente-sept membres. Ont été nommés: MM. Froidure, capitaine; Marchand, lieutenant; Delarue, sous-lieutenant.

3 Mars. — Le devis pour l'école primaire avec logement de l'instituteur, est dressé par M. Charpentier.

Pour l'entretien des chemins communaux, même arrêté qu'en 1826.

Mesures sanitaires.

Le Maire de la commune de Berck enjoint à ses administrés qui **ont des** dépôts de fumier, amas de cendres ou de boues, ou toutes autres ordures insalubres près des habitations, de les faire transporter dans le plus bref délai hors du village. Attendu que l'époque de fumer les terres et les prairies est ordinairement dans le courant de ce mois et que d'un autre côté les chevaux et les voitures sont maintenant employés aux transports de la pêche:

ARRETE:

1o Que le délai d'un mois est accordé pour faire le nettoyage de toutes les immondices qui se trouvent dans le village.

2o Que chaque particulier est tenu de remplir les fossés où elles étaient, de manière à ce que l'eau ne puisse y séjourner.

3o Que pour ceux qui ne se conformeraient pas aux dispositions du présent arrêté, de même que pour ceux qui feraient de nouveaux dépôts dans les rues, il sera pris des mesures pour en opérer l'enlèvement et en faire la vente au profit de la commune.

Fait en la Mairie de Berck, le 3 mars 1832.

Le Maire: MALINGRE.

Cinq jours après, les *Mesures de police* suivantes furent prises. L'assainissement de la commune de Berck exige qu'il soit pris des mesures concernant l'écoulement des eaux qui ont servi au lavage du poisson qui se pratique dans huit ou dix rues différentes, où elles restent stagnantes et y exhalent une odeur infecte, en conséquence, le Maire arrête:

1o Que tous les marchands de poissons et marayeurs seront tenus, à l'avenir, d'opérer le lavage et l'apprêt de leurs poissons sur la grande place, tel que cela se pratiquait autrefois.

2o Qu'à cet effet, le fossé qui servait alors d'égoût sera ouvert dans toute sa longueur à leurs frais, afin que les eaux prennent leur cours dans le Val.

3o Les banquises ou cuvettes servant au lavage, seront placées sur le bord de ce fossé de manière à ce que leur contenu y soit versé et qu'aucune trace de malpropreté ne puisse exister sur la place.

4o Les dits marcyeurs seront tenus d'entretenir et nettoyer l'égoût afin qu'aucune eau ne puisse y séjourner.

5o Dans le cas où ils négligeraient de remplir les conditions ci-haut énoncées, ils seront contraints de faire le lavage de leurs poissons hors de l'enceinte du village. Le présent arrêté sera mis en exécution le 16 de ce mois. Il est expressément défendu aux personnes qui se livrent habituellement à la pêche des sauterelles, de jeter dans les rues les eaux qui ont servi à les faire cuire; elles devront faire un trou dans leur cour ou jardin pour les y déposer, ainsi que les crabes et autres petits poissons qu'elles détruisent par cette pêche meurtrière et faute de se conformer à ce qui leur est ci-haut prescrit, il leur sera interdit de faire cette pêche, à moins qu'elles ne se conforment aux ordonnances de la Marine qui prescrit le genre de filets et le mode de le faire.

Le présent arrêté sera publié au son de la caisse, affiché dans les lieux ordinaires et copie sera donnée à chaque chef de Société, afin qu'il ne puisse en faire cause d'ignorance.

Fait et arrêté, en la Mairie de Berck, le 8 mars 1832.

Le Maire, MALINGRE.

25 Mars. — A cette date, parut une *Mesure de Police* pour le règlement des cabarets.

Le Maire de la commune de Berck, prévient ses administrés que malgré les défenses réitérées qu'il a fait publier et afficher qu'aucun cabaretier ne doive donner à boire après neuf et dix heures du soir, il paraît que quelques-uns d'entr'eux, souffrant du rassemblement de jeunes gens jusqu'à une heure et même deux heures du matin, il s'ensuit que c'est au sortir de ces orgies qu'il se commet des voies de fait dans le village, ceux à l'avenir qui enjoindront cette mesure de police seront poursuivis suivant la rigueur des lois.

Le Maire, MALINGRE.

1er Avril — L'apparition du choléra morbus fit demander à M. le Sous-Préfet, l'autorisation d'ajouter l'article ci-dessous, aux *Mesures Sanitaires*, prises le 3 mars précédent.

4º Le Maire enjoint à ses administrés de nettoyer leurs habitations des encombrements qui sont inutiles et de les faire blanchir à la chaux vive, de faire tout ce qui tend à la salubrité, étant d'ailleurs d'intérêts communs, il espère que chacun s'y prêtera et qu'il n'aura pas le désagrément de les y contraindre d'après les instructions qui lui sont transmises par l'autorité supérieure.

29 Avril. — Le Conseil municipal se réunit afin de prendre des mesures en cas de l'invasion du choléra qui pourrait être transmis par les mareyeurs fréquentant journellement Paris et autres villes où l'épidémie faisait bon nombre de victimes.

La Commune comptait alors 1700 habitants vivant tous dans la plus grande malpropreté et préparés à ce que le fléau en décime un grand nombre. 40 frs sont votés d'urgence pour acheter les premiers médicaments qui seront déposés à la Mairie, il fut décidé que le Maire et un chirurgien choisi par la commission sanitaire de Montreuil seraient chargés de traiter avec un pharmacien dont le mémoire serait acquitté par la commune.

Le département versa 800 frs qui furent distribués aux cholériques et indigents, par MM. Malingre, maire, et le docteur Le Pelletier, de Paris, du 14 mai au 12 juillet.

En voici le détail :

1832. — 15 Mai. Hagnéré (Pierre) pour un voyage à Montreuil . . . . fr. 1.50

15 Mai. Délivré 20 sangsues pour la veuve Jeanmoine 3.00

16 » à Bataille (Louis), 20 sangsues 3.00

17 » à la veuve L'Ecolier, 20 sangsues 3.00

17 » deux boisseaux de chaux vive pour les cercueils des morts. 0.70

18 » à la femme Isaac (Pierre Paris), 30 sangsues. . 4.50

23 » remis à M. Le Pelletier, médecin 26.45

23 » quatre pièces de beurre pour faire le riz . . 3.40

23 » dix-huit livres de beurre 9.00

24 » deux pièces de beurre pour faire le riz. 1.70

26 » vingt livres 1/2 de bœuf 10.25

28 » à M. Le Pelletier, médecin 58.75

1er Juin. Pour la femme Rivet, 20 sangsues. 2.40

2 » Macquet (Théophile), 30 sangsues 4.50

2 » vingt-quatre livres de viande 12.00

4 » à M. Le Pelletier, médecin 68.20

11 » au même 141.30

11 » quinze livres de viande 7.50

11 » remis au piéton pour attendre les rapports du médecin et par ses ordres 3.00

16 » Macquet, fils, 20 sangsues. 3.00

16 » à la femme Bridenne (Louis), 18 sangsues . . 2.70

16 » dix-huit livres de viande 8.55

19	»	M. Le Pelletier, médecin	188.65
20	»	au garde-champêtre Roulet, pour conduire le médecin, par ses ordres, chez les cholériques.	5.00
22	»	M. Le Pelletier, médecin	41.90
22	»	cercueil à la fille Bouville, dite Carabin . . .	6.00
27	»	à la fille Pouilly, 12 sangsues	1.80
27	»	à la femme Lamart (Pierre), 25 sangsues . . .	3.75
27	»	cercueil de la dite, indigente	6.00
30	»	à Moine (Jean), 20 sangsues	3.00
30	»	à Moine (Jean), 13 sangsues	1.95
20 Juillet.		Sept feuilles de papier timbré à M. Bouton, pour pain livré suivant état	91.15
20	»	au percepteur pour remise sur 800 frs. . . .	8.00

Total 745.05

Le reliquat des 800 frs, soit: 54 frs 95 ont été distribués aux indigents.

Mai. — Une somme de 121 frs a été versée à Maître Barré, notaire à Verton, pour ses honoraires dans l'achat du terrain de l'école. Poursuites sont faites au sieur Beaussent, qui s'est emparé d'un terrain appartenant à la commune. Marchand (François) est nommé garde-champêtre, aux appointements de 250 frs, en remplacement du titulaire, décédé.

Juin. — Le Conseil municipal vota 300 frs pour réparations urgentes à l'Eglise, la fabrique n'ayant aucun fonds disponible.

1833. — L'année 1833 fut marquée par deux naufrages arrivés en juin, à la suite d'une épouvantable tempête. Le bateau l'*Adolphine* nᵒ 153, appartenant à Mme veuve Malingre (Michel) sombra à un quart de lieue de terre, ayant à son bord cinq hommes [1].

L'*Espérance* [2], nᵒ 115, appartenant à Macquet (Philippe)

---

[1] Fournier (François-Jacques, dit *Caï*); Bodot (Philippe-François); Bodot (Michel) ; François (Jean-Baptiste).

[2] Bataille (Jean Bᵗᵉ) dit *La Valse*; Macquet (Louis) ; Macquet (Charles-Michel); Macquet (Jacques); Bataille (Charles) mousse et un enfant, mousse également.

allait couler, quand il fut secouru par l'*Olivier* ([1]). L'équipage
a pu être sauvé. Le Ministre de la Marine alloua un secours
de 600 frs aux veuves et orphelins de l'*Adolphine*, qui n'en
restèrent pas moins à la charge de la Commune, et 200 frs
pour les filets des marins de l'*Espérance*. La perte des deux
bateaux fut estimée par MM. Godois, propriétaire à Cucq,
délégué par le sous-préfet de Montreuil, Malingre, maire et
deux conseillers municipaux à la somme de 3,143 frs.

Les dépenses de l'Ecole furent approuvées au chiffre de
2.488 frs 35. Le traitement de l'instituteur fixé à 210 frs. Les
mois des élèves payant à 15 frs et cinquante élèves admis gratuitement.

Le chemin de Berck à Montreuil devra être mis en état. En
face du danger de sinistres par les 360 maisons couvertes en
chaume, le Conseil autorisa le maire à faire l'acquisition
de deux pompes à incendie. Coût : 400 frs.

Affaire Bouton.

1833. 25 décembre. — Vu les lois des 16—24 août 1790 ;
22 juillet 1791 et 28 septembre 1791, qui chargent les administrateurs de veiller à la sécurité publique.

Considérant que le sieur Bouton, aubergiste en cette commune, a fait un dépôt considérable de soufre provenant d'un
navire échoué sur la côte de Berck.

Considérant que la maison du sieur Bouton est un lieu
public, qu'elle est placée au centre de la commune, que la
moindre imprudence soit de sa part, soit de celle de ses
employés à transporter le soufre dans son magasin, soit enfin
de ceux qui fréquentent son auberge peut occasionner un incendie, pouvant réduire en cendres la moitié du village dont
les constructions sont presque toutes en bois.

Qu'il est urgent de prévenir un semblable désastre, à cet
effet :

([1]) *Sauveteurs.* Bataille (Philippe), patron ; Macquet (Philippe) dit
Frisé ; Macquet (Jacques) dit *Alise* ; Macquet (François) dit *Frise* ; Macquet
(François) ; Blond ; André ; François (Jean B^te) ; Bataille (Philippe-Michel)
mousse ; Macquet (Philippe) mousse.

Art. I. — Il est enjoint au sieur Bouton à lui interdire un dépôt de soufre chez lui, de retirer ce dépôt de matière inflammable, de le transporter dans un lieu écarté et éloigné de cent mètres de toute habitation.

Art. II. — Il est accordé au sieur Bouton, un délai de vingt-quatre heures, pour exécuter la disposition de l'art. 1er.

Art. III. — L'adjoint et le garde-champêtre sont chargés, en ce qui les concerne, de l'exécution du présent arrêté.

Le Maire, MALINGRE.

1834. — Des poursuites judiciaires sont commencées contre le sieur François, qui aurait pris du terrain dans un chemin communal, appelé rue Evrard.

Le Conseil municipal reconnaissant que de temps immémorial la marine, à l'heure du danger, se réclame à Dieu, et fait des vœux que les marins accomplissent toujours, soit en faisant des pèlerinages pieds et tête nus, dans les saisons les plus rigoureuses, soit en promettant d'élever des Calvaires, qui rappellent à leurs descendants les grâces accordées, autorise le sieur Fontaine à ériger un Calvaire sur la propriété du sieur Pauchet, attendu que l'emplacement qu'il désigne, ne peut nuire à la voie publique, mais que l'entretien du dit Calvaire sera à sa charge.

La Garde Nationale nomme MM. Froidure, capitaine ; Delaruc (Pierre), lieutenant et Hagnéré, sous-lieutenant.

Vols.

Le Maire de la commune de Berck prévient ses administrés qu'ayant été informé depuis plusieurs années que des brigandages se commettent dans le village, qu'on se permet de s'introduire dans les jardins pour enlever les fruits, pommes de terre, légumes, etc. et même dans les propriétés non-closes, où de semblables délits sont faits.

Pour obvier à ces sortes de désordres et les faire cesser, il invite tout habitant, auquel il aura été fait des dommages dans ses propriétés, à lui en faire la déclaration et qu'il prendra des mesures pour découvrir les auteurs, afin de sévir rigoureusement contre eux, voulant faire régner la tranquillité publique dans la commune.

Le garde-champêtre et autres sont chargés de la surveillance du présent.

A Berck, le 18 août 1834.

Signé: MALINGRE.

1835. — Plusieurs conseillers municipaux attestent que près de cent mesures de terrain, dont quarante dans le pâturage communal, sont envahies par les sables, le maire décide la plantation d'oyats. Une somme de 500 frs est votée et M. le Préfet en accorde 300.

Défense est faite aux marins qui usent journellement des filets de basse-eau, de mêler des oyats à leur paille.

Pour la fête du Roi, en avril, un pain double fut porté au domicile des vingt-cinq familles les plus indigentes et une somme de 200 frs leur fut votée.

Mesures de Police.

L'adjoint délégué instruit des dangers qui résultent des chandelles que différents particuliers placent le soir dans les lanternes accrochées aux Calvaires ou aux niches de dévotion existantes dans la commune, qu'ils abandonnent ces feux durant toute la nuit, qu'il en résulte parfois des dangers qui viennent d'être évités ces jours derniers, fait défense à partir d'aujourd'hui, d'allumer aucun de ces feux et invite ceux auxquels appartiennent ces lanternes à les retirer et à ne plus les replacer, s'ils veulent éviter le désagrément d'être poursuivis en contravention d'une mesure de police prise dans un but salutaire pour le pays.

Berck, 27 septembre 1835.

Signé: RIVET.

1836. — Au commencement de 1836, le Conseil municipal établit la police de la Mollière, comme suit: 1º Le vacher aura un aide duquel il sera responsable. 2º La garde des bestiaux commencera chaque année du 15 mars au 15 novembre inclus. 3º Chaque année, la garde des troupeaux en la Mollière sera criée au rabais par devant le maire et un conseiller municipal. 4º La moitié de la somme qui sera allouée pour chaque bétail, sera payée par chaque particulier le jour de la St Jean, et l'autre moitié le jour de la St Martin. 5° Il ne sera plus souffert et il est défendu de ramasser les bouses de vaches; le vacher et son aide devront les déposer dans le dépôt de la Ville, ce parquage aura lieu dans les contours des deux abreuvoirs. 6° Nul ne pourra ramasser de bouses fraîches sur toute la surface de la Mollière, le ramassage ne sera toléré que pour la partie sèche. 7° Le vacher est tenu de donner l'éveil de son départ par le coup de cornet dans toute la commune et les habitants qui ne donneront pas leurs bestiaux à son passage devront sur leur propre responsabilité, les conduire en pleine Mollière. 8° Si le vacher monte sur un baudet à lui confié, il sera passible d'une amende de trois francs, qu'il paiera à la caisse du receveur municipal.

Sur la demande de la Ville de Montreuil, le Conseil donne son assentiment pour l'établissement de foires et marchés. Une somme de 50 frs est accordée à Mlle Rivet (Augustine-Elise) admise gratuitement à l'hôpital d'Arras, comme élève sage-femme.

Des travaux sont faits au Pont de l'Arche.

Le traitement de l'instituteur est augmenté de 20 frs, ce qui le porte à 250 frs.

Un nouveau crédit de 300 frs étant demandé pour réparations urgentes à faire à l'Eglise qui menace ruine, un conflit s'engagea et le Conseil voulut connaître les comptes exacts de la fabrique.

1837. — Au commencement de cette année, il fut constaté un déficit de 311 frs 82 dans la caisse, sans compter les quêtes, etc; la demande fut rejetée.

Les Masques.

Le Maire de la commune désirant prévenir les désordres qui pourraient résulter de la licence que se permettraient des jeunes gens qui ont déjà couru et circulé masqués.

ARRETE :

Les masques qui pourraient circuler en plein jour, ne sont point autorisés, mais ils pourraient être tolérés dans le cas, ou ils n'insulteraient et n'offenseraient qui que se soit. Tout individu masqué qui se permettra de sortir après soleil couché, sera arrêté au besoin par tout individu ou le garde-champêtre dans ses tournées du soir.

Tout individu masqué, dont un particulier pourrait avoir à se plaindre sur la connaissance que celui-ci en donnera à l'autorité, sera poursuivi d'après les lois de police à ce sujet et les parents sont prévenus de la responsabilité qu'ils ont pour leurs enfants demeurant avec eux.

Instruit également des désordres qui ont eu lieu par suite de la complaisance des cabaretiers de souffrir chez eux des réunions après dix heures du soir, le Maire, pour la responsabilité de ces désordres, pense devoir faire renouveler la publication de l'arrêté de M. Malingre, maire, son prédécesseur (25 mars 1832).

Berck, le 22 janviei 1837.

Le Maire, BARBIER.

21 mai. — Renouvellement triennal des Conseillers municipaux.

Ont été élus: MM. Parmentier (Jacques); Brillard (Philippe); Dacquet (Jean-Louis); Macquet (J.-Bte); Barbier (André); Macquet (Michel); Malingre (Adolphe).

La garde nationale conserve les mêmes officiers qu'en 1836.

8 septembre. — Le Conseil arrête de maintenir sa précédente délibération au sujet du crédit de 300 frs demandé par la fabrique, mais pour donner à l'administration une preuve que ce refus n'est pas sans raison, croyant à des erreurs dans les pièces fournies jusqu'alors par la fabrique, il consent à lui prêter l'avance de cette somme, dont elle lui sera comptable, à moins que la fabrique ne justifie de l'insuffisance de ses moyens.

27 septembre. — Un chien soupçonné malade ayant parcouru le village, l'*Arrêté* suivant fut pris:

ART. 1. — Tous les particuliers de cette commune, qui possèdent des chiens, sont soumis de les tenir attachés chez eux et renfermés pendant quarante jours.

ART. II. — Chaque particulier sera responsable et le garde-champêtre verbalisera contre ceux qui, dès ce moment, laisseront leurs chiens libres.

ART. III. — Le garde-champêtre marchera armé et assommera, comme chacun peut le faire, tout chien qui sera libre et rencontré dans la rue.

Berck, le 27 septembre 1838.

Le Maire, BARBIER.

Octobre. — Après demande de M. le Sous-Préfet d'avoir à émettre son avis sur un devis de réparations de 6,081 frs 53, présenté par le Président de la fabrique, déclarant que l'Eglise n'avait aucunes ressources, plusieurs conseillers soutinrent que le devis était l'œuvre d'une coterie et qu'ils n'adhéreraient aux réparations reconnues nécessaires qu'avec le prêtre honorable qui venait d'être nommé, dès que le corps fabricien serait loyalement constitué, après avoir pris les mesures légales qui feront disparaître tous les méfaits dont ils ont à se plaindre.

Sages-femmes.

D'après différents rapports, considérant que les femmes des Rivet (Jean-Pierre), ancien marin; Marchand (J.-Bte), dit *Farôt*; Bataille (Philippe), dit *Mouton*, maîtres de bateaux, font état et se livrent d'habitude à l'opération des accouchements dans cette commune, que leur zèle indiscret, dépourvu d'instruction, de connaissance dans cette partie difficile, ont fait reconnaître que cette hardiesse aveugle, a causé plus d'une catastrophe déplorable. Considérant qu'il importe au bien de la population, comme à sa sûreté, d'arrêter ce zèle inconsidéré de la part des femmes susnommées, surtout lorsque le pays est pourvu d'une sage-femme, instruite, reçue en cette qualité par le jury médical du département, brevetée, patentée, et résidente dans la Commune.

ARRÊTE :

Les trois femmes ci-dessus dénommées sont invitées de cesser dès ce moment à se mêler et s'occuper des accouchements dans Berck et au besoin elles en sont sommées et requises.

La contravention de la part de l'une d'elles, à cette réquisition, sera déférée à M. le Procureur du Roi, soit par l'autorité, soit par la sage-femme jurée.

Le garde-champêtre est chargé de la publication de cet arrêté dans tout le village et de le notifier à domicile à chacune d'elles, afin qu'elles n'en prennent point causes d'ignorances.

A la Maison Commune de Berck, le 25 novembre 1838.

Le Maire, BARBIER.

1839. 6 Février. — En pleine séance du Conseil municipal, Malingre (Charles ([1]), porta une insinuation de dilapidation envers M. Barbier, en le traitant de soustracteur des biens de la Commune. Une somme de 50 frs, dit-il, portée au budget de 1836, sous le prétexte d'un adjoint au garde-champêtre, a été tirée de la caisse communale et le maire en a disposé pour lui ou pour d'autres. — Sur quoi, le maire a demandé acte au Conseil. —

Les conseillers se sont retirés en désapprouvant Malingre, mais n'ont signé que MM. Macquet, Barbier, Bouton, Froidure ([2]) et Cornu.

14 Juillet. — Une somme de 1,004 frs fut accordée à la fabrique pour couvrir le déficit qu'elle présente avec pièces à l'appui. Plus 100 frs sont votés pour réparations au presbytère.

1840. 14 Juin. — Au renouvellement des Conseillers municipaux sont nommés: MM. Drapier (Michel); Fontaine (François); Macquet (Adolphe); Rivet (Pierre), dit *Euphrosine*; Macquet (Nicolas fils); François (J.-Bte), dit *Manchin*; et Rivet (Antoine), dit *Boudin*.

Dans les dépenses communales de l'année se trouvent: 1o Pour registres de l'Etat-Civil, 23 frs 75. 2o Frais de bureau et impressions pour le service de la commune, 50 frs 00. 3o Traitement du Secrétaire de la Mairie, 120 frs 00.

1841. 14 février. — Le Conseil municipal prie M. le Préfet

([1]) Né, le 7 avril, 1776.
([2]) Né, le 22 octobre, 1774.

de vouloir bien l'autoriser à disposer de la somme de 3,686 frs
que la commune a en caisse et d'employer l'excédent de
l'exercice de 1841, pour les réparations de l'Eglise, afin de
prémunir la ruine de cet édifice.

Quelques mois plus tard, plusieurs conseillers firent observer que M. Bailly, propriétaire à Berck, s'est permis de
boucher à la sortie du village de Berck, le chemin n° 1 appartenant aux chemins ruraux, conduisant à la mer et reconnu
d'utilité publique, puisque c'est celui qui conduit au poste
des douanes. Considérant qu'il est également fréquenté par
tous les habitants du pays qui se livrent à la pêche de
basse-eau et par les mareyeurs se rendant au démarrage de
Merlimont; que la fermeture de ce chemin porte atteinte aux
droits des propriétés de la commune; qu'il y a lieu de le
faire rouvrir, le Conseil arrête que cette délibération sera
adressée à M. le Sous-Préfet, pour ordonner la destruction
de la clôture faite par M. Bailly.

100 frs sont votés pour la plantation d'oyats. 20 frs pour
impression au Bulletin des procès-verbaux concernant la
Garde Nationale. 20 frs 30 pour la quote-part de la commune
pour les enfants trouvés. 40 frs pour réparation des pompes
à incendie et 6,121 frs 53 pour réparations à l'Eglise.

8 Août. — Le sieur Dacquet (Jean-Louis), de Berck, veut
être autorisé à actionner la fabrique devant les tribunaux,
afin d'obtenir la possession d'une place de banc dans l'Eglise;
cette place, dit-il, a été reconnue appartenir légitimement à
sa femme par un arrêté du Conseil de fabrique, en date du
17 mars 1840. Le Conseil considérant que la commune ainsi que
la fabrique sont étrangères à cette affaire, ne refuse pas
son secours mais dit que l'intervention des tribunaux est
nécessaire, cela devenant un débat personnel entre le sieur
Dacquet et Maître Pillain.

En août, les quarante mareyeurs de Berck, prient le maire
de réclamer auprès du Directeur des Postes, de vouloir bien
ordonner que le courrier soit distribué directement de Montreuil pour Berck, afin que le facteur, tout en faisant le
service des deux communes de Campigneulles qui sont sur
la route, puisse leur donner leurs correspondances de Paris

à 10 h. 1/2 du matin, plutôt que de la recevoir à 5 ou 6 heures du soir, ou leur éviter d'aller la chercher à Montreuil. Le Conseil, dit que Berck, par sa pêche, présente au moins un capital de 250,000 frs, sans y joindre le poisson qu'apportent les ports de Merlimont et de Cucq, acheté à Berck, n'ayant pas de mareyeurs dans ces deux villages — et qu'il a tout intérêt à pouvoir répondre pour Paris dans la même journée.

Pour 1842, vingt-cinq enfants ont été admis gratuitement à l'école primaire. Le traitement de l'instituteur est fixé à 250 frs. La rétribution mensuelle est fixée ainsi pour chaque élève: 50 frs 1re classe; 40 frs pour la 2e et 30 frs pour la 3e.

2 Septembre. — MM. le Maire; Malingre (Charles); Malingre (François); Macquet (Nicolas); Brillard (Philippe) sont chargés de surveiller le nettoyage et l'entretien des fossés d'égouts.

1842. 8 Mai. — M. le Maire donne communication du testament de Mlle Duquesnoy d'Ecouislle (Aglaé), qui légua aux pauvres de la commune de Berck une somme de 100 frs sur laquelle 30 frs seront donnés au sieur Malingre (François). Le Conseil considérant la position dans laquelle se trouvent les pauvres, et pour remplir les vœux de la testatrice, est d'avis, à l'unanimité, d'accepter ce legs qui sera réparti en pain ou en argent.

Acte de décès de Mlle Duquesnoy d'Ecouislle

Extrait du registre des actes de décès de la ville de Boulogne-s/-Mer. L'an 1842, le 6 février, 10 h. 1/2 du matin, par devant nous soussigné, adjoint-délégué du maire, sont comparus: Du Bonnet (Henri-Louis-Philippe); Baron Dublaisel, rentier, âgé de 64 ans, beau-frère de la ci-nommée et D. Bonne (J.-Bte-Louis), ancien capitaine d'Infanterie, chevalier de St Ferdinand, âgé de 49 ans, neveu maternel, tous deux demeurant dans cette ville, lesquels ont déclaré qu'Aglaé, Jeanne, Joséphine Duquesnoy d'Ecouislle, célibataire, rentière, demeurant en cette ville, née à Montreuil-sur-Mer, âgée de 61 ans, fille de feu Antoine, François, Marie Duquesnoy d'Ecouislle, en son vivant chevalier et Madame Adélaïde, Sophie, Joséphine De Madre, son épouse, est décédée hier à 2 heures du matin, en son domicile, rue d'Aumont, no 9.

Par testament olographe, Mlle Duquesnoy a prié ses héritiers de donner dans le courant de l'année de son décès, aux pauvres de Berck, où demeurait Malingre, une somme de 400 frs, sur laquelle somme elle a donné 30 frs au dit sieur Malingre. D'autre part, par Maître Dutertre (François, Nicolas, Achille), notaire à Boulogne (le 2 mars 1852), il appert que Madame la comtesse Duquesnoy d'Ecouislle (Elisabeth, Adélaïde), épouse de M. le comte Duquste de St-Martin (Armand, Louis), chevalier de l'ordre royal militaire de St Louis, autorise son épouse, pour le don fait à la commune de Berck, par Mlle Duquesnoy d'Ecouislle.

22 Mai. — Une demande est faite à M. le Ministre de l'Intérieur, pour autorisation de percevoir les droits de pesage et mesurage dans la commune. Savoir: 1o Grains de toute espèce vendus à la mesure, par hectolitres 0,10 c.; 2o droit de pesage par 100 kilos, 0,50 c.; 25 k. 0, 12 c. 1/2 et pour 1 k. jusqu'à 24 k. 0,01 c. par chaque kilogramme.

10 Juillet. — Le Ministre ayant approuvé, le Conseil décida: 1o d'établir un bureau de pesage et mesurage public ; nul ne sera contraint de s'en servir, si ce n'est dans cas de contestations. Il sera expressément défendu à tout individu d'établir des bureaux de pesage, ni d'exercer pour autrui les fonctions de peseur et mesureur dans les rues, halles, marchés, etc. 2o Les droits seront par moitié à la charge du vendeur et à celle de l'acheteur, à moins qu'il n'y ait convention contraire; ils seront perçus au tarif ci-dessus; le produit en sera versé à la Caisse municipale pour être employé aux dépenses autorisées dans le budget.

3o Le peseur prête serment devant le Juge de Paix du canton.

4o Il tiendra un registre à souche sur papier timbré, côté et paraphé par le maire, sur lequel il inscrira de suite, sans laisser aucun blanc, toutes les opérations et en délivrera un bulletin aux parties.

5o Les contestations qui pourraient s'élever sur l'application du tarif ou la qualité des droits exigés par les préposés, seront portées devant le Juge de Paix à quelque somme que puisse s'élever ce droit, pour être par lui jugées sans frais soit en dernier ressort, soit à charge d'appel.

6o Le peseur public sera tenu, sur la réquisition des négo-
ciants, marchands et de tous les autres qui voudront recourir
à son ministère, de se transporter dans leurs magasins et
domicile pour obvier aux frais que le déplacement de marchandises occasionnerait.

7o Toute personne qui s'opposerait à l'exercice des fonctions
du peseur public sera poursuivie conformément à la loi

8o Tout peseur public, gérant par voie de régie, qui détour-
nerait à son profit une partie du produit, sera poursuivi.

9o L'adjudicataire sera tenu de verser de mois en mois et
d'avance, le douzième du montant de son fermage entre les
mains du receveur communal, sous peine de résiliation de
son bail, à la folle enchère.

10o Le maire vérifiera au moins une fois par mois le registre
du peseur public, pour s'assurer s'il y transcrit journellement ses opérations et s'il se conforme par la tenue de ce
registre aux dispositions de l'art. 4 ci-dessus.

Canots de Sauvetage.

30 Juillet. — Le 16 juillet, M. le Commissaire de St Valéry-
sur-Somme, informa le Conseil municipal que M. le Ministre
de la Marine venait de faire don à son quartier de deux
bateaux de sauvetage et que la Commission de St-Valéry,
composée des officiers du port, de capitaines au long cours
et de pilotes, avait décidé que le Syndicat de Berck était le
point le plus important du littoral, où l'une de ces embar-
cations pourrait être utilisée dans les naufrages, mais que
l'entretien de ce bateau serait à la charge de la Commune,
excepté au cas où il résulterait des avaries d'un naufrage,
qui retomberaient alors, à celle du bâtiment naufragé.

Le Conseil remercie le Ministre; il regrette que les ressources
de la commune (en déficit pour ses travaux) ne lui permettent
pas les frais d'entretien du bateau; en conséquence, il prie
l'administration de la Marine, de venir à son secours pour
les trois quarts des frais d'entretien, se chargeant de payer
l'autre quart.

2 Octobre. — M. le Maire accepte le rapport de M. Le Cul,
architecte, chargé de surveiller les travaux de l'Eglise, dont

les devis s'élèvent de plus en plus. Devant l'état misérable
de la population, composée de gens qui ne vivent que du
travail journalier, le Conseil municipal s'adressa aux Ministres de la Justice et des Cultes, pour qu'ils prennent en
considération l'Eglise de Berck, un des plus anciens monuments de cette contrée, afin de l'empêcher de tomber en
ruines.

1843. 4 Février. — M. Macquet (Charles), architecte à Berck,
approuve le devis supplémentaire de M. Le Cul, de Cam-
pagne-lez-Hesdin. La somme demandée par ce dernier, s'élève
à 3,680 frs 34, laquelle sera empruntée sur le produit de
l'octroi (pesage et mesurage de la Commune).

17 Avril. — Les archives de la Commune n'étant plus en
sûreté, par le délabrement de la salle de la mairie, le Conseil
reconnaît l'utilité urgente, d'élever un bâtiment sur les plans
de MM. Delieux et Macquet (Charles), architectes. Une place
serait réservée pour les pompes à incendie, qui sont dehors.
Les plans s'élèvent à 2,799 frs. 871 frs; de vieux matériaux
provenant de l'Eglise, pouvant être employés, cette dépense
reste à 1,928 frs. Le dit bâtiment doit être élevé sur la place
de Berck.

4 Juin. — Au renouvellement triennal des conseillers municipaux (2e série), sont élus: MM. Parmentier (Jacques); Macquet (J.-Bte-Dez); Dacquet (Jean-Louis); Brillard (Philippe);
Macquet (Michel) et Delacroix (J.-Bte fils).

15 Juillet. — Le Conseil demande à M. le Préfet d'autoriser
la commune à se défendre en action contre celle de Verton
pour la propriété de M. Roger Delville.

6 Août. — Nouvel achat d'une pompe à incendie, coût: 940 frs

16 Août. — M. Gressier (Michel), dit *Fioque*, est élu conseiller municipal, en remplacement de M. Drapier, décédé.

1er Octobre. — MM. Barbier est nommé maire; Fontaine
(François), Macquet, adjoints; et Boulanger, conseiller municipal.

5 Novembre. — La Commune accepte un don de 5,000 frs
légué par Mlle Duquesnoy d'Ecouislle (1) et délivré par Me

____

(1) Testament olographe du 27 mars 1841

De Bormette. Ce don est affecté à l'instruction des jeunes enfants, le Conseil le déclare inaliénable et il sera placé sur l'Etat de la manière que M. le Préfet ordonnera.

1844. 4 Février. — Le département donne 150 frs à la commune pour l'aider dans ses plantations d'oyats. La surveillance de ce travail est donnée à MM. Malingre (Charles); Fontaine (François) et Boulanger, géomètre.

Le sieur Fraise, est nommé deuxième garde-champêtre, pour protéger les plantations d'oyats abîmées par les bestiaux mal gardés.

1845. Février. — Vu les fréquents incendies, le Conseil municipal arrête:

1º Que toute toiture en paille pour les maisons agglomérées dans l'intérieur de la commune est défendue et interdite à partir du jour du présent arrêté:

2º Sera dans la mesure de l'agglomération, toute habitation ou bâtiment qui existe ou sera établi à moins de 300 mètres de distance de tous autres bâtiments.

3º Que pour engager les toitures en dur et pour aider les plus malheureux, le Conseil vote une somme de 200 frs à porter annuellement au budget pendant un temps indéterminé, qui sera réparti par lui-même, en séance, à ceux qui seront reconnus nécessiteux.

4º Prie M. le Préfet, d'aider le Conseil dans sa mesure de bienfaisance, en lui accordant annuellement la somme qu'il lui plaira pour augmenter l'encouragement qu'il propose, pour les réparations et constructions nouvelles.

8 Février. — Par suite du don de Mlle Duquesnoy d'Ecouislle, pour l'instruction et l'éducation des jeunes filles de la commune, il est indispensable de se procurer un local. M. le maire dit qu'il consentirait à céder celui qui lui appartient situé sur la Place, occupé depuis trois ans par les sœurs de la Ste Famille, bâtiment et dépendances pour la somme de 4,000 frs. Le Conseil accepte.

Mai. — Le nombre des enfants fréquentant l'Ecole primaire est de soixante. Au budget supplémentaire sont inscrits: 100 frs pour le mobilier de l'école des filles; 18 frs pour les enfants trouvés 4 frs 43 pour les aliénés; 40 frs pour fêtes publiques;

165 frs pour procès à Verton avec M. Delyse; 28 frs 80 pour travaux au Presbytère; 20 frs pour expédition des *Usages de Berck* (¹), en 1507, à M. Barbier.

1846. — Pour cette année, il sera porté au budget supplémentaire: 510 frs 65 pour trois procès à M. Thivrier de Montreuil; 280 frs à M. Dubourg, avoué à Montreuil, pour un procès avec les héritiers Bailly et la Commune; 25 frs pour levée et signification d'un jugement, contre M. Lens, médecin; 31 frs à Rivel (Hippolyte), pour transport de meubles à M. le Curé, à Berck, en 1839; 27 frs à Beaussant pour le même objet.

Ecole des Filles.

4 Novembre. — Par ordonnance du Roi Louis-Philippe, à tous présents et à venir, salut.

Sur le rapport de notre Ministre, Secrétaire d'Etat du département de l'Intérieur, le Comité de l'Instruction publique et de notre Conseil d'Etat entendu, nous avons ordonné et ordonnons ce qui suit:

ART. 1er. — La Commune de Berck est autorisée à acquérir du sieur Barbier, maire de cette commune, au prix de 4,000 frs, clauses et conditions signalées dans la promesse de vente du 4 avril 1845, une maison destinée au service de l'école des filles. Il sera pourvu au paiement du principal et des frais de cette acquisition au moyen d'un legs de 5,000 frs fait par la Dlle Duquesnoy d'Ecouislle, à la commune, pour cette destination et dont l'acceptation a été autorisée par notre ordonnance du 19 mars 1844.

Donné au Palais de St Cloud, le 4 novembre, 1846.

Signé: LOUIS-PHILIPPE.

Le Ministre-Secrétaire d'Etat, Duchatel.
Le Sous-Secrétaire d'Etat, A. Passy.
Le Conseiller de Préfecture, B. Douchez.

L'adjoint au maire de Montreuil, THIVRIER.

Le Maire de Berck: BARBIER.

(¹) Publiés dans la 2ᵉ édition de *Berck-Ville et Plage*, 1905, page 15.

12 Juillet. — Ont été élus conseillers municipaux :

MM. Macquet (Adolphe); Malingre (Eugène); Rivet (Jacques); Le Bœuf (J.-Bte); Bouville (Auguste); Fontaine; Bataille; Bucquet, aîné; et Cornu (Jean-Louis).

Etablissement du Bureau de Bienfaisance.

8 Novembre. — Par lettre de M. le Sous-Préfet, en date de 7 septembre 1846, et communiquée au Conseil municipal, par M. Fontaine, adjoint, il est établi un bureau de bienfaisance. M. Fontaine, avec les conseillers en ont accepté les fonctions.

6 Décembre. — Le personnel de la Compagnie des Pompiers s'élevait à soixante-cinq hommes. Ont été élus: MM. Malingre (Charles), capitaine; Bucquet, lieutenant en premier; Bucquet (Baptiste), lieutenant en second.

Extrême misère.

1847. 6 Février. — Par la cherté des vivres, une profonde misère existe dans la classe pauvre; en présence de cet état, le maire prie le Conseil d'aviser aux moyens de secourir les malheureux. Une somme de 400 frs, dit l'un des conseillers, a été léguée par Mlle Duquesnoy d'Ecouislle à cet effet et acceptée, le 8 mai 1842.

Le maire répondit que Me Dutertre, notaire à Boulogne, détient cette somme et que, jusqu'à présent, il s'est refusé à la donner au profit des pauvres de Berck n'en ayant pas eu l'autorisation nécessaire. Le Conseil prie le Maire de faire diligence pour l'obtenir. Un autre conseiller propose alors d'affecter une somme de 600 frs portée au budget de 1847, pour acquitter une partie de l'Ecole des filles, pour le soulagement immédiat des malheureux; cette somme est versée au Bureau de Bienfaisance.

Inhumations.

5 Avril. — Le Maire de Berck, vu les différents articles du code pénal qui traitent des décès et inhumations, pour éviter les conséquences d'enterrements trop précipités et voulant prévenir tous accidents.

ARRETE :

Les habitants de cette commune sont prévenus qu'à dater de ce jour, aucune autorisation ne sera délivrée que sur le rapport d'un médecin ou chirurgien qui aura constaté la mort.

M. Lens est nommé à cet effet, comme tout autre docteur qui aurait suivi la maladie. La déclaration du décès ne sera faite à l'adjoint qu'après avoir fait constater la mort réelle et le cadavre ne sera enseveli et déposé dans le cercueil qu'après cette visite constatée; aucune exception ne sera faite à cette mesure qui est par elle-même d'intérêt et de sécurité publics.

Les contrevenants s'attireront des désagréments et des poursuites par le Procureur du Roi, auquel ils seront signalés.

Berck, 5 Avril 1847.

Signé: BARBIER.

1er Mai. — Mlle Macquet est autorisée à ériger une niche, pour y poser la statue de la Ste Vierge, sur une propriété lui appartenant et ne gênant pas la voie publique.

9 Mai. — Le nombre des enfants admis à l'école primaire est de 70. 25 sont reçus gratuitement.

1848. 20 Avril. — MM. Macquet (Adolphe) est nommé maire. Cornu (Jean-Louis), adjoint, d'après l'arrêté du citoyen commissaire général du Gouvernement provisoire du Pas-de-Calais.

10 Mai. — Parmi les dépenses inscrites au budget supplémentaire, se trouvent: Plantations d'oyats, 160 frs; Secours à l'institutrice, 205 frs; travail et bois fournis par Macquet (Michel), pour l'Arbre de la Liberté, 25 frs; à M. Lens, pour certains cas de mort et par réquisition du Maire, 63 frs; papiers relatifs aux élections générales et Gardes Nationaux. 30 frs; pour les enfants trouvés, 10 frs.

Le taux de la rétribution mensuelle pour chaque enfant est fixé à 60 frs 1re classe, 50 frs 2e, et 40 frs 3e. Le nombre d'élèves à recevoir gratuitement sera de 40. Le nombre total est de 75. Le traitement de l'instituteur sera pour 1849, de 400 frs, à raison de l'instruction gratuite qu'il donne et du traitement de chantre.

30 Juillet. — La Commune étant de 4,100 habitants, les conseillers municipaux doivent être au nombre de seize.

Sont élus et ont été installés, le 11 octobre, MM. Macquet (Adolphe), maire; Malingre (Charles), adjoint; Barbier; Macquet (Nicolas) ; Delacroix (J.-Bte) ; Malingre ; Macquet (J. Bte-Dez); Dacquet (Jean-Louis); Parmentier (Jacques); Gressier (Michel); Bouville; Le Bœuf (J.-Bte); Bucquet (Augustin, fils); Rivet (Pierre); Pauchet (François) et François (J.-Bte), conseillers municipaux.

19 Novembre. — M. le Maire donne lecture du testament de Mlle Duquesnoy d'Ecouislle. Les membres du Bureau de Bienfaisance font observer que les 400 frs donnés aux pauvres à la réserve de 30 frs au sieur Malingre, doivent être employés selon le vœu de la testatrice et que ce bienfait doit être gravé dans l'esprit de toutes les personnes qui **ont** des sentiments de reconnaissance universelle. Par autorisation du Sous-Préfet de Montreuil, en date du 17 courant, une distribution soit en argent ou en pain de la valeur d'une somme de 40 francs sera faite aux plus nécessiteux, en l'honneur de la promulgation de la République votée par l'Assemblée Nationale.

Procès-verbal d'Election du Président de la République.

COMMUNE DE BERCK

10 Décembre.
Louis, Napoléon Bonaparte, 862 suffrages.
Le Général Cavaignac   41   »
Raspail   2   »
1849. 29 Janvier. — Le Conseil municipal vote à l'unanimité un drapeau pour la Garde Nationale.

Le chemin de Berck à la mer étant toujours dans un état impraticable, obligeant de 4 à 500 marins à passer dans l'eau pour se rendre à la pêche, le Conseil prie M. le Sous-Préfet de vouloir bien présenter une demande d'amélioration au Conseil départemental, afin qu'il soit classé de grande communication.

Radiation.

15 Avril. — Par devant nous, Macquet (Adolphe), maire de la commune de Berck, après avoir légalement composé la commis-

sion tendant à vérifier la protestation adressée par le sieur L...
électeur à Berck, ayant pour but d'exclure du droit de vote les
individus indiqués par les numéros 195, 210, 319 et 324 de la
liste électorale, nous avons selon la loi, fait appel sans frais :
1º au sieur B..., inscrit au nº 195 ; 2º à B..., père, inscrit au
nº 210 ; 3º au sieur B.., inscrit au nº 319 ; 4º au sieur B.., inscrit
au nº 324, après avoir aux susnommés donné connaissance
de l'art. 3 de la loi des 8, 28 février et 15 mars 1849, nº 1182,
il a été établi ce qui suit : 1º que le sieur B... se reconnaissant
hors la loi pour ce qui concerne les élections, en ce qu'il
a encouru un jugement correctionnel qui le condamne à trois
mois de prison, consent à être rayé de la liste. Au sujet de
B...., père, il n'a supporté aucune condamnation. Concernant
le sieur B..., il a prouvé que c'était par méchanceté et ven-
geance que la dénonciation avait été faite et que jamais
aucune condamnation ne l'avait atteint. Pour ce qui a rapport
au sieur B.... il a fait l'aveu qu'il avait subi une condamnation de deux mois de prison et que cette punition ne lui
retirait pas ses droits d'électeur.

Il a donc été décidé que pour ce qui concerne les sieurs
B..., B. et B...., il n'y a pas lieu à la radiation.

10 Mai. — Pour 1850, la rétribution de l'école communale
et le traitement de l'instituteur sont semblables à l'année
précédente. 100 frs sont votés pour plantation d'oyats et 250
frs pour le garde-champêtre.

Tout en reconnaissant l'utilité du Pont de l'Authie, la commune ne peut disposer d'aucun fonds pour cette construction.

Etant en déficit de 3392 frs 17 pour acquisition de l'école
des filles, le Conseil demande à M. le Sous-Préfet de vouloir
bien accorder un secours à la Commune pour l'aider à combler ce déficit.

Partage de la Mollière avec la commune de Groffliers.

8 Juillet. — Vu l'avis du Conseil d'Etat du 20 juillet 1807,
considérant qu'il n'a jamais existé de partage régulier entre
la Commune de Berck et celle de Groffliers et qu'il importe
de faire cesser cet état de choses qui, de tout temps, a donné
lieu à des contestations.

Considérant qu'à défaut de titres de la part des Communes, le partage doit avoir lieu en raison du nombre de feux ou de ménages particuliers de chacune des communes intéressées.

Est d'avis qu'il y a lieu d'opérer le partage de la Mollière indivise entre Berck et Groffliers d'après les feux ci-dessus exprimés et de nommer le sieur Delacroix (J.-Bte) à Airon St Wast, expert de la Commune de Berck, à l'effet de s'entendre conjointement avec celui de Groffliers pour le recensement des feux de chaque Commune et pour les opérations préliminaires du partage de la Mollière, laquelle est d'une contenance de 139 hectares, 52 ares, 92 centiares.

M. Lagaisse (Henri, Joseph) est nommé instituteur communal en remplacement de M. Carpentier, démissionnaire.

17 Août. — Un seul débit de tabac étant insuffisant, vu l'accroissement de la population, M. le Maire est prié de faire connaître à l'Administration, la situation dans laquelle se trouve le sieur Macquet (Charles, François), ancien charpentier de marine, atteint de cécité, ayant perdu deux enfants au service de l'Etat, étant dans l'impossibilité de subvenir à ses besoins d'existence afin de lui accorder ce faible emploi, récompense due à son zèle et à son dévouement pour le pays.

26 Août. — La Commune se composait de 150 feux, dont les 4/5 des maisons étaient couvertes en chaume. La Commune réclame une subvention sur le budget départemental pour frais d'entretien.

22 Septembre. — Le Conseil accorde une somme de 300 frs, payable en 1851, pour la construction du Pont de l'Authie. Il y a déficit dans le budget communal et l'épidémie de choléra ravage le pays.

19 Novembre. — Le Conseil municipal protesta contre la mesure de révocation qui frappa M. Macquet (Adolphe), maire, qui n'a jamais pris que les intérêts de la Commune contre la négligence de l'Administration des Contributions Indirectes.

1850. 2 Février. — Examen fait des dépenses, le Conseil municipal a dépensé en secours pendant l'épidémie 1158 frs 25, sur lesquels l'Etat a accordé un secours de 200 frs, reste à sa charge: 958 frs 25. Le Conseil vote à l'unanimité d'ouvrir un crédit additionnel imputable sur les fonds disponibles.

282 frs 50 sont votés pour réparations à l'école communale des filles.

26 Mai. — Lecture est faite: 1º Du décret de M. le Président de la République, portant dissolution du Conseil municipal. 2º De l'arrêté de M. le Préfet du 29 avril, nommant aux fonctions de maire provisoire M. Lens (Auguste), médecin et d'adjoint M. Cornu. 3º Décret pour nommer des Conseillers municipaux. 4º Révision de la liste électorale, arrêtée à 553 électeurs.

Des élections eurent lieu en juin, juillet et septembre.

17 Novembre. — MM. Macquet (Joseph-Michel *Dez*) fut proclamé maire et Macquet (Nicolas), adjoint. Macquet (Adolphe); Macquet (Nicolas); Dacquet, père; Parmentier, dit *Parain*; Bouville Le Bœuf; Bucquet, aîné; Macquet (J.-Bte *Dez*); Gressier (Michel dit *Fioque*); Orange (Charles); Fontaine (François); Malingre (Charles); Rivet (Pierre); Delacroix (J.-Bte); François Pochet; Bridenne Romain et Nanchin (François), Conseillers municipaux.

4 Décembre. — M. Macquet *Dez*, Maire, ayant démissionné, M. Macquet (Adolphe) est nommé. M. Malingre (Charles) est élu adjoint en remplacement de M. Macquet (Nicolas), démissionnaire.

9 Décembre. — Le taux de la rétribution mensuelle de l'Ecole primaire sera, pour 1851, de 1 fr. pour la 1re classe; 75 c. pour la 2e et 50 c. pour la 3e. Le nombre des élèves à recevoir gratuitement sera de 40. 95 fréquentent l'Ecole. Le traitement de l'instituteur ne change pas, mais les impôts vont augmenter.

Le Conseil général, disposant d'un crédit de 3,500 frs destiné à encourager la plantation des oyats, la commune demande à se trouver dans la répartition. En semis de pins maritimes et plantations d'oyats, ses dépenses annuelles sont de 200 à 300 francs.

Forges.

15 Décembre. — Statuant sur la demande faite par le sieur Lasalle pour l'installation d'une forge, cette forge étant construite dans une petite dimension, susceptible d'occasionner des incendies, les appentis étant appuyés contre des bâtiments couverts en chaume.

ARRETONS :

ART. 1er. — Il est interdit au sieur Lasalle de faire du feu dans cette forge.

Berck, 15 Décembre 1850.

Le Conseiller municipal délégué.

Signé: MACQUET.

1851. 5 Janvier. — Les plantations d'oyats sont reconnues d'utilité publique.

Le sieur Bouton (Edouard), ancien militaire, est nommé garde champêtre.

23 Février. — Pour l'école primaire, mêmes conditions que l'année précédente.

La Commune, toujours dépourvue d'une salle de Mairie et d'un bâtiment pour renfermer les pompes à incendie, accepte l'offre d'achat, proposé par le Maire, de la maison de feu Malingre Leroy, située sur la place, du prix d'environ 3,000 frs. Elle se compose de chambre, salle, cabinets, étable, cour close et puits ; bâtie sur 4 ares 61 centiares. On pourrait y loger l'instituteur, y faire une salle d'Ecole, une salle de Mairie et y mettre les pompes à incendie. Il sera pourvu à cette acquisition au moyen de trois centimes additionnels pour le service de l'instruction primaire, des revenus ordinaires de la commune et d'une subvention de l'Etat. Le Conseil s'occupe de la destination de l'Ecole primaire actuelle — qui n'a que quatre mètres de large sur sept de long; — à ce sujet un conseiller fait remarquer que l'accroissement de la population (2,100 habitants), obligera d'adjoindre un vicaire au curé sous peu de temps, et alors la maison d'école actuelle, située proche de l'Eglise, pourrait servir de logement vicarial. Cette proposition est adoptée à l'unanimité.

6 Avril. — La Commune de Groffliers demande une somme de 440 frs pour entrer dans les dépenses du Pont; le Conseil rejette cette demande, disant que la Commune de Berck, ne peut être appelée, pas plus qu'en 1640, à contribuer à la reconstruction du dit pont, puisque son territoire n'a pas changé, le cours d'eau est le même.

11 Mai. — Dans les dépenses ordinaires pour l'année 1852,

se trouvent: Abonnement au Bulletin des Lois, 6 frs 75; registres de l'Etat-Civil, 40 frs; frais de bureau et d'impressions, 50 frs; traitement du Secrétaire de la Mairie, 150 frs; timbres de mandats de paiements payés par le maire, 20 frs; remises du Receveur municipal, 150 frs; à M. Marchand, père, 50 frs pour le recensement de la population, etc., etc. Comme ressources: droit d'octroi, 2,400 frs.

Le sieur Routier, receveur-ordonnateur du bureau de bienfaisance, présente un excédent des recettes sur les dépenses de 3 frs 17 c.

Une somme de 400 frs est votée pour le chemin de Berck à la mer.

25 Octobre. — Sont nommés membres du Conseil de recensement, MM. Malingre (Charles); Bucquet, aîné; Dacquet, père; Macquet (Nicolas); Orange (Charles); Parmentier (Jacques); Rivet (Pierre); François (J.-Bte).

7 Décembre. — Des contestations s'élevèrent entre le sieur Plet et le sieur Massé, pour le chemin du Haut-Banc, reconnu comme chemin rural, d'après les plans de 1810.

Contestation pour des terrains avec Cornu (Antoine) et la commune. Egalement avec Dacquet, père, dont la corderie est établie sur des terrains communaux; il prétend qu'il y a quarante-sept ans qu'elle s'y trouve; le Maire dit l'avoir tolérée, ainsi que celle du sieur Parmentier (Philippe), dit *Pipi*, cordier, à Berck.

Calvaire.

1852. 22 Janvier. — Le Conseil reçoit l'acte de concession d'un are de terrain, sur le rivage de la mer, à proximité du chemin de démarrage de Berck, pour y ériger un Calvaire. La dite concession est accordée au sieur Parmentier (Philippe) dit *Baril*, patron de bateau à Berck, suivant décision de M. le Ministre de la Marine, en date du 4 novembre 1851. Avons en la Mairie de Berck et en présence de M. le receveur des Domaines à Montreuil, arrêté les clauses, charges et conditions de la dite concession, que le dit sieur Parmentier, ici présent, a déclaré accepter et s'y conformer, sous peine de tous dépens, dommages et intérêts:

ART. 1er La concession est faite pour neuf années consécutives à partir du 1er Janvier présent, mais à l'expiration de ces neuf années et six mois à l'avance, le sieur Parmentier, ou ayant cause, devra faire la demande d'une nouvelle concession au Préfet, qui, sur l'avis des administrations intéressées, pourra introduire telles clauses et conditions qu'il jugera convenables.

Art. 2. — Le concessionnaire devra faire clore le terrain dont il s'agit et mettre à ses frais des bornes aux angles, en présence d'un agent désigné par l'administration des Ponts et Chaussées, lequel dressera procès-verbal de cette opération qui sera jointe au présent.

ART. 3. — Il ne pourra être élevé aucun fanal sur le Calvaire à construire, cette lumière pouvant tromper les capitaines de navires et occasionner, par suite, des accidents.

ART. 4. — Cette concession a lieu moyennant une redevance annuelle de dix centimes que le sieur Parmentier s'oblige de verser dans la caisse du receveur des domaines à Montreuil, le 31 décembre de chaque année.

ART. 5. — Le bail sera résiliable à la volonté de l'Administration et sans autre forme que la notification d'un arrêté du Préfet et sans que le sieur Parmentier, ou ayant cause, ait droit de réclamer aucune indemnité, soit pour privation de jouissance, soit pour démolition de clôture et autres travaux. Cette démolition sera faite par les soins du sieur Parmentier, ou d'office, à ses frais; elle devra être terminée et le lieu complètement évacué dans le délai d'un mois à partir du jour de la notification.

ART. 6. — Les agents de l'Administration des douanes auront le droit de pénétrer à toute heure de jour et de nuit dans l'enceinte du terrain concédé.

Fait à Berck, le jour, mois susdit et avons signé avec le receveur des domaines et le sieur Parmentier.

Le Maire de Berck.
Signé: A. MACQUET.

Enregistré à Montreuil, le 29 Septembre 1852, fo 25,V. 1er.
Reçu 25 décimes, 3 centimes. Signé: BERNARD.

La minute de cette expédition a été adressée à M. le Sous-
Préfet, le 1er Février 1852.

2 Février. — Le taux de la rétribution scolaire pour 1853, est
fixé à 9 frs pour la 1re classe et 6 frs pour la 2e. Le traitement
de l'instituteur à 400 frs.

7 frs 90 sont alloués pour les aliénés indigents.

15 Février. — Après plusieurs criées, le sieur Youf (Désiré),
maçon à Berck, ayant offert la somme de 180 frs, a été
déclaré adjudicataire des droits de pesage et mesurage. Le
sieur Malingre (Oswald), s'est présenté comme caution.

Mai. — La Municipalité jura obéissance à la Constitution et
fidélité au Président.

De même que l'année précédente, le Bureau de Bienfaisance
a un excédent de recettes, de 3 frs 17.

24 Juillet. — MM. Fontaine (François) est nommé maire;
Rivet (Jacques), adjoint. Trois nouveaux conseillers sont élus:
MM. Romain-Pochet, Pillain et Marchand.

22 Août. — M. le maire demande qu'on loue une salle
pour les séances du Conseil, attendu qu'on dérange l'instituteur. Malgré la protestation de M. Macquet (Adolphe), le
Conseil adopte.

19 Septembre. — Au nom de Mgr l'Evêque d'Arras, M.
Parenty, Secrétaire général, demande l'avis du Conseil municipal, pour nommer un vicaire au service de la paroisse,
le Conseil de fabrique ayant voté la somme de 250 frs exigée
par le Gouvernement. La Commune n'ayant pas de logement à lui fournir, renvoie la question à plus tard.

250 frs sont versés pour réparations urgentes à l'école des
filles.

Octroi.

3 Octobre. — En vertu de la Loi du 11 juin 1812 et par
décret du 17 mars dernier qui disposent que les surtaxes
d'octroi sur les boissons cesseront de plein droit au 31 décembre courant, ce qui donne aux recettes de la commune
un déficit d'environ 1,400 frs;

Considérant que cette somme peut mettre notre commune
dans la plus grande détresse;

Considérant que nos ressources ne sont même pas suffisantes, nous n'avons plus de salle de Mairie, plus de place pour nos pompes à incendie, nos chemin ruraux sont tous défectueux;

Considérant que nous sommes imposés à une somme de 12,800 frs pour la confection du chemin qui conduit à la mer.

Considérant que la commune d'une contenance de 1324 hect. 78 ares, ne possède qu'un revenu foncier de 88 fr. 59, que la seule ressource du pays est la pêche, le Conseil avise aux moyens de pouvoir combler le déficit et décide à l'unanimité qu'il sera établi un droit d'étalage sur le marché à raison de 0,05 c. le mètre carré; une voiture sera considérée comme n'occupant pas moins de deux mètres carrés et paiera 10 c.; qu'une location sera faite pour les perceptions des dits droits, que le locataire sera comptable et fournira une caution, que le montant de la location sera payé entre les mains du receveur municipal. Qu'il sera établi un droit d'octroi sur les bœufs et veaux qui seront abattus dans la commune: 3 frs pour un bœuf, 1 fr. pour un veau; le produit en sera versé entre les mains du receveur d'octroi. Supposant que ce droit ne produise que 300 frs, le Conseil décide qu'il en sera établi un sur les bestiaux qui vont paître dans les terrains communaux et fixe comme suit: cheval, 2 frs; vache, 1 fr. 50; génisse, 1 fr.; âne, 1 fr.

Précautions à prendre contre les Incendies.

15 Octobre. — ART. 1er. — Il est défendu à l'occasion des mariages, baptêmes, fêtes de famille, fêtes publiques, de tirer des armes à feu sur la voie publique, par les fenêtres ou dans l'intérieur des habitations et même d'y participer sans avoir une autorisation spéciale de l'autorité municipale. L'avis de cette autorisation sera donné au moins trois jours à l'avance à M. le Juge de Paix.

ART. 2. — Il est défendu de frotter des allumettes chimiques contre les parois des maisons ou bâtiments de toute nature et d'en faire usage sur la voie publique, notamment dans le voisinage des bâtiments construits en pailletins couverts en chaume, des meules ou autres matières inflammables.

Art. 3. — Défense est faite aux parents de laisser leurs enfants, âgés de moins de douze ans, circuler sur la voie publique avec les dites allumettes.

Art. 4. — Il est défendu à l'avenir d'employer le chaume, la paille, les roseaux ou toute autre matière inflammable pour couvrir des bâtiments; défense est également faite de réparer autrement qu'avec des tuiles, ardoises ou autres matériaux non combustibles, les couvertures existantes.

Art. 5. — Il est défendu de construire des fours ou cheminées autrement qu'en briques, pierres de taille, moëllons, ou toute autre matière non combustible, on devra en faire la déclaration à l'architecte chargé de la surveillance, les travaux ne seront reçus que par lui.

Art. 6. — Il est enjoint aux habitants de tenir en bon état d'entretien et de réparations leurs fours et cheminées qui devront être visités et nettoyés au moins deux fois par an, au mois d'octobre et au mois de mars.

Art. 7. — Il est défendu d'entrer dans les écuries, granges, étables et autres lieux où il existe des matières inflammables ou de passer sur du fumier dans les rues avec des pipes allumées ou des lumières qui ne seraient pas renfermées dans des lanternes bien closes. Il est défendu de travailler à la chandelle dans les ateliers de chambre, même renfermée dans une lanterne bien close, la nuit.

Art. 8. — Il est aussi formellement défendu d'accrocher dans les cheminées des filets et d'autres ustensiles de pêche ou autre matière inflammable.

Art. 9. — Il est défendu d'allumer du feu, d'égorger et de brûler des porcs sur la voie publique, comme dans les champs, cours et jardins, à une distance moindre de cent mètres de tout bâtiment ou dépôts d'autres matières combustibles.

Art. 10. — Il est défendu de transporter du feu d'une maison à une autre, principalement par des enfants, que dans un vase soigneusement recouvert.

Art. 11. — Il est défendu de jeter des cendres sur les fumiers à moins qu'elles ne soient éteintes depuis plus de deux jours.

Art. 12. — Il est expressément défendu de faire fondre le brai, goudron, foie de poisson, dans l'intérieur de la commune.

Art. 13. — Il est défendu d'accrocher des chandelles dans l'intérieur des maisons et chambres près des matières inflammables.

Berck. 15 Octobre 1852.

Le Maire, Signé: Fontaine.

Vu et approuvé, le 14 Mai 1853.

Le Préfet, Signé: Comte Victor Duhamel.

Proclamation de l'Empire.

Par lettre de M. le Préfet, en date du 28 Novembre, le nouvel Empereur, voulant que son avènement au trône soit signalé par des actes de bienfaisance et des réjouissances publiques, le Conseil décida à l'unanimité le vote d'une somme de 600 frs pour être répartie en l'honneur de l'avènement au trône français du nouvel Empereur, Napoléon III.

La Commune comptait alors 2,300 habitants; depuis 1850, la pêche, qui donnait l'existence à 500 pères de famille, ayant été assez lucrative, il ne se trouvait que deux foyers dans la plus grande détresse. 40 frs leur furent distribués, lors de la proclamation de l'Empire.

19 Décembre. — Il est urgent d'exhausser et d'agrandir l'école des garçons, qui n'a que 7 m. 20 de long, sur 5 m. de large et 2 m. 20 de hauteur. Elle renferme environ cent élèves tellement serrés, les uns près des autres, que l'odeur qu'ils respirent est infecte. D'après le devis de M. Ferté (Achille), constructeur de bâtiments, à Oubereau, commune de Lépine, la dépense s'élève à 247 frs 20. Le maire est autorisé à faire ce travail, facile du reste ayant une place au bout de l'école; il n'y avait qu'un mur à ôter et un plancher à faire.

Le plan d'alignement dressé, en 1810, est dans un tel état qu'on ne peut plus s'y reconnaître; le Maire en demande un nouveau afin de faire cesser les difficultés des emprises. Les conseillers refusent, disant que l'administration a tous moyens en son pouvoir pour faire restituer les dites emprises faites sur le territoire de la Commune.

Ils refusent également la proposition d'établir une halle sur la place pour la vente du poisson; ils disent que cette vente se fait sur la plage et que les impôts locaux suffisent aux besoins du pays.

1853. — 11 Janvier. — Pour 1852, le produit de la rétribution scolaire s'est élevé à 648 frs. Pour 1851, le prix de chaque élève est porté à 1 fr.

6 Mars. — Le Conseil municipal, les membres du Bureau de Bienfaisance, jurent obéissance à la Constitution et fidélité à l'Empereur, ainsi que MM. Lagaisse, Secrétaire de la Mairie et Saime, receveur d'octroi.

13 Mai. — La Commission municipale, sous la présidence de M. Plet (Ulric), approuve les comptes du Bureau de Bienfaisance, recettes: 3 frs 26. 10 frs 50 sont accordés au Commissaire de Police de Montreuil, pour son service à Berck pendant neuf mois de l'année 1852.

M. le Maire, dit qu'il est urgent de faire dresser un plan d'alignement, afin de donner aux rues la largeur convenable pour obtenir l'assainissement dont le pays a tant besoin. Ce plan donnerait la possibilité de faire rentrer dans la caisse municipale l'importance des emprises multipliées qui ont été faites sur la voie publique; 200 frs suffiraient et le crédit en serait porté sur le budget de 1854. A l'exception de M. Macquet (Adolphe), qui a protesté contre la délibération, tous les conseillers l'ont approuvée.

15 Mai. — Pour le prix de 750 frs sont achetées deux maisons appartenant aux frères Lamart, marins; ces maisons doivent disparaître pour cause d'utilité publique, attendu qu'elles entravent la circulation de Berck à la mer.

Le Maire rend un arrêté par lequel toutes personnes ayant besoin d'extraire de la terre de la Mollière, pour réparations et constructions de maisons, seront tenues aussitôt la terre enlevée d'aplanir le sol, afin que cela ne puisse nuire à la végétation et aux pâturages des bestiaux.

Construction d'une Halle.

20 Mai. — Démontrant qu'il est indispensable d'avoir une salle couverte pour la vente des denrées et principalement du poisson, attendu que l'endroit où cette vente se fait est

d'une telle exiguïté avec les embarras qu'il comporte qu'elle suspend la circulation qui tient au chemin de démarrage. Le Maire réclame également cette mesure au point de vue de la salubrité publique. M. Macquet (Adolphe) combat cette proposition. MM. les Conseillers Rivet (Jacques); Plet; Rivet (Pierre); Orange et Macquet (Nicolas), ont désigné la place publique de Berck, comme étant le lieu où cet établissement devait être construit et le projet en est adopté.

10 frs 50 sont alloués pour le traitement du Commissaire de Police de Montreuil.

Le sieur Cornu-Cornu, cabaretier, est autorisé à bâtir une maison de la rue Varrenne au territoire de la commune de Berck.

2 Juillet. — Le Maire, considérant que les boulangers viennent d'augmenter le pain de 10 c. par kilo. Cette mesure ne lui paraissant pas loyale, le prix du pain ne devant pas s'établir dans les derniers jours de la semaine, qu'au contraire, ce doit être dans les premiers et suivant le prix du blé du samedi précédent, arrête que le pain sera vendu au tarif de celui de Montreuil-sur-Mer.

Chemin du Moulin St-Jean.

Sur une demande formée par le sieur Plet pour le règlement d'une indemnité qui lui serait due par la Commune pour emprise faite sur sa propriété, la Commission a reconnu avec M. Plet, que ce nouveau chemin aurait sur l'autre l'avantage de permettre aux habitants d'aller à la mer en franchissant une distance moins grande; il déboucherait entre le chemin de démarrage et celui des Anglais, tandis qu'actuellement, celui appelé du Moulin St-Jean, débouche aussi vers la mer, mais à une plus grande distance à côté du chemin des Anglais, situé à 200 mètres environ de celui-ci. Le chemin projeté, déjà ouvert, possède une grande étendue et est en parfait état d'entretien. Le cas échéant, la commune n'aurait aucune indemnité à payer à M. Plet, qui, par un sentiment de délicatesse, abandonnerait ses prétentions à ce sujet.

Le tracé du chemin dont il s'agit sera fait de concert avec la Commission et le concours de M. l'agent voyer.

1854. 25 Janvier. — L'arrêté suivant est pris pour la viande: 1o Il est défendu de vendre de la viande provenant d'animaux abattus par suite de maladie.

2o Les bouchers ou autres personnes qui voudront vendre des viandes de quelque espèce que ce soit, devront abattre leur animal dans la commune et en faire au préalable la déclaration à la Mairie.

5 Mars. — Le taux de la rétribution scolaire est fixé à 1 fr. par mois pour la 1re classe; 75 c. pour la 2e.

Le traitement de l'instituteur est de 400 frs, mais un supplément de 200 frs lui est alloué, soit 600 frs. Il reçoit, tout compris, d'après les rôles de 1853, une somme de: 1,017 frs.

Sont nommés membres de la Commission pour les devis de travaux: halle, salle de mairie, etc. MM. Fontaine, maire; Dacquet fils, aîné; Daussy (Eugène); Beaussant (Isidore); Maryollé (Pierre); Rosey (Joseph); Dacquet (Jean-Louis), père; Pelletier et Poitevin.

Sont approuvés, les comptes du maire et ceux du Bureau de Bienfaisance, dont la recette effectuée en 1853, est de 0.10 c. Au budget supplémentaire de 1855, on trouve une somme de 236 frs pour les travaux de réparations des chemins vicinaux suivants: rue Beauchêne, chemin du Veau, Damiens et Michel.

Parmi les dépenses communales ordinaires pour la même année, sont marqués: Traitement du tambour communal, 30 frs; mise en ordre et reliure des archives, 150 frs; fêtes publiques, 20 frs; plantations d'oyats, 150 frs, etc.

Dans les revenus: permis de chasse, 20 frs; droits d'octroi, 1,500 frs; attributions sur les patentes, 70 frs 50; droit de pesage, mesurage et jaugeage, 181 frs; rente sur l'Etat, 181 frs, etc., etc.

20 Juin. — Plusieurs habitants protestent sur le droit de payage du marché. La Commission délibère en disant qu'il est pitoyable de voir les habitants les plus aisés de la Commune réclamer contre un droit établi de première nécessité vu le manque de ressources et ce parce que ceci frappe leurs intérêts personnels. La Commission prie M. le Préfet, de

considérer cette réclamation comme non-avenue. Elle estime
que ce droit pourra donner une somme de 200 frs qui aidera
au remboursement d'un emprunt projeté, tant en capital qu'en
intérêts, pour la construction d'une halle avec Mairie sur la
place de Berck.

M. Macquet (Adolphe) proteste contre ce refus et appuie
la réclamation du sieur Baillet et des quinze signataires
disant que c'est la classe pauvre qui paiera cette taxe et
qu'ils en seront les malheureuses victimes.

A ce moment, M. le Maire demande à faire percevoir un
droit de place sur la vente du poisson, 50 c. par 100 frs sur
tout poisson vendu, tant sur la place communale que sur le
littoral et territoire de la Commune de Berck, ce qui pourra
produire un terme moyen de revenu net d'environ 15 à 1,800
frs. M. Macquet (Adolphe) désapprouve cette demande.

Ensuite, est présenté le devis pour les constructions nouvelles. MM. Macquet (Adolphe) et Orange, ne sont pas d'accord
avec le Conseil.

Police Municipale. — Bains.

24 Juillet. — Nous, maire de la commune de Berck, canton
et arrondissement de Montreuil, département du Pas-de-Calais.
Vu les lois du 16 et 24 Août 1790; 19 et 22 Juillet 1791.
Vu l'art. 471 du Code Pénal.
Considérant que l'autorité municipale doit veiller à tout
ce qui intéresse la sûreté et la sécurité publique; ayant été
informé par plusieurs personnes notables que ceux qui vont
prendre des bains de mer se trouvent hommes, femmes, le
plus souvent pêle-mêle ou à une très petite distance les uns
des autres.

Considérant que cet état de choses peut empêcher et même
priver les personnes qui ont de la pudeur de venir prendre
des bains qui se pratiquent pendant la saison d'été, tant
pour leur plaisir que pour la santé.

Considérant que pour la bonne renommée de notre localité
et dans son intérêt, nous devons user des moyens qui sont
en notre pouvoir pour encourager les baigneurs, afin d'en
augmenter chaque année le nombre.

Avons arrêté et arrêtons ce qui suit:

ART. 1er. — Tout individu qui voudra se baigner ne pourra le faire que hors la vue du public et dans des lieux écartés, désignés par l'autorité municipale.

ART. 2. — Il est défendu à toute personne en état de nudité de parcourir la plage et d'y établir aucun jeu qui puisse porter atteinte à la décence et à la moralité publique.

ART. 3. — Il est défendu également aux personnes des deux sexes de se mêler les unes parmi les autres.

Les hommes, arrivant au pied de la mer, devront se diriger en aval. c'est-à-dire vers le midi, et les femmes en amont, c'est-à-dire vers le nord et à une distance de 200 mètres environ les uns des autres, excepté les familles réunies (1).

ART. 4. — Les contraventions au présent arrêté seront constatées par des procès-verbaux et déférées au tribunal compétent.

Fait à la mairie de Berck. le 24 Juillet 1854.

Le Maire. Signé: FONTAINE.

Vu et approuvé. Arras, le 3 Août 1854. .

Le Préfet. Signé: Comte Victor DUHAMEL.

1855. 5 Janvier. — M. le Préfet, ayant organisé une compagnie de sapeurs-pompiers comprenant soixante hommes, la plupart peu aisés. ne pouvant se procurer l'uniforme exigé, M. le Maire demande un secours, sur les fonds disponibles sur le crédit départemental.

Le traitement de l'instituteur se monte à 1,000 frs.

---

(1) A cette époque. Madame Ruffmann. d'origine russe, habitant Berck, depuis 1850. avait installé sur la plage des cabines d'un genre fantastique. Elles ressemblaient à un immense jupon dont la « taille » se fermait en coulissant sur le col de la *propriétaire*. Emprisonnée dans cette espèce de cloche. la baigneuse se déshabillait et se rhabillait aisément, mais cette cabine n'abritait ni de la pluie. ni du soleil, ni de bien d'autres inconvénients... Tant qu'aux messieurs, ils n'y mettaient pas tant de façon. Le plus grand nombre des baigneurs se servaient d'un drap tenu par un aide, mais le vent était parfois trop indiscret...

Berck-s m., ville et plage. 3e édition - 1900 page 149.

Le plan d'alignement dressé et présenté par M. Pichon, architecte, est adopté. La construction de la halle projetée sera faite à l'endroit désigné sur le plan.

11 Mars. — M. Daussy (Eugène), habitant de la commune, a fait une demande à M. le Préfet, tendant à l'établissement à ses frais d'une halle pour la vente du poisson moyennant l'abandon à son profit d'une taxe qu'il percevrait des vendeurs pendant un certain nombre d'années.

M. le Préfet, ayant fait observer que les particuliers n'ont pas la faculté de construire des halles, ni de se faire payer les taxes, l'offre ne pouvait être acceptée, mais que la Commune pouvait entrer en arrangement avec lui.

La Commission accepte l'offre faite par M. Daussy: 1o à faire construire à ses frais, une halle avec mairie et remise pour les pompes à incendie, sur la place communale de Berck au lieu indiqué sur le plan d'alignement. 2o Que ce bâtiment et dépendances seront loués à la Commune pour une redevance annuelle, qui ne pourra pas dépasser plus de 2 1/2 pour cent sur le montant de l'adjudication qui lui sera payée chaque année, en octobre.

M. Macquet (Adolphe) contredit cette délibération.

24 Juin. — M. Fontaine, maire, et Rivet adjoint, prêtent serment, jurent obéissance à la Constitution et fidélité à l'Empereur.

22 Juillet. — La population est de 2,216 habitants.

Nombre d'électeurs: 577. Votants: 345.

Sont élus conseillers municipaux:

MM. Macquet (Adolphe), armateur, né à Berck, le 26 Octobre 1804.

Orange (Charles), retraité, né à Berck, le 7 Avril 1789.

Bucquet (Augustin) fils, maréchal, né à Berck, le 7 Mars 1813.

Parmentier (Philippe), dit *Titin*, mareyeur, né à Berck, le 2 Août.

Macquet Dez (J.-Bte), né à Berck, le 28 Février 1796.

Delacroix (J.-Bte), patron, né à Berck, le 7 Frimaire 1802.

Bouville Lebœuf, mareyeur, né à Berck, le 3 Juillet 1817.

Marchand (François), père, mareyeur, né à Berck, le 15 Décembre 1797.

Gressier (Michel) dit *Fioque*, mareyeur. né à Berck, le 20 Janvier 1808.

Romain (Philippe), patron, né à Berck, le 11 Novembre 1801.

Lebœuf-Beaussaut (J.-Bte), messager, né à Berck, le 30 Septembre 1810.

Pilain (J.-Bte), cordier, né à Berck le 26 Mai 1822.

François (J.-Bte), dit *Manchin*, marin, né à Berck, le 15 Août 1791.

Pauchet (Pierre), père, né à Berck, le 29 Juin 1800.

Baillet Michaux, voiturier, né à Berck, le 14 Juillet 1809.

Tous jurèrent obéissance à la Constitution et fidélité à l'Empereur.

16 Août. — D'après la loi du 2 Mai 1885, la taxe sur les chiens fut votée. 1re classe, chiens d'agrément ou servant à la chasse, 3 frs. 2e classe, chiens de garde, 1 fr.

4 Novembre. — Une somme de 50 frs est votée pour le 2e trimestre de 1885 et affectée au traitement du Commissaire de police de Montreuil-sur-Mer.

11 Novembre. — Pour 1856, M. le Préfet a fixé son traitement à 110 frs y compris les frais de bureau. Le Conseil municipal, supplie M. le Préfet, de diminuer ces frais pour la Commune, attendu qu'elle est sans ressources. Ses bâtiments communaux tombent en ruines, elle n'a plus aucun fonds libre et sa caisse est en déficit de plusieurs centaines de francs.

Une demande de secours est adressée à M. le Préfet pour les réparations de l'école des filles et l'achat de différents objets mobiliers.

1856. 17 Février. — Le traitement de l'instituteur se monte à 919 frs.

M. l'abbé Guilbart, nommé vicaire de la commune n'acceptant pas la maison de M. Baillet (Michel) dit *Evrard*, sous prétexte qu'elle n'a que quatre pièces, le Conseil lui alloue une somme de 100 frs pour choisir le logement qu'il lui plaira.

Vaches.

26 Mai. — Considérant que plusieurs habitants vont tous les jours ramasser les bouses de vaches dans les propriétés communales, au moment même où les vaches les déposent, ce qui enlève l'engrais.

ARRETE :

ART. 1er. — Il est défendu de ramasser les bouses de vaches et d'autres animaux dans les propriétés communales avant qu'elles soient bien sèches.

ART. 2. — Ce ramassage ne pourra être fait que le samedi de chaque semaine depuis 6 heures du matin jusqu'à 8 heures du soir et toujours par un temps sec. Si le temps est pluvieux, ce ramassage sera remis au samedi suivant.

ART. 3. — Il est défendu de se servir de voiture, ou de bêtes de somme pour aller chercher ces bouses, ce qui est préjudiciable aux pauvres.

ART. 4. — Toute contravention, etc.

Fait à Berck, le 26 Mai 1856.

Le Maire, signé: FONTAINE.

Vu et approuvé, le 31 Mai 1856.
Arras, signé: L. DE TANLAY.

Baptême du Prince Impérial.

8 Juin. — M. le Maire donne connaissance de la circulaire de M. le Préfet, qui invite le Conseil municipal à voter le crédit qu'il jugera convenable à l'occasion du baptême de S. A. le Prince Impérial, tant pour œuvre de bienfaisance que pour réjouissances publiques. On vote 100 frs.

6 Juillet. — Les droits de pâturages sur les biens communaux, sont fixés comme suit: Un cheval, 2 frs; une vache, 1 fr. 50; une génisse, 1 fr.; un âne, 1 fr. Le prix de l'herbage sera payé entre les mains du percepteur. .

7 Septembre. — Les droits d'étalages sont portés à 0 fr. 05 par mètre; chaque voiture attelée sera considérée comme n'occupant que deux mètres carrés.

17 Septembre. — Les droits d'extraction de terre dans les biens communaux sont ainsi fixés: 15 c. pour une voiture à un cheval; 25 c. pour deux chevaux; 35 c. pour trois, et ainsi de suite en augmentant de 10 c. pour chaque cheval; 10 c. pour une voiture attelée d'un âne; 15 c. pour deux et 5 c. en plus pour trois.

Biens communaux.

19 Septembre.

ARRETE :

ART. 1er. — Le pâturage des biens communaux ne sera ouvert que le 15 Avril de chaque année.

ART. 2. — Il est expressément défendu d'y mettre aucun bétail avant cette époque.

ART. 3. — Les contraventions au présent arrêté seront constatées par des procès-verbaux et déférées aux tribunaux compétents.

Fait à la Mairie de Berck, le 19 Septembre 1856.

Le Maire, signé: FONTAINE.

Arras, 13 octobre 1856.

Signé: Le DE TANLAY.

L'arrêt est exécutoire à dater du jour où le récépissé de M. le Préfet, qui s'y trouve joint, parviendra à la Mairie de Berck.

Montreuil-sur-Mer, le 21 Septembre 1856.

Le Sous-Préfet, signé: J.-A. POMPÉI.

2 Novembre. — Le Maire s'engage avec M. Macquet (François), marchand de bois, demeurant à Berck, à faire reconstruire à ses frais un bâtiment faisant partie de la maison d'école des filles, tombée en ruines depuis deux ans. Le Conseil accepte, le prix en sera payé à la fin de 1867 sur le produit de la taxe des bestiaux mis aux pâturages communaux.

Le Conseil accepte le changement de jour proposé pour le marché aux laines de Montreuil-sur-Mer.

Société de secours mutuels.

7 Décembre. — M. le Maire donne lecture, 1º d'une lettre de M. le Sous-Préfet; 2º du décret du 28 mars 1852; 3º des circulaires préfectorales des 29 Juillet 1852; 16 Octobre 1854; 25 Juillet 1855 et 10 Juin 1856; le Conseil est invité à examiner l'utilité de la formation d'une société de secours mutuels. Les éléments constitutifs pour cet établissement n'existant pas dans la Commune, les secours aux pauvres se font de main à main, et le Conseil reconnaît qu'il y a impossibilité de rassembler un nombre suffisant de membres.

1857. 8 Février. — Le traitement de l'instituteur auquel il est accordé 3 frs pour ses imprimés, se monte à 851 frs.

Acte de Concession de terrain domanial.

19 Août. — Il a été reçu un acte de concession d'un terrain domanial de 41 ares, 25 centiares, dépendant de la plage, au profit de M. Maugenest, négociant à Montreuil-s/-Mer.

La concession était de **neuf ans**. Le prix annuel du loyer fixé à 41 frs 25 et le paiement d'année en année, sans augmentation, ni diminution.

Ce terrain avait 55 mètres d'étendue, il se trouvait dans l'alignement du sieur Garbé et le N.-O., au corps de garde de la Douane.

M. Maugenest devait l'entourer d'une palissade ou d'un mur au moins haut d'un mètre.

8 Novembre. — M. Masset, adjudicataire du chemin de Berck à la Mer, demande une subvention de 200 frs, pour travaux de terrassements, non compris dans le cahier des charges. Le Conseil lui accorde 300 frs à titre d'indemnité, pour l'exhaussement au même niveau de toute la partie qui lui reste à finir, à la condition de prendre le sable, près de chez le sieur Longavesne.

1858. — Le traitement de l'instituteur se monte à 969 frs.

1859. 15 Mai. — Est voté, pour 1860, traitement de l'instituteur, rétribution scolaire et frais d'imprimés, une somme de 1,289 frs.

22 Mai. — A propos des biens communaux, la Commune est composée d'environ 600 ménages, ne possédant que 80 hectares, il serait difficile, dit le Maire, de faire 600 portions, les maisons étant faites en torchis, etc., etc. Il faut que les biens communaux restent à la Commune. Une taxe sur chaque tête de bétail peut encore être augmentée, mais la vente des biens aux habitants n'est pas chose praticable.

14 Août. — Une somme de 120 frs est votée pour la fête du 15. 30 frs sont destinés aux pauvres et 90 frs pour les réjouissances publiques.

Les plan et devis, pour les travaux au chemin n° 12 de Berck à la Mer sont approuvés et une somme de 1,000 frs est votée à répartir au marc le franc sur les contributions directes de 1860-1861, pour le dit chemin.

Police municipale. Cimetière.

20 Novembre. — L'autorité municipale ayant un droit absolu de surveillance sur les cimetières;

Considérant qu'il arrive fréquemment que le dimanche pendans les offices, des personnes s'abstiennent d'entrer dans l'Eglise, se réunissent par groupes dans le cimetière, se placent le plus souvent aux piliers en face de l'autel, tout en causant, et y restent tout le temps que dure la messe. Pour se soustraire aux regards du public, ces personnes s'enfuient par dessus ou à travers la haie du cimetière qui est un bois vif et la dégradent. Pour réprimer cet état de choses:

Avons arrêté et arrêtons ce qui suit:

ART. 1er. — Il est expressément défendu de se réunir par groupes dans le cimetière, le dimanche, pendant les offices.

ART. 2. — Il est également défendu de passer par dessus ou à travers la haie du cimetière.

ART. 3. — Les contraventions au présent arrêté seront constatées par des procès-verbaux et poursuivies conformément aux lois.

Fait à la Mairie de Berck, le 20 Novembre 1859.

Signé: FONTAINE, Maire.

Montreuil, le 23 Novembre 1859.

Le Sous-Préfet, signé: Al. SOUVESTRE.

1860. 26 Février. — Est votée, pour l'instruction primaire, en 1861, la somme de 1,277 frs. Le Maire invite le Conseil à solliciter du département l'autorisation nécessaire à l'instituteur pour que la Commune reçoive la rétribution scolaire.

12 Août. — M. Fontaine, Maire, jure obéissance à la Constitution et fidélité à l'Empereur.

Pour la fête du 15, même somme et mêmes emplois que l'année précédente.

19 Août. — Sont nommés conseillers municipaux : MM. Macquet (Adolphe); Rivet (Jacques); Bucquet, aîné; Gressier (Michel); Macquet-Dez (J.-Bte), père; Parmentier (Philippe) dit *Titin*, fils; Macquet-Bouville (Philippe); Pilain (J.-Bte); Bouville-Lebœuf (J.-Bte); Marchand, père; Baillet-Michault (J.-Bte); Romain (Philippe); Delacroix (J.-Bte); Pauchet (Pierre); François (J.-Bte) dit *Nanchin*; Delarue (Michel).

La population était alors de 2,399 habitants. Electeurs inscrits: 610. Votants 440.

Les sus-nommés ont prêté serment le 16 Septembre.

30 Septembre. — La Commune est imposée de 1,222 frs 52 pour le dessèchement de la vallée d'Airon.

21 Octobre. — M. le Préfet du Pas-de-Calais, a nommé le sieur Rivet(Jacques) adjoint.

11 Novembre. — Le Maire demande au Conseil, une troisième classe à l'école des filles et pour cela il faut que la maison qu'habitent les sœurs soit restaurée. M. Leclercq, architecte à Montreuil, sera chargé d'en dresser les plans et devis.

1861. 3 Février. — Le Conseil accepte, sans aucune réserve, le plan de la reconstruction de l'école des filles. Il autorise le projet de la construction d'une seconde classe à l'école des garçons. Ces deux projets s'élèvent ensemble à la somme de 11,000 frs (ce dernier est confié au même architecte). Le Maire dit que la Commune pourrait faire un emprunt qui serait remboursé par annuités en capital et intérêts, en affermant les biens communaux par lot à chaque chef de famille, moyennant une redevance annuelle de 30 frs par are, ce qui donnerait environ 1,800 frs par an. La Commune se réserverait 12 hectares pour extraire de la terre argileuse, servant aux parois des maisons; les habitants ne pouvant s'en procurer ailleurs, le reste du territoire n'étant que du sable, ces 12 hectares seraient pâturés en commun, moyennant une taxe sur chaque tête de bétail, ce qui donnerait encore environ 200 frs. Les biens communaux seraient assainis, cultivés et dans peu d'années rendus dans un état productif, tandis qu'actuellement, avec les eaux qui les couvrent une partie de l'année, ils ne rapportent rien.

Le Conseil rejette cette proposition; il est d'avis d'employer les moyens suivants pour couvrir les dépenses. Relever la taxe des bestiaux mis dans le terrain de la Commune. 8 frs pour un cheval; 6 frs pour une vache; génisse et âne 4 frs, ce qui pourra s'élever aux années suivantes à 2,000 frs. Au lieu de faire un emprunt, il préfère que les paiements soient annuels, en soldant l'intérêt légal à l'entrepreneur. Mais, quelques semaines après, il prie M. le Sous-Préfet, de faire une demande de secours à M. le Préfet pour l'aider à solder les dites constructions.

10 Mars. — Une somme de 1,000 frs et une autre de 500 frs sont votées pour la seconde classe de l'école des garçons. Le Conseil prie de nouveau M. le Sous-Préfet, de lui faire donner un secours de 1,300 frs pour l'école des garçons, dont le devis est de 4,000 frs et 2,300 pour celle des filles, le devis se montant à 7,000 frs.

Traitement de l'instituteur et frais: 1,500 frs.

12 Mai. — Comme ressources, se trouvent: droits d'octroi, produit brut, 2,000 frs. Taxe sur les chiens. 120 frs. Droits d'extraction de terre, 100 frs. Droits de location de places aux marchés. 290 frs. etc., etc.

2 Juillet. — Le projet d'un classement d'un chemin de grande communication de Berck à la Mer, a été dressé par l'agent-voyer du département, le 15 Juin 1861; la longueur du chemin est de 2,604 mètres, les dépenses sont évaluées approximativement comme suit: 1° Pour la construction, 6,239 frs. 2° Pour entretien annuel, 650 frs. Les Communes que l'administration propose de faire contribuer aux dépenses du dit chemin, sont: Berck, Verton, Merlimont, Campigneulles-les-Grandes, Campigneulles-les-Petites et Montreuil. M. le Maire désire connaître l'avis du Conseil sur les points ci-après:

1º L'utilité du classement. 2º La direction du chemin. 3º La désignation des Communes appelées à contribuer aux dépenses. A l'unanimité le Conseil reconnaît que le classement du chemin est très utile aux intérêts du pays, que la direction en est bien établie et que les Communes ci-dessus dénommées sont bien celles que leur situation désigne comme intéressées et doivent alors contribuer aux dépenses du dit chemin.

Une somme de 1,200 frs est votée pour le dessèchement des biens communaux.

18 Août. — Depuis le dernier recensement, la population s'élève à 2,700 habitants. La création d'un deuxième bureau de tabac s'impose. Celui qui existe étant placé à l'une des extrémités de la Commune, qui n'a pas moins de deux kilomètres de parcours, il en résulte des déplacements fatigants pour les habitants et pour les marins dont la profession laisse peu de temps libre.

13 Octobre. — Le Maire fait connaître au Conseil, qu'il résulte d'un jugement rendu, le 22 Novembre 1859, par M. Jourdain, Juge de Paix, à Montreuil, enregistré le 18 Février 1860, que la Commune de Berck est tenue de payer au sieur Rivet (Noël), débitant de boissons, demeurant à Berck, la somme de 258 frs 58 pour emprises longeant ses propriétés et devant servir à l'élargissement des chemins vicinaux de Berck à Merlimont, d'une contenance de 65 centiares, à l'endroit dit: *La Chaussée* d'une contenance de 3 ares 43 centiares.

21 Novembre. — Par décision du 5 Novembre 1861, M. le Ministre de l'Instruction publique et des Cultes, accorde 1,000 frs à la Commune de Berck, pour l'aider dans la dépense projetée d'une maison d'école de garçons. Un crédit de 300 frs est voté par le Conseil pour combler le déficit du secours sollicité.

28 Novembre. — A la suite de la tempête qui éclata dans la nuit du 13 Novembre où cinq bateaux de pêche de Berck, se perdirent corps et biens, le Maire invite le Conseil à demander à M. le Préfet, à ce que plusieurs des familles restées sans ressources, soient déchargées des taxes communales. Le Conseil décide à l'unanimité que les taxes seront passées en non-valeurs.

30 Novembre. — M. Vasseur, entrepreneur à Samer, a versé à la Recette des Finances, un cautionnement de 100 frs pour garantie de l'exécution des travaux du chemin de Berck à la Mer. Les travaux terminés, il réclamera le remboursement de cette somme.

15 Décembre. — M. le Ministre de l'Instruction publique et des Cultes, accorde à la Commune, un secours de 1,800 frs pour la maison d'Ecole des Filles. Le Conseil vote un crédit de 900 frs à cet effet.

M. le Maire annonce que M. le Préfet ayant remarqué que la Commune est privée d'une salle d'Asile pour les enfants pauvres, vient de recevoir, sur sa demande, une somme de 4,000 frs de M. le Ministre de l'Instruction publique et des Cultes, pour aider à sa construction, et il y ajoute une subvention de 1,000 frs. Le Conseil décide que cette salle d'Asile sera établie sur un terrain communal, situé au lieu dit: *La Place Carabin*, tenant du levant à Beaussaut; du couchant à Lebœuf (J.-Bte); du midi à Rivet et Macquet; du nord, à une rue.

29 Décembre. — Informé du grand nombre d'enfants qu'il y a dans la Commune, M. le Préfét trouvant la somme de 5,000 frs insuffisante, convient avec M. Lavezzari (Emile), (¹) architecte, d'un projet de 8,000 fr. De son côté, le Conseil municipal, en vote 3,000 frs.

M. le Maire propose d'aliéner quelques parcelles de terrains communaux entre le chemin de Berck à Nampont, les propriétés de Griset et autres. Le Conseil accepte. Il autorise le Maire à acheter la maison de M. Blondel, située sur la place, offrant les conditions requises pour faire une salle de Mairie, avec dépendances pour les pompes à incendie.

1862. 23 Février. — La dépense de l'Ecole primaire, pour 1863, est fixée à 1,533 frs.

(¹) Décédé le 13 juillet 1887. D'après ses plans, le Grand-Hôpital maritime de l'Assistance publique de Paris, fut élevé à la demande de S. M. l'Impératrice Eugénie, vers 1864. C'est à son fils Jan, que sont dues les peintures qui décorent les salles de l'Hôtel-de-ville.

Emprunt.

16 Mars. — Pour le remboursement de la somme de 8,000 frs, prix d'achat de la maison Blondel, il est urgent de faire un emprunt remboursable par annuités sur le droit de taxe des bestiaux et voitures apportant le poisson vendu à la halle. Cet emprunt est voté pour huit années.

Parmi les plus forts contribuables convoqués pour cette question, trois ont déclaré ne pas savoir signer, MM. Macquet (Pierre) dit *Cadet*; Malingre (Oswald) et Beaussaut (Isidore).

Immédiatement, fut augmenté le droit de pacage mis dans les biens communaux. Un cheval, 12 frs; vache, 10 frs; génisse, veau, âne, 7 frs; Cette taxe évaluée à 1,000 frs, avec le reste des biens communaux en dehors des 3,000 frs votés pour la salle d'Asile, servira pour le remboursement du dit emprunt, en 1869.

25 Mai. — Dans les dépenses de 1862, se trouvent: Location d'une salle de Mairie, 100 frs. Pour l'inauguration du Petit Hôpital Maritime, 183 frs 30, répartis comme suit:

MM. Lheureux, location de drapeaux et trophées. . Frs 79.00
Clément (François). livraisons diverses. . . . 16.30
Drapier (Philippe) » » . . . 52.00
Parmentier Longavesne » » . . . 14.00
Bouton (Edouard) » » . . . 8.00
Veuve Macquet (Philippe) dit *Compère* . . . 14.00
	TOTAL: frs 183.30

Assistance aux pauvres. 125 frs. Bouées servant à limiter les bains de Conty dit *Pierre*. 24 frs 25, etc.. etc.

29 Mai. — Le Conseil autorise le Maire, a faire vendre aux enchères publiques quatre parcelles de terrains communaux. L'une, située à l'entrée de Berck, tenant vers le Nord, à Bataille-Thorillon; vers le Sud, au chemin de Montreuil à Berck. Une autre, au lieu dit la Maison Beaussaut, désignée sous le nom de corderie Dacquet; la troisième, au lieu dit la Maison d'Isaac, y tenant au Nord et longeant vers le Midi, le chemin du Moulin St-Jean; la quatrième au lieu dit la Maison Magnolle (Pierre).

Nomination d'un médecin de Bureau de Bienfaisance.

Pour venir en aide à la triste position de plusieurs familles indigentes, M. le Maire propose à la Commission du Bureau de Bienfaisance, de nommer un médecin qui leur donne gratuitement les soins que leur situation exige.

Il présente pour candidat, M. Béthencourt, officier de santé, le seul résidant à Berck. La Commission accepte et prie M. le Préfet de vouloir bien l'agréer.

> Signé: FONTAINE, maire, Président.

Macquet (Nicolas); Leyback (Antoine) et Vincent (Augustin), membres du Bureau.

29 Mai. — Le Maire donne lecture d'une réclamation des habitants de la plage, demandant que l'espace du terrain de l'Etat, compris entre les maisons bâties au nord et au sud du chemin n° 12 de Berck à la Mer, ne soit pas rétréci à son embouchure par des constructions nouvelles. Après avoir étudié la question, le Conseil se joint aux réclamants, afin que le dit terrain soit conservé libre comme place pour le commerce de la Marine. Dans le cas où l'Etat refuserait, la commune en demandera la concession. Pour que le centre des affaires commerciales reste à la Ville, le Conseil vote la construction des Halles sur la place de Berck; pour en couvrir les frais, il propose d'établir un droit de 0,50 c. du $^0/_0$ sur la vente du poisson, lequel droit pourrait annuellement produire 1.000 frs.

16 Décembre. — Le Conseil général du Pas-de-Calais a émis le vœu que la commune de Berck, reconnue localité importante par son commerce de poisson, établisse un bureau télégraphique et fournisse à sa charge, le local nécessaire à l'installation du bureau. Le Conseil décide qu'il serait installé à la nouvelle Mairie.

1861. 22 Février. — Le traitement de l'instituteur est fixé à 500 frs. pour 1861, la rétribution scolaire au taux fixe d'un franc par mois, mais en raison de la fréquentation exceptionnelle de la classe, le taux de l'abonnement est porté à 9 frs pour un enfant, 16 frs pour deux et 18 frs pour trois. Les dépenses sont évaluées à 1,540 frs.

25 Février. — Au chapitre des dépenses se trouvent également: Pour bustes de l'Empereur et de l'Impératrice, 12 frs. A M. le Dr Béthencourt, médecin du Bureau de Bienfaisance, 30 frs. Pour médicaments aux pauvres, 15 frs. A M. Postel (Thomas), livraisons (indemnités de fêtes accordées aux ouvriers de la Salle d'Asile), 79 frs 50.

Vente des Biens de l'Etat.

Les biens à vendre en nature de Dunes de sables et Garennes sont situés sur la Commune de Berck et aux abords de la Plage. Ces relais désignés au plan et procès-verbal d'expertise dressés par M. Lens, conducteur principal des Ponts-et-Chaussées, en date du 28 Février 1862, forment un polygone irrégulier bordé au Nord par la limite de la garenne de M. Delahaye et de la Commune de Merlimont; à l'Est par les limites des garennes des sieurs Orange, Carbonnel et Leblond; à l'Ouest par la laisse de pleine mer de vive eau et au Sud par un espace destiné à former des rues ou des chemins entre les terrains à vendre aux enchères et la propriété de l'Administration générale de l'Assistance publique. Les terrains présentent une superficie de 60 hectares, 63 ares, 10 centiares qui ont été divisés en trente-trois lots.

Arras, le 9 Octobre 1863.

Le Directeur des Domaines, signé: SAINT-AMOUR.

Vu et approuvé: Arras, 26 Octobre 1863.
Pour le Préfet.

Le Secrétaire général, signé: DELCER.

L'adjudication des lots suivants a été faite aux enchères et à l'extinction des feux.

Dunes.

1re 69 ares, 12 centiares, mis à prix.   .   .   .   frs 1.030
Acheté par M. Dequéker (Louis).
2e 4 ares, 10 centiares, mis à prix   .   .   .   » 90
Acheté par M. Bouton (Edouard), actuellement Chalet St-Georges.

3e 13 ares, 75 centiares, mis à prix . . . » 275
Ancien terrain de *Marianne Toute Seule*.

4e 28 ares, 20 centiares, mis à prix . . . » 565
Acheté par MM. Dubost et Drapier dit *Tiotin*, plus
connu sous le nom de *Grand Philipp*.

5e 18 ares, 90 centiares, mis à prix . . . » 380
Acheté par M. Pité, père, syndic des gens de Mer. Ce
terrain partait de chez Rivet à la maison Notre-Dame.
Il a été vendu à MM. Sangnier, Chauvin et Rivet dit
Pierre Tiochoë.

6e 36 ares, 19 centiares, mis à prix . . . » 725
Coin de l'Entonnoir et de la route de l'Hôpital Mari-
time, où fut placé pendant quelques années le buste de
M. Perrochaud. Actuellement Agence Laffilé-Gérardin
et Chartier, qui remplaça la pharmacie de M. le D^r
Quettier.

7e 18 ares, 15 centiares, mis à prix . . . » 365
Acheté par M. Macquet (Adolphe), pour la construction
de bâtiments affectés aux salaisons de harengs.

A cette époque, de nombreux bateaux des ports voisins,
déchargeaient leur cargaison sur le bord de la côte dans
de vieilles voiles, afin de repartir à la marée suivante.
Au coin de l'entonnoir, au couchant, se trouvait le café de
Longavesne dit *Bailly*, tenu en 1863, par Guilbert dit *Ch'Bidet*,
qui en a sous-loué une partie à M. Saunders pour la vente
d'étoffes, mercerie, etc., actuellement Café Continental. La
pâtisserie de Madame Delacour, était alors établie dans la
maison de M. Lens, (actuellement maison Massé) et Mme
Gonard — la mère du général — tenait une boutique de
bonbons, qui faisaient le bonheur des petits malades de l'Assistance publique.

8e 26 ares, 19 centiares, mis à prix . . . frs 525
Acheté par M. Lavezzari, architecte.

9e 50 ares, 22 centiares, mis à prix . . . frs 1.000
Acheté par Malingre Louis, dit *Caron*, ancien adjoint,
Actuellement Hôtel de la Paix.

10e 1 ares, 35 centiares, mis à prix . . . frs 30
Acheté par Charles Rivet, dit *Tiotin*.
Actuellement Notre-Dame-de-Salles.

11e 4 ares, 70 centiares, mis à prix . . . frs 95
Acheté par Madame Mahieux, qui l'a vendu à M.
Bridenne Cœur, dit *Mouton*.
Actuellement Hôtel de France.
12e Partagé en deux lots d'une superficie de 11 ares.
82 centiares, mis à prix 210
Le premier lot fut acheté par M. Deluncq; le second
par MM. Macquet (Adolphe) et Romain (Jean).
Actuellement Chalet Degouy, etc. (L'incendie du 3 au 4
Juin 1907, détruisit une partie de ce quartier).
13e 14 ares, 59 centiares. mis à prix. . . . frs 300
14e 31 » 50 » » » 630
15e 27 » » » » 540
16e 40 » 30 » » » 810
17e 47 » 12 » » » 950
Acheté par M. Rivet (Paul).
Actuellement Hôtel du Nord, maison Baudesson, etc.
18e 15 ares. 80 centiares, mis à prix. . . . frs 320
19e 25 » 50 » » » 510
20e 25 » 50 » » » 510
21e 23 » 80 » » » 475
22e 27 » 63 » » » 550
23e 11 » 65 » » » 830
Acheté par M. Maugenest, pharmacien et vendu à
M. Guérin qui avait construit l'Hôtel des Bains.
Actuellement, Chalets St-Luc, St-Jacques, Hénin et
Leclercq-Deflandre.
24e 79 ares, mis à prix . . . . . . frs 1,580
Actuellement l'Eden Casino, l'Hôtel de Paris, etc.
25e 79 ares, mis à prix . . . . . . frs 1,580
26e 19 ares, 75 centiares, mis à prix. . . . frs 395
27e 26 » 7 » » » 520

Garennes.

28e 9 hectares. 31 ares, 20 centiares, mis à prix. frs 3,725
29e 9 » 5 » 60 » — . . 5,110
30e 10 » — . . 1,000
31e 10 » — . . 2,000

32ᵉ 7 hectares, 51 ares,   centiares, mis à prix.   frs 1,130
33ᵉ 6 » 85 » 60   » — — 1,325

Le total des mises à prix, tant Dunes que Garennes. s'élevait à la somme de 31.030 frs.

Les lots pour lesquels aucune indication d'achat n'est donnée, ont été vendus aux premières familles de baigneurs établies à la Plage, parmi lesquelles se trouvaient MM. Danvin, depuis 1842 — où il n'y avait encore que deux maisons — (¹), Scellos, Comte Lepic, Ruffmann, De La Grange, Dieudonné, Frichault, Tattegrain, Masson, Dubois-Lavoisier, Dessiaux, Binder, Holl, Baron de Sède, Becquart, Baudelocque. Singer. Perrochaud, Baron des Lyons de Feuchin, Gerborre, etc.. etc.

1864. 14 Février. — La taxe scolaire pour 1865 est portée à 1 fr. 50 par mois; les dépenses prévues s'élèvent à 1.759 frs.

21 Février. — Pour conserver le commerce au centre de la Commune. lequel prend une grande extension à la plage, le Maire dit qu'il est de la plus grande importance de maintenir la vente du poisson sur la place communale. cette vente étant la prospérité du pays. Pour activer la construction de la Halle, le Conseil vote l'aliénation d'une parcelle de biens communaux d'une contenance de sept hectares. évalués à 18,000 francs.

27 Février. Le Conseil vote un traitement de 150 frs par an à la religieuse directrice de la salle d'Asile, installée depuis le 1ᵉʳ Octobre 1862.

6 Mars. — **Un deuxième garde-champêtre est nommé aux appointements de 400 frs.**

14 Août. — Pour la fête du 15 Août, 60 frs sont votés aux pauvres, et 60 frs pour les réjouissances publiques.

Pour l'année 1864, le Conseil vote 300 frs destinés aux deux marins chargés de veiller à la sécurité des baigneurs sur la plage.

(¹) En 1893, fut bâti le premier chalet en briques, rues Rothschild et Alfred Lambert. Il appartenait à M. le Baron des Lyons. Acheté par Mᵐᵉ Vᵉ Febvret St-Lanne, en 1900, il porta le nom de *St-Léon*. Après son décès, le 7 décembre 1905, le chalet fut surélevé et transformé ; il se nomme actuellement *Villa Verte*.

1865. 5 Février. — Les frais de construction des Halles
se montent à 18,000 frs, sur lesquels M. Crépin, entrepreneur,
en reçoit 10,000.

Les dépenses de l'Ecole primaire, pour 1866, se montent
à 1,691 francs.

Entrepôt de sel.

26 Mars. — M. Hébert, négociant à Boulogne-sur-Mer, a
formé une demande à l'effet d'obtenir l'autorisation de créer
dans la commune un entrepôt de sel en franchise pour la
salaison des harengs. Le Maire fait ensuite observer que la loi
du 27 février 1832, attribue à la commune l'initiative d'un projet
de ce genre, l'invite à examiner la question et à délibérer.

Le Conseil, attendu que la Commune ne peut supporter
maintenant les frais de construction de cet établissement, fait
concession de ses droits, à M. Hébert, qui se charge de la
dépense du local, de la construction, de l'entretien du bâtiment, ainsi que de toutes les autres charges de l'Entrepôt
et s'engage par lettre du 17 courant, à le rendre à la Commune de Berck, quand l'état de ses ressources permettra à
celle-ci de lui en rembourser le prix qui sera fixé par des
experts, dans le cas où il ne pourrait l'être à l'amiable.

21 Mai. — Dans les dépenses pour 1866, sont portées : Logement du Curé, 200 frs. Oyats, 100 frs. Achats d'instruments de
musique pour la Garde Nationale, 800 frs. Commissaire de
Police de Montreuil, 110 frs. Secours au sieur Carpentier,
ancien instituteur, 100 frs, etc.

Dans les recettes : Permis de chasse, 300 frs. Taxe sur
les chiens, 200 frs. Pâturages, 2.500 frs. Droits d'octroi, 4.000 frs,
etc., etc.

Dans le budget supplémentaire de 1865 : Livres pour distribution de prix, 150 frs. A Macquet (Pierre) dit *Mitron*,
pour le fossé de la Mollière, 136 frs 50. Assistance aux pauvres,
100 frs. Empierrement de la place publique, 2,300 frs, etc.

28 Mai. — Le logement de l'instituteur tombant en ruines,
il est urgent de le remplacer. La Commune ne trouvant plus
à surlever les taxes, établit un droit d'octroi sur la viande
de boucherie. Bœuf ou vache abattus paieront 6 frs; veau
et mouton, 1 fr, 25.

A différentes reprises, M. Deluncq, hôtelier, a demandé l'autorisation de construire un chemin de 70 mètres de longueur, allant de son hôtel au chemin de grande communication de Montrueil à la plage. Le Conseil estimant que le dit chemin gênerait la circulation des voitures et des personnes qui fréquentent la plage à toute heure de jour et de nuit, rejette cette demande.

Conseillers Municipaux.

13 Août. — Sont nommés: MM. Fontaine (Pierre), cultivateur, né le 8 Octobre 1828.

Macquet (Philippe), constructeur, né le 13 Novembre 1822.

Postel (Elie), aubergiste, né le 8 Décembre 1824.

Baillet-Michault (J.-Bte), voiturier, né le 14 Juillet 1809.

Pillain (J.-Bte), cordier, né le 26 Mai 1822.

Macquet (Nicolas), cafetier, né le 9 Février 1802.

Malingre (Louis), charpentier, né le 25 Novembre 1817.

Parmentier (Philippe), débitant, né le 2 Novembre 1829.

Vincent (Augustin), retraité, né le 27 Septembre 1801.

Beauvois (François), cordier, né le 18 Mai 1814.

Fontaine (Jean-Charles), marin, né le 14 Février 1830.

Macquet Dez (Joseph), marin, né le 23 Avril 1803.

Rivet Delaval (Pierre), marin, né le 7 Juin 1824.

Blond (Charles), voilier, né le 10 Juillet 1828.

Macquet (Adolphe), armateur, né le 26 Octobre 1804.

Rivet (Jacques), mareyeur, né le 16 Mars 1812.

Gressier (Michel), mareyeur, né le 20 Janvier 1808.

Dacquet (Louis), armateur, né le 28 Février 1834.

Bouville (Adolphe), coquelier, né le 12 Mai 1828.

Parmentier (Jacques), mareyeur, né le 3 Août 1822.

Pelletier (Auguste), brasseur, né le 2 Mai 1808.

3 Septembre. — Ont juré obéissance à la Constitution et fidélité à l'Empereur.

MM. Fontaine est nommé Maire; Dacquet (Louis), fils et Macquet (Philippe), adjoints.

1866. 5 Février. — Une somme de 1,000 frs est votée, à titre de secours pour les malades pauvres atteints par l'épidémie. Le Conseil prie l'Administration supérieure de lui venir en aide.

8 Février. — Reconnaissant qu'il est de toute nécessité de pourvoir par tous les moyens possibles à l'assainissement du pays, le Conseil décide de faire empierrer les rues suivantes, qui se trouvent en très mauvais état, et exhalent des odeurs qui peuvent nuire à la santé publique:

1o Le chemin dit *rue Rivette*, à partir de la ruelle Néné pour finir à la Vierge.

2o La rue *Mimé*, à partir du chemin Rivette et finir à l'ancienne maison Michel Totelle.

3o La rue *Pater*, pour commencer à la rue Rivette et finir au Calvaire.

4o La rue *Caïque*, à partir de la Cantine jusqu'au chemin la Chaussée.

5o La rue *Pierre Rivet*, à partir de la maison Toussaint-Benoît, pour finir à la maison jeune.

6o Le prolongement de la rue *Barrêt*, depuis le chemin La Chaussée jusqu'à la rue Pierre Rivet.

7o La rue *Froment*, à partir du chemin de Groffliers, passant par la maison de la veuve Jacques Brillard pour finir au Calvaire.

8o La rue *Monseigneur*, de la maison Bridenne dit *Trimpette*, jusqu'au chemin de Merlimont.

9o La rue *Adorique*, du chemin de la mer pour finir à la Vierge.

10o Le prolongement de la rue *La Chaussée* jusqu'au Pont.

11o La rue *Dacquet*, père, à commencer au chemin de Montreuil et finir à celui de Groffliers.

MM. Hurel, agent-voyer cantonal et Boulon, entrepreneur, sont priés de présenter un devis estimatif de ces dépenses. Le Conseil s'engage à payer 2,000 frs après l'achèvement des travaux et l'intérêt à 5 % pour le remboursement total qui ne pourra dépasser l'année 1869.

25 Février. — Les dépenses d'instruction primaire, pour 1867, sont évaluées à 1989 fr. 50. Par suite du décès du receveur de l'Octroi, le Maire propose de mettre l'Octroi en ferme, faisant observer qu'il y aurait avantage pour la Commune. Il voudrait également voir assimiler aux droits d'Octroi, la viande de boucherie.

Tarif approuvé par ordonnance du 9 Octobre 1822.

Vins en cercles et en bouteilles par hectolitre		1 fr. 09
Cidre, poiré, hydromel	»	0 fr. 46
Alcools purs	»	3 fr. 62
Bières internes	»	0 fr. 90
Bières externes	»	1 fr. 13

Nouveau tarif demandé :

Porcs, par tête	»	1 fr. 13
Bœuf, vache	»	8 fr. 00
Veaux, moutons	»	1 fr. 13
Viande de boucherie, venant du dehors, en détail par kilogramme		0 fr. 04

4 Mars. — En plus des dépenses déjà énumérées, le Maire considérant qu'il est de la plus grande utilité de faire éclairer le village, notamment la place publique; que la création d'une nouvelle compagnie de sapeurs pompiers demande des frais annuels d'entretien; que le nombre croissant des élèves à l'école des garçons demandera sous peu un emploi de second maître, demande au Conseil d'établir un droit de place sur le poisson qui se vend à la halle, semblable à celui du marché, payé à raison de 0,05 par mètre carré, toute fraction comptant pour un mètre. Le Conseil adhère.

13 Mai. — Dans les dépenses du budget supplémentaire, se trouvent: Indemnité à MM. De Riquebourg, chef de musique, 200 frs. Lemaire, vicaire, pour travail au presbytère, 74 frs. Baillet (Pierre), travaux à la Mollière, 122 frs 75, etc.,

Et dans les dépenses communales ordinaires, pour 1867 : Eclairage, 100 frs. Médecin de Bienfaisance, 50 frs. Corps de sapeurs pompiers et musique, 774 frs. Logement du curé ou desservant, 200 frs. Gendarmes, 450 frs.

Demande d'une demi-brigade de gendarmerie à pied.

D'après l'importance de la Commune dont la population est d'environ 3,000 habitants et le pays étant visité chaque année par un grand nombre d'étrangers, le Maire considère qu'il serait de la plus grande utilité, dans l'intérêt d'une bonne police, de demander à l'Administration supérieure une demi-brigade de gendarmerie à pied.

12 Août. — Nouvelle proposition est faite pour la révision des tarifs d'Octroi. Elle est arrêtée comme suit:

Vins en cercles — l'hectolitre		2 fr. 10
Vins en bouteilles		
Cidres — »		0 fr. 80
Alcools — »		5 fr. 00
Bières internes — »		1 fr. 00
Bières externes — »		1 fr. 25
Porc, par tête		1 fr. 25
Bœuf, vache, génisse, taureau		3 fr. 00
Veau		1 fr. 00
Moutons, brebis, chèvres		1 fr. 00
Viande de boucherie fraîche, abattue au dehors, les 100 kilos:		2 fr. 00

Vincent (Charles-Auguste), retraité, est nommé cantonnier communal au traitement de 400 frs.

200 francs sont accordés pour la Fête nationale: 100 frs aux indigents et 100 francs pour réjouissances publiques.

Emprunt.

19 Août. — Les dépenses se montent à la somme de 19.000 frs. Le Conseil s'est réuni avec les plus imposés de la commune à l'effet de contracter un emprunt à 5 $^0/_0$. Accepté. Le plus fort contribuable, M. Fontaine, a déclaré ne pas savoir signer ainsi que MM. Malingre (Oswald) et Delacroix (Pierre).

Arrêté concernant les ateliers de Salaisons et de Mareyeurs.

26 Octobre. — Cet arrêté comprend l'enlèvement dans les vingt-quatre heures des pailles ayant servi aux poissons, coquillages, etc. Défense aux mareyeurs de jeter des débris de poissons sur la voie publique, ainsi que crevettes et coquillages; le tout doit être recouvert de sable.

171 hommes forment la Garde Nationale sédentaire de la Ville de Berck.

4 Novembre. — Le devis du logement de l'instituteur se

monte à 5.500 frs. Le Conseil demande à l'Administration supérieure, un secours de 1,390 frs.

1867. 10 Février. — Les taxes scolaires sont fixées à 1 fr. 50 par mois pour les élèves de 1re classe et 1 fr. pour la petite classe. Dépenses prévues pour 1868 : 1,962 frs 50.

M. le Sous-Préfet ayant fait connaître qu'il ne pourrait être donné suite à la demande d'une demi-brigade de gendarmerie, dit que la surveillance pourrait être remplacée avantageusement par la création d'un emploi spécial d'appariteur de police et par la présence plus fréquente à Berck du Commissaire de police cantonal. En conséquence, le Conseil nomme : MM. Bridenne, 1er garde-champêtre, appariteur de police ; Lemacre, 2e garde-champêtre, ne s'occupera exclusivement que de la garde des champs. Le maire demande : 1o Qu'il soit nommé un tambour afficheur, rétribué par les bénéfices éventuels des publications et autres. Il sera chargé de l'éclairage. 2o Que l'allocation accordée au Commissaire de Police de Montreuil, soit augmentée de 190 frs, afin qu'il vienne à Berck, deux fois par semaine. Ce qui lui ferait une allocation de 300 frs, payée pour 1867, sur le crédit de 150 frs porté au budget pour le logement des gendarmes. Le Conseil décide aussi qu'une subvention pour 1867 soit accordée aux gardes-champêtres.

17 Mars. — 400 frs sont votés pour réparation au presbytère.

7 Avril. — Le Commissaire de Police de Montreuil ayant demandé l'élévation de son commissariat de 4e classe à la 3e, la commune n'aurait à lui donner que 100 frs.

12 Mai. — Dans les dépenses sont portées : Habillement de l'appariteur, 194 frs. MM. Malingre (Oswald), pour frais d'auberge aux étrangers, 30 frs 15. De Riquebourg, chef de musique, 240 frs et dans le budget de 1868 : Indemnité au médecin de Bienfaisance, 100 frs. Oyats, 100 frs. Secours à Carpentier, 100 frs. Eclairage, 200 frs, etc.

12 Mai. — Le Maire est autorisé à souscrire une police d'assurance à la Cie « *Le Soleil* », sur les bâtiments et objets mobiliers appartenant à la Commune.

Dénomination des Rues et Numérotage des Maisons.

Vu la ressemblance des noms, il est indispensable de dénommer les rues de Berck et de numéroter les maisons. Une somme de 500 francs est votée à cet effet.

1. *Rue du Prince Impérial*, de la maison Lambert Bouville à la place.

2. *Grande Rue*, depuis l'entrée de Berck jusqu'à l'Hôpital.

3. *Rue Neptune*, de la rue de l'Hôpital à la maison Guilbert

4. *Rue des Fermes*, de la maison Bataille à la maison Guilbert dit *Barbe Noire*.

5. *Rue St-Josse*, du Presbytère à Merlimont.

6. *Rue de Tanlay*, de la maison d'André à celle de Lilit.

7. *Rue Monseigneur*, de l'Ecole à la rue St-Josse.

8. *Rue du Mont-Thabor*, de la rue St-Josse à la maison Oswald Malingre.

9. *Ruelle des Chauves-Souris*, (La ruelle Oswald).

10. *Ruelle des Brouillards*, (Celle de Cacaïlle).

11. *Rue St-Jean-Baptiste*, de la maison Oswald à l'Eglise.

12. *Rue de la Belle-Lune*, de la maison Didier à celle de Lenoir.

13. *Rue St-Paul*, de la maison de la veuve Marchand à celle de la veuve Couplet.

14. *Rue des Bonnes-Gens*, de la maison de la veuve Marchand à celle de David.

15. *Rue de la Salle d'Asile*, de la maison de Jacques Parmentier à l'Asile.

16. *Rue de Paris*, de la Place à la Mollière.

17. *Rue St-Antoine*, de Marc-Macquet à Jean-Baptiste Bucquet.

18. *Rue des Miracles*, de la maison Bouville à celle de Vincent.

19. *Impasse Jacqueline*, pour aller chez Beaujeois.

20. *Rue Beauchêne*, de la maison Clément (Paul) à la Mollière.

21. *Rue des Coucous*, de la maison Jillotte à celle de Cornu.

22. *Rue de la Brise*, de la maison Bouville dit *Gros* à celle de Manuel Valun.

23. *Rue du Mont-Saint-Bernard*, de la maison Ch. Macquet à celle de Clément dit *Bijou*.

24. *Rue Sainte-Marie*, de la maison Baptiste Rivette à celle de Toussaint-Macquet.

25. *Rue des Pâtres*, de la maison Baptiste Rivet à la Molière.

26. *Rue des Mines d'Or*, du Calvaire Blanc à la maison Michel Romain.

27. *Rue du Haut-Banc*, de la Vierge à la maison Michelle.

28. *Rue de l'Hirondelle*, de la maison de l'appariteur à la Vierge.

29. *Rue du trou au loup*, de la maison Théodore Malingre à la Mollière.

30. *Rue des Patrons*, de la maison Drapier, à celle de Parmentier.

31. *Impasse St-Roch*, de la maison Pierre Dez à celle de J.-B. François.

32. *Impasse Babel*, de la maison Hagniéré à madame veuve Froidure.

33. *Rue des Diablotins*, de la maison du facteur à celle de Gressier.

34. *Place Centrale.*

35. *Rue du Temple*, de la maison St-Georges à celle de Jean Rivet.

36. *Rue de la Vague*, de la maison d'Alise à celle de Jean Froment.

37. *Rue des Samaritaines*, de la maison Ch. Fontaine à celle de Josse Cary.

38. *Rue du Célibat*, de la maison de Baptiste Macquet à celle de Mme Saunier.

39. *Rue St-Agathe*, de la maison veuve Marchand à celle de Bouville dit *Ricq*.

40. *Rue des Moines*, de la maison Rivet dit *Moine* à celle des Dlles Macquet.

41. *Impasse des Voltigeurs*, au nord de la maison Noël Rivet.

42 *Rue St-Eloi*, de la maison Marie-Anne Pillain à celle de Jules Baillet.

43. *Rue des Tempêtes*, de la maison Ducrocq à celle de Beauchamp.

44. *Ruelle des Vielles-Folies*, au pignon de Marguerite veuve Bouton.

45. *Rue des Grognards*, de la maison Pierre Parmentier à celle de Ch. Bataille.

46. *Rue de la Baleine*, de la maison Ch. Bataille à la Mer.

47. *Rue du Moulin St-Jean*, de la maison Beauvois au Calvaire Pauchet.

48. *Rue de l'Hôpital*, de la maison de M. Guilbert à l'Hôpital.

49. *Ruelle des Fantômes*, près de la maison frères Tiotin.

50. *Ruelle Cacao*, au levant de la maison Macquet dit *Néné*.

51. *Ruelle des Jumeaux*, au couchant de la maison Macquet dit *Néné*.

52. *Ruelle des Chats-Huants*, près la maison Brillard St-Georges.

53. *Ruelle du Petit Bonhomme*, près la maison Pierre Dacquet.

54. *Ruelle passe ton train*, près le presbytère.

55. *Ruelle Rambinet*, près de chez Tenaure.

56. *Rue du Silence*, de la rue de l'Impératrice à celle du Moulin St-Jean.

57. *Ruelle Navale*, au café de la Marine.

58. *Ruelle du Tonnerre*, au magasin de M. Dacquet.

59. *Impasse Coco*, à la maison de la veuve Mathieu.

60. *Rue de la Plage*, 65, rue St-Pierre, de la maison veuve Macquet dit *Blanc* à l'Eglise.

Fait à Berck, le 12 Mai 1867.

Le Maire, Signé: FONTAINE.

10 Juin. — M. le Maire donne lecture d'une lettre de M. le Sous-Préfet, proposant au Conseil municipal de solliciter auprès du Gouvernement l'autorisation de pouvoir attribuer pour les motifs ci-après indiqués:

1° Le nom de rue de l'*Impératrice Eugénie* à la rue qui commence à l'entrée de notre ville et se prolonge jusqu'à la rue de l'Hôpital, pour immortaliser le passage dans cette rue de S. M. l'Impératrice, le 6 mai 1861, lors de son voyage à Berck.

2° Le nom de la rue du *Prince Impérial*, à la rue qui commence au presbytère et se continue jusqu'à la place, pour marquer le dévouement de la population au fils de l'Impératrice.

3º Le nom de *rue du Tanlay*, en souvenir de l'ancien préfet du Pas-de-Calais, pour l'intérêt qu'il a montré à Berck pendant son administration.

4º Le nom de *rue Napoléon*, pour marquer l'attachement des Berckois à la dynastie impériale. Voté à l'unanimité.

1er Août. — Le sieur Baillet (Jean-François), tambour-afficheur, âgé de 44 ans. domicilié à Berck, est nommé agent de police, pour l'intérieur de la Commune.

Il prêta serment devant M. le Juge de Paix de Montreuil.

4 Août. — Réponse du Maire au Préfet. pour l'application de la loi du 10 Avril 1867, concernant l'Instruction primaire. Il existe à Berck. 1º Une école publique de garçons; 2º Une de filles; 3º Une salle d'Asile; 4º Deux cours d'adultes. Il y a lieu de tout conserver et ces établissements sont suffisants.

Police et Sûreté des Bains.

En 1864, un service régulier de sauvetage a été établi à la côte pour la sécurité des baigneurs, au moyen d'un canot de sauvetage; l'inefficacité de cette mesure a été reconnue. Aussitôt après le déplorable accident, du 21 Juillet dernier, un service a été organisé de la manière suivante.

Un agent de police, ancien marin, ayant une connaissance parfaite de la mer et de la plage. se tient constamment à l'endroit des bains à la plage; il surveille les baigneurs, leur fait les recommandations nécessaires afin d'éviter le retour d'accidents occasionnés par leur imprudence. De plus, chaque maître d'hôtel s'est engagé à avoir dans son établissement, à la disposition de tous, un maître-baigneur sachant bien nager et connaissant parfaitement la plage. Par ces différents moyens aucun accident involontaire ne peut avoir lieu.

200 frs sont votés pour la fête du 15 Août: 100 frs pour les pauvres; 100 frs pour réjouissances publiques.

Vente des Harengs.

18 Octobre. — Considérant que la dite vente avait lieu par plusieurs vendeurs à la fois, et à différents endroits; qu'elle n'est pas annoncée d'une manière suffisante, ce qui a donné lieu à de nombreuses plaintes.

Avons arrêté et arrêtons ce qui suit:

ART. 1er. — La vente des harengs, qui se faisait à différents endroits de la plage, sera réunie sur un même point. Elle se fera désormais sur une ligne droite partant de l'extrémité du chemin de grande communication, qui traverse la parcelle n° 13, se dirigeant vers le nord jusqu'au pied de basse-eau, de manière à ne pas dépasser l'Hôtel de M. Delaneq, et toujours en suivant le flux et le reflux de la mer.

ART. 2. — La vente sera annoncée au moyen d'un drapeau et d'une cloche, adaptés à un appareil mobile pour le jour; un fanal remplacera le drapeau pour la nuit.

ART. 3. — L'appareil indicateur sera remplacé selon les besoins, par un agent de police, chargé par nous.

ART. 4. — Les dépenses du dit appareil ainsi que les réparations ultérieures et les frais d'éclairage seront supportés par la Ville.

ART. 5. — Les agents de police sont chargés de l'exécution du présent arrêté.

Fait à Berck, le 18 Octobre, 1867.

Signé: FONTAINE, Maire.

Approuvé, Arras le 22 octobre 1867.

Le Préfet, signé: A. PAILLARD.

8 Décembre. — Une somme de 2.700 frs est demandée pour aider la ville à faire construire un logement et des classes pour les garçons.

Emprunt.

La Ville est obligée de faire un emprunt de 22.000 frs.

1868. 9 Février. — Les dépenses de l'instruction primaire, pour 1869, s'élèvent à 2,861 frs 50, y compris le traitement de l'instituteur adjoint de 2e classe, soit: 400 frs.

Le Conseil réitère la demande faite, en 1862, pour l'installation d'un bureau télégraphique, lequel devient urgent, au point de vue du commerce maritime, dont les rapports avec Paris et autres grandes villes deviennent plus fréquents.

29 Mars. — Une somme de 110 frs est votée pour le renouvellement de la matrice cadastrale.

5 Avril. — Le presbytère se trouvant dans un état complet de vétusté, le Conseil invite le Maire à charger un architecte de faire le plan d'une nouvelle construction. Cette dépense est évaluée environ à 12,500 frs. Le Conseil propose la vente de deux hectares 50 ares de terrain communal, situés à l'entrée de la Commune, en partie couverts d'eau, d'une valeur appoximativement de 8,000 frs; le surplus pourrait être couvert au moyen d'un secours sollicité à l'Etat.

18 Mai. — Dans les dépenses, une somme de 150 frs est portée pour l'assistance aux pauvres.

Rues de la Plage. Parties non concédées.

La plage de Berck a déjà acquis une certaine importance comme station balnéaire; elle se trouve attestée par l'existence de nombreux chalets construits en bois, sur des terranis provenant de relais de mer et concédés à divers propriétaires par l'administration des domaines.

L'établissement d'un hospice par l'Assistance publique de Paris, ne peut que concourir au développement et à la prospérité de la ville de Berck.

Le Maire. vu ces considérations, propose au Conseil de demander à l'autorité supérieure: 1o que les limites du territoire de Berck, vers la mer, soient reculées jusqu'à la ligne qui fixe les alignements entre la plage et les terrains aliénés.

2o Qu'il soit fait au profit de la Commune et à titre gratuit, cession des terrains domaniaux comprenant une superficie totale de 5 hectares 79 centiares.

3o Qu'il soit également fait au profit de la commune pour être classé chemin vicinal, cession de la partie du relais de mer, sur laquelle est construit le prolongement du chemin de grande communication, no 63, ainsi que le complément qui forme la parcelle no 13, le tout d'une contenance de 52 ares 54 centiares.

Le plan du presbytère est approuvé, coût: 12,500 frs. Le Conseil sollicite auprès de l'administration supérieure pour l'aider à solder cette somme, un secours de 4,160 frs. Est demandé le classement comme chemin vicinal, celui de l'Ancien Calvaire, lequel appartient à la commune d'après rapport d'experts, en date du 11 Novembre dernier, de l'exécution d'un jugement rendu par le Tribunal Civil de Montreuil, le 18 juillet 1866.

Le Maire demande l'autorisation au Conseil de faire établir un bornage contre MM. Tacquet (Jules) et Macquet (Adolphe), pour le dit chemin et le terrain qui les sépare du chemin de grande communication, no 63, propriété située au bord de la mer. Est approuvé.

Emprunt communal à M. Magnier.

20 Mai. — L'an 1868, 20 Mai, entre les soussignés M. Fontaine (Pierre), Maire de la Ville de Berck, agissant au nom de la dite Ville et M. Magnier (Jean-François), propriétaire à Abbeville, en vertu de la délibération du Conseil municipal, en date du 8 décembre 1867 et en présence de MM. Dacquet et Macquet, adjoints au Maire de Berck, il a été convenu ce qui suit:

1o M. Magnier prête à la ville de Berck, la somme de 16,422 frs 23, avec un intérêt à 5 $^0/_0$ à partir du 20 décembre 1868.

2o Le présent emprunt est remboursable par annuités de 2,500 frs chacune; la première sera due et échue le 20 décembre 1869, avec l'intérêt à partir du 20 décembre 1868, et pour continuer ainsi d'année en année jusqu'à parfait remboursement.

9 Août. — 300 frs sont votés pour le 15 août. 200 frs pour secours aux indigents et 100 frs pour réjouissances publiques.

Par arrêté du 3 Août, Son Excellence, le Ministre de l'Instruction publique, approuve l'agrandissement de la maison d'Ecole et fixe un secours de 2,000 frs à cet effet.

Chemin des Anglais.

20 Septembre. — Une partie du chemin vicinal, dit *des Anglais*, se trouvant dans un état déplorable, il est urgent de le faire reconstruire. Très fréquenté par les marins qui se livrent à la pêche côtière, et aussi par ceux dont les bateaux se trouvent contraints, pour ne pas manquer l'heure de la vente du poisson, d'échouer à l'endroit où aboutit le

chemin. Le Maire fait connaître que M. Magnier (Jules), propriétaire des garennes auxquelles ce chemin donne accès, offre pour aider la Commune dans ce travail, une somme de 1,000 frs et se charge, jusqu'à solde complet, des intérêts qu'elle restera redevable à l'entrepreneur. Le Conseil approuve à l'unanimité.

Don de M. Magnier.

J'offre à la Ville de Berck, à titre de secours, la somme de 4.000 frs à affecter exclusivement pour la construction du chemin des Anglais, partant de la maison Beauvois, jusqu'à la mer, laquelle somme sera payée à l'achèvement des travaux du dit chemin. Dans le cas où ce chemin ne serait pas terminé d'ici cinq ans à dater de ce jour, le présent engagement de ma part deviendra nul. Il est aussi entendu que les 1,000 frs et les intérêts que je me suis engagé à remettre à la Ville, suivant délibération du 20 septembre dernier, sont compris dans les 4,000 frs dont il est parlé plus haut, c'est-à-dire que je n'ai qu'une somme totale de 4,000 frs à payer. Il demeure convenu que ce chemin sera fait jusqu'à mon chalet pour le 20 Mars prochain.

Fait en Mairie le 20 Septembre 1868, en présence de MM. le Maire et le premier adjoint.

Signé: Fontaine, Dacquet et Jules Magnier.

6 Décembre. — Le marché des travaux fut souscrit par le sieur Boulon, de Verton.

En vertu d'une circulaire du Ministre de l'Instruction publique et de l'art. 15 de la loi du 10 Avril 1867, une caisse des Ecoles est fondée et les statuts en sont faits. Cette création a pour but de faciliter la fréquentation de l'Ecole par des récompenses aux élèves assidus, elle distribue des secours aux indigents et à ceux qui fréquentent les cours gratuits pour adultes.

1869. 28 Février. — Dépenses prévues pour les Ecoles primaires, en 1870: 2,938 frs 50.

Réorganisation de la Police.

4 Avril. — Recevant de nombreuses plaintes sur la manière dont la police se fait à Berck, le Maire se préoccupe d'obtenir

un service répondant à toutes les nécessités de l'ordre et de la
sûreté publiques. Dans une localité, dit-il. qui va bientôt
compter 5,000 habitants, qui, par son commerce et ses bains
de mer, a pris une importance aussi rapide qu'imprévue,
il faut un commissaire de police spécial. Berck interviendrait pour les 3/4 du traitement. Un commissaire de police
de 5e classe, aux appointements de 1,440 frs, est demandé.
La Ville donnerait 1,200 frs et le logement; il ne resterait à la
charge de l'Etat que 240 frs. Le Conseil se range à cette
proposition.

20 Mars. — Le chemin des Anglais est fini de construire; reste
à la commune à payer 1,739 frs 25.

30 Mai. — Me Capelle, avoué de la Ville de Berck, informe
le Maire que M. le Juge de Paix de Montreuil s'est rendu
incompétent dans l'affaire de bornage. intentée par la Ville,
contre MM. Macquet (Adolphe) et Tacquet (Jules), pour leurs
propriétés contiguës au chemin du Calvaire et à celui de
Berck à la mer. Le Conseil décide que cette affaire sera poursuivie devant le Tribunal de 1re instance de Montreuil.

21 Juin. — La ville achète au prix de 100 francs l'hectare, les
terrains domaniaux dont il a été question dans sa délibération
du 18 Mai 1868.

Authie.

8 Août. — En juin 1867, l'Etat voulait intervenir pour un
tiers dans les dépenses du projet, concernant la défense de la
rive droite de l'Authie, lequel s'élevait à 170,000 frs. M. le
Préfet invitait alors les propriétaires et les communes intéressées. dont celle de Berck faisait partie, à souscrire un
engagement et à voter la somme nécessaire pour la réalisation
de ce projet. Le Conseil, de même qu'en 1867, n'accepterait
ce projet qu'à deux conditions: 1o Que l'Etat contribuera
pour une plus large part dans la dépense, puisqu'il a profité des
emprises qu'il a fait enclore du côté de la rive gauche, ce
qui est cause aujourd'hui du danger qui nous menace.

2o Que le périmètre du terrain susceptible d'être submergé
par l'Authie, en cas d'invasion, sera donné par des ingénieurs
qui attribueront à chaque commune sa part contributive dans
la dite dépense.

200 frs sont votés pour la fête du 15 Août, 100 frs pour les pauvres, 100 frs pour les réjouissances publiques.

15 Août. — Berck ne pouvant écouler ses produits qu'à une distance au moins de treize kilomètres: à Rue, Nampont-St-Firmin (Somme), Etaples et Montreuil, le Conseil approuve la création de deux francs marchés aux dates des 15 Avril et 20 Septembre de chaque année.

Audience de M. le Juge de Paix.
Création de charge d'Huissier.

M. le Maire, vu l'importance de la Commune, sollicite auprès de l'Administration supérieure: 1º Une fois par mois, audience de M. le Juge de Paix de Montreuil, dans l'une des salles de la Mairie. Berck, dit-il, est éloigné du chef-lieu de canton de quatorze kilomètres; une grande partie de la population, celle qui appartient à la Marine, a des occupations spéciales ; l'absence d'un marin à bord, même pour un jour, empêche le plus souvent l'équipage de prendre la mer; il est aussi onéreux pour tous de faire le trajet de Berck à Montreuil — le chemin de fer n'existait pas alors — pour une contravention de simple police.

2º La création d'une charge d'huissier s'impose également; les frais de transports qui leur sont alloués, occasionnent de fortes dépenses, qui incombent à la population berckoise.

Le Conseil approuve à l'unanimité.

23 Septembre. — 200 frs sont votés pour le rachat du péage du Pont-d'Etaples sur la Canche.

1.300 frs pour l'installation du Bureau télégraphique, selon le détail donné par M. l'Inspecteur de Boulogne-sur-Mer. En vue des constructions nouvelles de la plage et par suite de plaintes nombreuses qui lui sont faites sur l'alignement et le nivellement des propriétés, situées tant au bord de la mer que sur les parties longeant les rues et places qui doivent être accordées à la Ville, le Conseil demande l'autorisation de faire établir par un homme compétent, un plan d'alignement et de nivellement.

Emprunt.

9 Octobre. — M. Magnier (Jean-François), propriétaire à Abbeville, en présence de MM. Fontaine (Pierre), maire et Macquet, adjoint, prête à la Ville la somme de 5,577 frs 75, avec intérêts à 5 %₀ l'an, à partir du 9 Octobre 1869. Le présent emprunt sera remboursable par annuité de 800 frs chacune. La première sera due le 15 Octobre 1870, avec l'intérêt à partir du 8 Octobre 1869 et pour continuer d'année en année jusqu'à parfait remboursement.

Signé: Fontaine, Maire; Macquet, adjoint et Magnier, père.

Salle d'Asile. Comité de Patronage.

Par arrêté préfectoral, en date du 1er courant et vu la lettre de M. le Sous-Préfet, en date du 5 du même mois, les Dames patronnesses de la salle d'Asile de Berck, dûment convoquées à cet effet, se sont réunies sous notre présidence, dans la salle d'honneur de la Mairie.

Etaient présentes: Mmes Leyback, née Billion; Fontaine, née De La Hogue; Macquet, née Sujet; Dacquet, née Lebœuf; Fontaine, née Cornu (1); Leclercq, née Cantrel; Pillain, née Drapier; Bucquet, née Bridenne; Delmotte, née Lebœuf; Lagaisse, née Malingre; Macquet, née Macquet; Postel, née Baillet; Rivel (Aurette) et Coppin (Joséphine).

Après avoir donné lecture de l'arrêté précité et de la dite lettre de M. le Sous-Préfet, les dames sus-nommées ont été installées par nous et ont signé le présent procès-verbal.

11 Novembre. — En exécution du décret Impérial du 22 Octobre dernier, MM. Postel (Elie), a été nommé capitaine de la Cie des Sapeurs-Pompiers; Macquet (Philippe), lieutenant; Malingre (Oswald), sous-lieutenant.

Nous, Maire de Berck, leur avons fait prêter serment.

Signé: Fontaine, Maire.

1870. 22 Janvier. — Dépenses de l'Instruction primaire, pour 1871: 5.199 frs. Par suite de l'art. II de la loi du 10 Avril 1867,

---

(1) Décédée, le 18 février 1909, à l'âge de 79 ans.

il est dû à l'instituteur un traitement éventuel calculé à raison de 3 frs par an pour chaque élève indigent et sur la réclamation de M. Lagaisse, il lui est dû: pour 1868 (61 indigents, 183 frs); pour 1869 (63 indigents, 189 frs); total: 372 frs.

100 frs sont votés pour l'habillement de l'agent de police Malingre.

Boues des Rues et Places.

13 Février. — L'enlèvement des boues et immondices sera mis en adjudication et le cahier des charges soumis au Conseil municipal.

25 Février. — Un plan d'alignement des rues et places à la mer est présenté par M. Huret, agent-voyer cantonal à Montreuil. Le Conseil l'approuve. L'Octroi est maintenu dans les conditions de l'année précédente.

15 Mai. — Le Bureau de Bienfaisance a un excédent de recettes de 8 frs 25. Dans le budget supplémentaire de 1870, figurent aux dépenses:

A Mme veuve Postel, pour la fête de l'Impératrice   112 frs 45
A Dambron, frères, pour voiturage des boues   . .   77 frs 50
Aux dépenses communales de 1871, se trouvent: Traitement du Secrétaire de la Mairie (augmenté de 200 fr.) 600.00
Salaires des Gardes-champêtres 2.200.00

Chef de musique, 300 fr.; Éclairage, 175 fr.; Chef du bureau télégraphique, 100 frs; Traitement des balayeurs (halle et marchés). 100 fr., etc., etc.

L'Agent Malingre.

Nous soussignés, conseillers municipaux de la Commune de Berck, demandons le renvoi de l'agent Malingre, attendu qu'il ne remplit nullement le mandat qui lui est confié, par la raison qu'il passe les trois quarts de son temps au cabaret et à jouer au billard, ce qui lui fait tout à fait abandonner son service.

Nous prions M. le Préfet, de bien vouloir examiner notre requête et y faire droit s'il la croit fondée.

Souscription en faveur de l'Armée.

30 Juillet. — Le Conseil municipal, sur la proposition de M. le Maire, s'empresse de prendre part à l'œuvre patriotique qui anime tout cœur français et vote à l'unanimité une somme de 150 frs pour l'armée de terre et de mer, à prendre : 1° 100 frs portés au budget pour fêtes publiques ; 2° 50 frs portés au même budget pour dépenses imprévues. Il exprime à l'unanimité, ses regrets de n'avoir pas plus de ressources disponibles. Cette modique somme sera jointe au produit de la souscription que M. le Maire propose de faire à domicile.

1er Août. — M. Leclercq (Auguste), est nommé capitaine des sapeurs-pompiers.

26 Août. — MM. Dacquet (Louis) ; Macquet (Philippe) ; Madeleine (Philippe) ; Beausseaut (Isidore) ; Malingre (Pierre) ; Vincent (Augustin) ; Bucquet (J.-Bte) ; Malingre (Louis) ; Macquet (Nicolas) ; Bridenne (Pierre-Joseph) et Beauvois (François) ont été nommés membres du Conseil de recensement de la Garde Nationale.

Installation du Conseil Municipal.

31 Août. — Les Conseillers municipaux, dont les noms suivent, ont prêté serment, MM.
Fontaine (Pierre) (¹), né le 8 Octobre 1828.
Macquet Bouville (Philippe), né le 13 Novembre 1822.
Parmentier-Longavesne (Philippe), 2 Novembre 1829
Dacquet (Louis), né le 28 Février 1824.

(¹) Reçut, en mai 1864, l'Impératrice Eugénie. En sa qualité de maire, il fut obligé de lui souhaiter la bienvenue.

Au nombre des personnes accompagnant S. M. se trouvait Mme Rouher, portant une toilette princière. L'Impératrice était vêtue simplement. Trompé par cette différence de luxe, Fontaine lui adressa le compliment d'usage.

Vous faites erreur, Monsieur, lui dit-elle, je ne suis pas l'Impératrice.

Mais, le premier magistrat berckois, de plus en plus ému, n'entendait rien, se courbait jusqu'à terre, en l'assurant toujours de son dévouement à la dynastie impériale.

S'avançant alors vers lui, l'Impératrice le remercia gracieusement.

Parmentier (Jacques), né le 3 Août 1822.

Beauvois (François), né le 18 Mai 1814.

Baillet-Michault (J.-Bte), né le 14 Juillet 1809.

Macquet (Nicolas), né le 9 Février 1802.

Vincent (Augustin), né le 29 Septembre 1801.

Malingre (Louis), né le 25 Novembre 1817.

Bucquet-Bridenne (J.-Bte), né le 3 Mars 1816.

Rivet-Delaval (Pierre), né le 7 Juin 1824.

Macquet (Joseph-Benoît), né le 28 Avril 1803.

Malingre (Pierre-Armand), né le 23 Mars 1842.

Madeleine (Philippe-Auguste), né le 23 Septembre 1833.

Blond (Charles), né le 10 Juillet 1828.

Pentier (Michel), né le 7 Mars 1823.

Fontaine (Jean-Charles), né le 14 Février 1830.

Bridenne (Pierre-Joseph), né le 19 Juillet 1817.

Baillet (François), dit *Caillique*, né le 3 Mars 1828.

Beausseaut (Isidore), né le 7 Juin 1839.

4 Septembre. — La somme nécessaire pour les travaux de l'Ecole des Garçons est votée.

MM. Rivet (Isidore); Rivet (Pierre) et Macquet (Michel) ont été nommés capitaines des Cies de la Garde Nationale.

Installation de M. Macquet (Alfred), Maire.

19 Septembre. — M. le Maire donne lecture de la nomination qui lui a été adressée, portant la date du 14 Septembre, et ainsi conçue:

République Française.

Le Préfet du Pas-de-Calais, en vertu du pouvoir à lui confié, arrête: M. Macquet (Alfred), armateur, est nommé Maire de la Commune de Berck.

Arras, le 11 Septembre 1870.

Le Préfet du Pas-de-Calais, Signé: E. LENGLET.

Le Secrétaire général: DE LANNOY.

17 Octobre. — MM. Rivet (Jacques) et Bouville (Jacques) sont nommés adjoints de la ville de Berck.

La Ville paie à l'Hospice de Montreuil une somme de 133 frs 20 pour le traitement de M. Lugol (Louis).

Installation de la Commission Municipale.

24 Octobre. — En exécution de l'arrêté préfectoral du 22 courant, sont installés comme membres de la Commission municipale de la Ville de Berck :
MM. Macquet (Alfred), Maire.
    Rivet-Baillet (Jacques), 1er adjoint.
    Bouville (Jacques-Isidore), 2e adjoint.
    Pité (Eugène).
    Leclercq-Cantrel.
    Gressier (Michel).
    François (J.-Bte).
    Delacroix-Bridenne (J.-Bte).
    Dubos (Zacharie).
    Parmentier (Alphonse), dit *Titin*.
    Malingre (Pierre-Armand).
    François-Delarue (J.-Bte).
    Bridenne-Parmentier (Jacques).
    Dez (Philippe).
    Beauvois (Hagnéré-François).
    Brillard-Bizet (Charles).
    Macquet (Michel), dit *Petit*.
    Delarue-Delain (Michel).
    Rivet-Lebœuf (François).
    Romain (Jean).
    Pentier-Bataille (Philippe).
Une somme de 1,000 frs est votée pour habillement et équipement des Gardes Nationaux mobilisés.

Agrandissement du Cimetière.

25 Décembre. — Considérant, dit le Maire, que l'état dans lequel se trouve le cimetière, laisse à désirer ; que le sol, trop bas, empêche de donner aux fosses, surtout en hiver, à l'époque où les eaux sont hautes, la profondeur nécessaire et peut ainsi compromettre, en été, la santé des habitants par des exhalations malsaines.

Que la population augmente, le cimetière est relativement
très restreint, n'ayant qu'une surface nette de 83 ares environ,
les inhumations deviendraient impossibles dans un temps
rapproché.

Qu'il importe d'obvier promptement à ces graves inconvénients et que du reste c'est le vœu de tous les habitants;
en conséquence, je propose de relever par des remblais les
endroits les plus bas du cimetière et de l'agrandir par l'annexion d'une nouvelle parcelle de terrain. La Commission
adopte le devis présenté par M. le Maire, d'après lequel le
cimetière serait doublé de terrain au Nord et à l'Ouest d'une
contenance de 33 ares environ. Le prix d'achat et de remblai
sera couvert au moyen d'un emprunt remboursable par les
premiers fonds disponibles résultant des concessions, en cinq
ans, à partir du jour de l'acquisition des terrains.

1871. 19 Février. — Les dépenses des Ecoles primaires, pour
1872, se montent à 5.500 frs.

19 Mars. — D'après la circulaire du Préfet, en date du 12
Janvier dernier, il résulte:

1o Que la Commune est appelée à fournir un contingent
de 4,851 frs pour l'habillement, l'équipement, la solde et l'armement des Gardes Nationaux mobilisés du premier banc.

2o Que cette somme est immédiatement exigible et qu'en
conséquence une imposition est votée, la totalité devra être
versée entre les mains du percepteur dès la publication du rôle.
L'Assemblée décide à l'unanimité que le contingent sera
acquitté à l'aide des ressources suivantes.

1o Emprunt de 4,851 frs remboursable, au moyen d'une imposition extraordinaire de 1,500 frs par année, sur les quatre
contributions directes, jusqu'à extinction, moyennant un taux
de 6 % d'intérêts à partir du jour du versement de la dite
somme. M. Rivet, 1er adjoint délégué, est autorisé à traiter à
ce taux pour assurer l'exécution de la circulaire préfectorale.

Emprunt.

Ce aujourd'hui, 24 Mars 1871, entre les soussignés, MM. Rivet
(Jacques), 1er adjoint, délégué en l'absence du Maire, au nom
de la Ville de Berck, en vertu des pouvoirs qui lui sont confiés

par la délibération du 19 courant et Dequéker (Louis), propriétaire, demeurant à Berck, en vertu de la dite délibération de l'Assemblée municipale et en présence de MM. Leclercq-Cantrel et Dubos (Zacharie), membres de la Commission municipale, a été convenu ce qui suit:

M. Dequéker prête à la Ville de Berck, la somme de 1,851 frs, avec intérêts à 6 % par an, à partir du 1er Janvier 1872. Du 1er Avril au 31 Décembre 1871, l'intérêt lui sera payé au même taux, au 31 décembre prochain au moyen des ressources disponibles à cette époque de l'exercice 1871.

Le présent emprunt est remboursable par annuités de 1,500 frs chacune, jusqu'à extinction, comme l'indique la délibération sus-mentionnée et tel qu'il est indiqué au tableau d'amortissement ci-dessous.

Emprunt à M. Dequéker (1).

Années de la durée de l'Emprunt	Impôts sur les quatre contributions	Rembours. du Capital	Intérêts à 6 %	Total	Observations
	Frs.	Frs.	Frs.	Frs.	Payable au 31
1872	1500.00	1208.94	291.06	1500.00	décemb. 1872
1873	1500.00	1281.48	218.52	1500.00	» 1873
1874	1500.00	1358.37	141.63	1500.00	» 1874
1875	1062.34	1002.21	60.13	1062.34	» 1875
Totaux :	5562.34	4871.00	711.34	5562.34	

A Berck, le 24 Mars 1871.

Signé: Rivet.

Installation du Conseil Municipal.

10 Mai. — Election du 7 Mai 1871. Electeurs, 857. Votants, 786. Sont nommés:

MM. Macquet (Alfred), Maire, armateur, né le 12 Sept. 1815.

---

(1) D'après un renseignement erroné, j'ai publié dans la 4e édition de *Berck s/mer, Ville et Plage*, 1905 page 81 : en 1870 M. Dequéker (Louis) avança 30.000 francs à la Commune pour indemnité de guerre, etc. Je dois à la vérité cette rectification. (*Note de l'auteur*).

Rivet (Jacques), 1er adjoint, mareyeur, né le 15 Mars 1812.

Bouville (Jacques), 2e adjoint, mareyeur, né le 12 Mai 1828.

Delacroix (J.-Bte), marin, né le 7 Frimaire, An II.

Pité (Eugène), Syndic des gens de mer, né le 4 Mars 1843.

Leclercq-Cantrel, négociant.

Dubos (Zacharie), négociant.

Bridenne (Jacques), ferblantier, né le 7 Novembre 1830.

Gressier (Michel), mareyeur, né le 22 Janvier 1808.

Parmentier (Alphonse), voiturier, né le 12 Mars 1839.

Malingre (Pierre-Arm.), constructeur, né le 26 Mars 1842.

Brillard-Bizet (Charles), mareyeur, né le 1er Janvier 1836.

Beauvois (François), cordier, né le 22 Mai 1816.

Delarue (Michel), voiturier, né le 17 Septembre 1816.

Dez (Philippe), marin, né le 9 Septembre 1833.

François (J.-Bte), dit *Manchin*, marin, né le 16 Août 1791.

Pentier (Philippe), marin, né le 4 Novembre 1812.

Rivet (François), cordonnier, né le 1er Janvier 1829.

Macquet (Michel), voiturier, né le 24 Juillet 1838.

François (J.-Bte-Agnès), cordier, né le 26 Juillet 1811.

Romain (Jean), saleur, né le 7 Mars 1836.

28 Mai. — Pour le projet d'agrandissement du cimetière, un achat de terrain de 33 ares 92 centiares, estimé 2.781 fr. 44, suivant expertise faite par le sieur Rivet (Jacques), expert, sera acquis au moyen d'un emprunt remboursable par une imposition extraordinaire de 1,000 frs par an, jusqu'à extinction sur les quatre contributions directes à partir du 1er janvier 1872. A cette somme sera ajoutée celle de 328 frs 50 pour frais de contrat et autres, soit ensemble: 3,100 frs. Le Maire est autorisé à faire cet emprunt avec intérêt à 5 %. Le sieur Malingre (Oswald), le plus fort contribuable, a déclaré ne pas savoir signer.

L'inspecteur du service télégraphique du Pas-de-Calais, déclare que le Bureau de Berck demeurera fermé jusqu'à ce que l'agent qui le dirige soit relevé de ses fonctions et remplacé par un employé pouvant satisfaire aux exigences du service. Le Conseil décide que le bureau sera installé au premier étage de la Mairie et élève de 2 à 500 frs le traitement, indépendamment des remises faites par l'Administration, à charge par le titulaire des frais de lumière, de chauffage, et du paiement du facteur chargé de porter les dépêches à domicile.

18 Juin. — Dans le budget supplémentaire de 1870. se trouve, dépenses: M. Maugenest, pharmacien, fournitures de médicaments aux pauvres, 72 frs 60.

Dans les dépenses ordinaires de 1872: Une subvention de 200 frs est accordée au Bureau de Bienfaisance. Honoraires du médecin du dit bureau, 100 frs. Plantation d'oyats, 100 frs. Pour les aliénés indigents, 60 frs. Les Enfants trouvés, 20 frs. Caisse des Ecoles, 250 frs, etc. 200 frs sont votés pour le rachat du péage du Pont d'Etaples. Le chemin des Anglais, dit le Maire, coûtera 14,000 frs.

La Commune ne peut actuellement se charger du désensablement de celui de la Mer, n° 63. La misère dans laquelle se trouve plongée la population par suite du manque de pêche, ne lui permet pas de supporter de nouveaux impôts. Les dettes de la Commune s'élèvent à 36,359 frs 42.

Concessions dans le Cimetière.

Les propositions suivantes sont faites: Diviser les concessions en trois classes. A perpétuité, 80 frs; trentenaires, 40 frs; temporaires, 15 francs pour 15 ans. Ces dernières ne pourront être renouvelées; les trentenaires le pourront, moyennant une nouvelle redevance, qui ne pourra excéder le taux de la première. A défaut de paiement, le terrain concédé fera retour à la commune deux années après l'expiration de la période pour laquelle il avait été concédé.

Le Conseil demande au Gouvernement de soumettre la boucherie au droit d'octroi, suivant le tarif ci-dessous:

Bœufs, vaches, taureaux, chevaux 8 fr. 00 par tête.

Veaux . . . . 1 fr. 25 »

Moutons, Chèvres . . . . . 1 fr. 25 »

Viande importée quelle qu'elle soit, le kilogramme 0 fr. 05.

Liste du Jury.

20 Août. — D'après la circulaire préfectorale du 12 courant, sont désignés:

MM. Macquet (Alfred) et Leclercq-Cantrel, pour dresser la liste de service, pour les assises de 1872.

Le Conseil abandonne la question du bornage contre MM. Tacquet et Macquet.

15 Octobre. — Considérant qu'il existe entre les dépenses et les recettes, portées au budget de 1872, une différence de 8,271 frs 91 devant être couverte par l'octroi; outre la boucherie, le Conseil augmente les droits d'alcool, bière, etc., jusqu'à la somme comblant le déficit.

Installation d'une brigade de gendarmerie.

19 Novembre. — M. le Sous-Préfet de Montreuil avise le Maire, qu'il vient d'être créé à Berck, une brigade de cinq gendarmes à cheval. Le Conseil est d'avis. 1° Qu'une brigade de Gendarmerie à Berck est tout à fait inutile; s'il l'a demandée il y a cinq ans, c'est qu'alors il n'avait pas le moyen nécessaire pour maintenir l'ordre, mais que Berck, ayant, outre deux agents de police, une Capitainerie de douanes exerçant une surveillance active sur le littoral et, dans l'intérieur de la localité. un commissaire de police attaché au service de la Commune, qu'une brigade de gendarmerie est tout à fait superflue.

2° Qu'à Berck, les vivres sont très chers. le grain, la paille, la nourriture des chevaux toujours rares, en raison du peu de fertilité du sol; le casernement y est impossible, aucun bâtiment n'est approprié à leur logement. Berck, situé au bord de la mer, à l'extrémité du canton, offre une position géographique déplorable au bon fonctionnement d'une brigade qui doit résider au centre des Communes qu'elle dessert.

3° Que la station de Verton, constituant la partie principale du village de Rang-du-Fliers, réunit les conditions de nature à y motiver son installation. C'est à Verton qu'a lieu le trafic du poisson de Berck et de Merlimont, c'est là que se trouvent l'entrepôt des postes des Communes voisines. la sucrerie dite de Verton. occupant des centaines d'ouvriers. Cette station est reliée à Berck et à Montreuil-sur-Mer par un fil télégraphique, ainsi qu'à Etaples par le chemin de fer. La station de Verton ne possède aucun agent de la force publique; il sera indispensable qu'un gendarme y soit de service.

De plus, la brigade n'est pas créée pour Berck seule, mais sans doute pour desservir Merlimont, Verton, Groffliers, Waben, les deux Airon, St-Aubin, Campigneulles-les-Grandes, Wailly, Conchil-le-Temple. Rang-des-Fliers, etc.: il faut que la brigade réside au centre de ces localités, et c'est Verton qui se trouve à :

1o 6 kilomètres environ de Berck.

2o 6 » » de Merlimont.

3o 2 » › de Verton.

4o 3 » » des deux Airon

5o 6 » » de St-Aubin.

6o 6 » » de Campigneulles-les-Grandes.

7o 7 » » de Wailly.

8o 5 » » de Waben.

9o 6 » » de Conchil-le-Temple.

10o 6 » » de Groffliers, etc., etc.

En conséquence, le Conseil déclare s'opposer à l'installation de cette brigade et prie l'autorité de l'autoriser à Verton.

Ensablement de la Plage.

24 Décembre. — Il est fait part au Conseil d'une réclamation adressée à M. le Préfet, par MM. Scellos et Masson, propriétaires à Berck, relative au mode d'enlèvement des sables qui encombrent les maisons bâties en bordure de mer.

Le Conseil est d'avis: 1o Que des plantations d'oyats soient faites, depuis la baie d'Authie jusqu'à la Plage. attendu qu'il est admis que le sable enlevé par la mer sur la rive droite de l'Authie est celui là même qui vient encombrer les habitations construites sur la plage. 2o Que des mesures réglementaires soient prises pour obliger quiconque voudrait opérer l'enlèvement du sable, à le reporter à soixante mètres au-dessous de la laisse de pleine mer, afin qu'elle le recouvre à chaque marée.

Emprunt à M. Magnier, père, pour le Cimetière.

22 Décembre. — Ce jour, 22 Décembre 1871, entre les soussignés MM. Macquet (Alfred), maire de la Ville de Berck. agissant au nom de la dite Ville et Magnier (Jean-François),

propriétaire à Abbeville, en vertu de l'arrêté préfectoral, en date du 15 juillet dernier et en présence de MM. Dubos (Zacharie); Parmentier (Alphonse), conseillers municipaux, il a été convenu ce qui suit:

M. Magnier, prête à la ville de Berck, une somme de 3,100 frs, avec intérêts à 5 % à partir de ce jour.

Le présent emprunt est remboursable par annuités de 1,000 frs, avec intérêts à 5 % à partir de ce jour pour continuer d'année en année jusqu'à parfait remboursement.

Signé: P. M. MAGNIER, père, Jules MAGNIER.
A. MACQUET, Maire.

1872. 14 Janvier. — Est voté un crédit de 240 frs pour l'enlèvement du sable dans le chemin de démarrage au bord de la mer. Cette dépense n'est faite que par l'absolue nécessité de rendre le chemin de la mer praticable pendant la saison du hareng.

18 Février. — Les dépenses des Ecoles primaires se montent pour 1873, à 6,400 frs (dans cette somme le traitement éventuel pour les enfants indigents est de 200 frs).

Création d'une école à la Plage.

Une pétition signée de plus de quarante habitants du bord de la mer demande la création d'une Ecole à la Plage.

Le Conseil, après avoir délibéré, regrette que ses ressources ne lui permettent pas d'en créer deux, l'une pour les garçons, l'autre pour les filles; en conséquence, il prie M. le Préfet de vouloir bien autoriser l'ouverture d'une Ecole de hameau où seront admis les enfants des deux sexes. Le produit de la rétribution scolaire de la dite école, sera versé dans la caisse de la Commune et profitera à l'instituteur communal, à la condition pour ce dernier de verser annuellement à l'instituteur du hameau, une somme de 200 frs, afin que son traitement soit élevé à 800 frs. Le Conseil autorise le Maire à faire les démarches nécessaires pour que, dès l'ouverture de cette école, M. le Préfet veuille bien envoyer à Berck, un instituteur adjoint pour la diriger sous la surveillance de l'instituteur communal.

Autorisation est refusée dans l'affaire du procès que veut intenter M. Dacquet (Louis), armateur, contre MM. Macquet (Adolphe et Philippe), armateurs à Berck et M. Tacquet (Jules), négociant à Abbeville, à propos du chemin de l'Ancien Calvaire, la Commune reconnaissant qu'elle n'est pas propriétaire du dit chemin.

Rues de la Ville.

19 Février. — Elles sont reconnues impraticables sur une longueur de 2,800 mètres. Y compris les 4,000 frs de M. Magnier, les ressources ont été pendant sept ans, de 27,919 fr. Le Conseil est d'avis de distraire 6.000 frs pour les grosses réparations des dits chemins, attendu qu'il restera encore 21.919 frs pour les chemins subventionnés.

Rues et Places à la Plage. Acquisitions.

3 Mars. — Lecture est donnée d'une lettre de M. Castelain, Sous-Préfet de Montreuil, relative à la vente de terrains à la plage. Le prix a été considéré comme suffisant pour les rues; mais M. le Directeur général des Domaines a fait remarquer que huit propriétaires ont été autorisés à établir sur la place de la plage (parcelle no 13) des terrasses et perrons occupant un are, pour lesquels ils paient à l'Etat. une redevance annuelle de 89 frs. Le prix proposé lui a paru insuffisant en ce qui concerne la place. Le Conseil est invité à élever le chiffre de son offre. Après en avoir délibéré, il prie M. le Sous-Préfet de faire remarquer à M. le Directeur des domaines que le prix de 100 frs l'hectare n'a pas été offert par la Commune, mais accepté par elle, d'après l'estimation de MM. les ingénieurs; que la valeur des terrains domaniaux à la plage, a subi une dépréciation par suite des évènements désastreux de l'année précédente et que vu l'envahissement continuel des sables, la Commune en devenant propriétaire de la place et des chemins en question. assumerait des charges onéreuses pour leur entretien. D'après ces considérations. le Conseil espère que M. le Directeur voudra bien maintenir le prix offert, ou l'établir de manière à ce que les ressources de la Commune lui permettent de l'accepter.

Caisse d'Epargne.

14 Avril. — Le Conseil reconnaît l'utilité de la création d'une succursale de la caisse d'Epargne de Montreuil. Les Communes voisines profitant de cet établissement seront appelées à prendre à leur charge, une partie des frais d'administration.

Echange de terrain.

5 Mai. — MM. Macquet, frères, armateurs, concèdent à la Commune 74 mètres de terrain en échange de 69 mètres environ (maison qui tombait en ruines, rue de l'Impératrice), lesquels ont servi au chemin de grande communication, n⁰ 63.

12 Mai. — Dans les dépenses du budget supplémentaire de 1872, se trouve : M. le Docteur Louart, visite et rapports, 50 fr.

Pour 1873, l'octroi est compté dans les recettes, à 9,800 frs.

Considérant que le chemin du Calvaire n'est pas plus utile à la Commune, qu'il l'était en 1851, le Conseil communal en demande le déclassement.

Une somme de 400 frs est portée au budget pour l'établissement et l'entretien de trois nouveaux réverbères, rue de l'Impératrice. Ils seront installés, l'un à la maison Parmentier (Jacques), mareyeur; l'autre, à celle de Macquet (Hippolyte) et le troisième à la maison Herly-Lenoir. Le sieur Baillet, adjudicataire de l'éclairage, recevra une subvention de 50 frs.

Les agents chargés de la police, ne devant s'occuper que de leur service, un agent spécial sera nommé pour les charges de publication et pour le service des percepteur, notaire, huissier, etc.

Suppression du Commissaire de Police.

L'établissement d'une brigade de gendarmerie, composée de cinq hommes, rend le Commissaire de police inutile. En conséquence, à partir du 1er juillet prochain, il sera supprimé; les fonds de cet emploi seront affectés au traitement et au logement de l'instituteur de la plage.

7 Juillet. — Le nouveau tarif de l'octroi est adopté. M. le Sous-Préfet fait connaître en même temps que le règlement du dit (dont l'approbation remonte à 1832), n'est plus en harmonie avec la législation sur la matière, au point de vue

de la pénalité et qu'il est nécessaire de le remplacer par un acte régulier.

13 Août. — MM. Rivet (Jacques) et Bridenne (Jacques) sont appelés à dresser la liste annuelle pour les assises de 1873.

Une somme annuelle de 100 frs est demandée aux domaines, pour les plantations d'oyats.

Le Conseil est informé que les Communes de Verton, Merlinont, etc., ont refusé leur concours dans les frais d'administration de la succursale de la caisse d'Epargne de Montreuil à Berck. Une somme de 150 frs est alors votée: l'installation sera terminée le 1er janvier 1873.

L'Assemblée Nationale ayant voté une somme de 100,000 frs pour venir en aide aux Communes qui feraient l'acquisition d'un appareil de gymnastique pour leur école; le Maire en a fait l'achat au prix de 130 frs et le Conseil demande le secours le plus élevé possible.

L'Ecole de la plage coûte 1500 frs. Le Conseil prie M. le Préfet de vouloir bien lui accorder un secours de 600 frs pour couvrir en partie les frais d'installation et d'entretien de l'école de hameau, dite école de la plage.

Chemin du Calvaire.

En présence de MM. De Rosamel, Sens et Dufour, M. De Lhomel a pris l'engagement de terrasser, faire empierrer à ses frais, 188 mètres du chemin et à verser dans la caisse communale, 118 frs pour le faire charger de cailloux. Ce chemin, après le déclassement, sera conservé à la circulation comme chemin rural.

Demande de Réhabilitation.

Formée par Mme B...

13 Octobre. — M. le Maire expose que la dame B..., femme L..., demeurant dans cette Commune, sollicite sa réhabilitation et que le Conseil municipal est réuni pour délibérer, conformément à l'art. 624 du code d'instruction criminelle.

Le Conseil, vu l'art. 624 du code précité et la lettre de M. le Sous-Préfet, en date du 5 courant,

Déclare que la dame L., née B., s'est toujours conduite honorablement depuis son séjour à Berck, qui remonte au 26 Novembre 1865, qu'elle vit du profit de son commerce et du salaire de son mari.

Signé: Alfred MACQUET, Maire
et treize Conseillers Municipaux.

Une Société se forme pour le désensablement de la plage. Il faut un matériel de rails et de wagonnets. La voirie aurait la direction de cette affaire, dont l'effet serait de rendre la plage d'un accès facile et de sauver de la ruine un grand nombre d'habitations qui sont sur le point d'être englouties. Un crédit de 1,000 frs est voté.

Demande de déclassement de l'Entrepôt de Berck.

Requête de M. Detuncq, maître d'hôtel.

Messieurs,

Je soussigné. Detuncq (François), maître d'hôtel à Berck et propriétaire de l'Entrepôt des douanes de cette ville, a l'honneur de vous exposer:

1º Que depuis qu'il s'est rendu adjudicataire de cet établissement aucune marchandise n'y a été entreposée, à l'exception toutefois d'une faible partie de sels.

2º Que d'après la nouvelle législation des douanes, régissant la pêche des poissons avec salaisons à bord, ou en ateliers, les saleurs ne sont plus assujettis à réintégrer en entrepôt leur restant de sel de la campagne. Que dès lors, cet établissement est devenu sans objet pour la Commune de Berck. laquelle n'a droit d'ailleurs qu'aux seules salaisons de poissons.

Que ce défaut d'entrée en entrepôt cause au soussigné un préjudice. puisqu'il n'en retire aucun profit et qu'il lui a coûté et coûte encore des sommes considérables.

Qu'il n'en serait pas de même si le soussigné pouvait disposer à son gré de cette propriété.

En conséquence, il vient vous prier, Messieurs, de vouloir bien prononcer le déclassement de l'entrepôt des douanes de Berck-sur-Mer et le rendre à l'état de propriété privée.

En ce faisant, vous feriez justice et assureriez au soussigné les moyens de rendre à un capital, relativement élevé, tout son produit.

Dans l'espoir, etc.

Signé : DETUNCQ.

Berck-sur-Mer, 21 Novembre 1872.

Le Conseil reconnaît que la demande du sieur Detuncq est d'une trop grande importance pour être résolue sans examen approfondi.

Tracé du chemin aux raisins.

Il existe dans la Commune plusieurs chemins classés vicinaux, dont il serait impossible de déterminer l'emplacement, par suite du déplacement des sables, notamment le chemin qui traverse la propriété de l'assistance publique, classé sous le nom de *Chemin aux raisins* (¹). Le Maire propose au Conseil qu'un arpentage ait lieu, qui en déterminera l'emplacement. Le Conseil décide que des points de repère seront établis par des bornes en grès ou en bois, afin qu'il soit, plus tard, facilement retrouvé si des déplacements nouveaux de sable venaient à avoir lieu.

Aliénation de deux parcelles de terrain communal.

1° D'une contenance de 6 ares, située entre la route de Groffliers et la propriété du sieur Dacquet (Louis).

2° 2 ares, situés sur le chemin du Val, entre la Mollière et la propriété du sieur Beaussaut (Emile).

Ces terrains, étant inutiles à la Commune, le Conseil donne au Maire l'autorisation de les vendre.

Demande de Tabac pour les Marins.

La saison du hareng, ayant été cette année très mauvaise, la plupart des marins de Berck se trouvent dans une position

---

(¹) A la suite du naufrage d'un navire chargé de raisins, les Berckois, allèrent sur la grève pour en recueillir la cargaison ; ils se chargèrent tellement qu'ils laissèrent échapper le contenu des sacs, boites, etc., ce qui produisit, de la côte à la ville, une longue trainée de raisins, d'où le nom fut conservé. *Berck s/m Ville et Plage, 2ᵉ édition 1895. page 163.*

voisine de l'indigence, il y a lieu de prendre tous les moyens possibles pour venir à leur aide. L'usage du tabac est pour eux, non pas un agrément, mais une nécessité commandée par leur état; dans les ports voisins, les marins jouissent de l'avantage du tabac de cantine, et il y a justice à réclamer pour eux la même faveur. Demande en est faite à M. le Préfet.

M. Macquet (Adolphe), armateur, considérant que l'épave d'un navire en fer, échoué sur la côte, en face de l'hôpital de Rothschild, est un écueil dangereux pour l'échouement des bateaux de pêche, prie M. le Préfet de vouloir bien donner des ordres pour la faire enlever.

Suppression du droit des Halles.

16 Décembre. — Considérant que le droit de péage (700 frs environ) aux halles, ne porte que sur la marine la plus pauvre, sur les marins les plus âgés qui gagnent leur vie le long de la côte à la pêche de basse-eau, puisque les grandes pêches des harengs ne peuvent être vendues que sur la plage, la viande de boucherie, rapportant en six mois (de juillet à décembre) à l'octroi, une somme supérieure à celle de 3,300 frs, le Conseil demande à M. le Préfet d'abolir le droit de péage, à la halle, à partir du 1er janvier 1873.

Une somme de 588 frs 96 a été reconnue irrécouvrable, en 1872.

Vote du Conseil pour l'entrepôt Delmeq : 10 voix pour le maintien dans l'état actuel; 6 pour le déclassement.

1873. 13 Janvier. — Une somme de 197 frs est demandée sur les fonds libres pour couvrir les frais de l'instituteur et de l'institutrice en 1872.

2,000 frs sont accordés, sur l'exercice 1871, pour le matériel du désensablement de la plage.

10 Février. — Pour l'instruction primaire, une somme de 6.920 frs est portée pour 1871. 150 frs sont votés pour la dépense de l'établissement de la table décennale de l'État-Civil, de 1863 à 1872.

23 Février. — La suppression du droit de place à la halle est accordée, malgré les protestations de quatre habitants de Berck.

Emprunt.

Une somme de 4,218 frs 79 étant due à M. Bellettre Cyr (Samuel), entrepreneur à Abbeville, un emprunt de 5,000 frs est voté; il sera remboursable en trois années, au moyen d'une imposition extraordinaire sur les quatre contributions directes, à partir de 1875.

Bureau de Bienfaisance.

Une somme de 69 frs à titre de secours, a été accordée par M. le Préfet, au Bureau de Bienfaisance, pour solder le pain et la viande délivrés aux indigents.

6 Avril. — Le Conseil maintient la rétribution allouée au receveur d'octroi, c'est-à-dire 5 $^0/_0$ sur le produit brut de l'octroi et fixe le taux de son cautionnement au douzième environ du produit annuel, soit 1,000 frs. Le cautionnement devra être versé le 10 Avril et produira intérêt à 3 $^0/_0$ l'an.

M. le Maire nomme une Commission composée de MM. Malingre (Pierre); Rivet (Jacques), adjoint; Delacroix (J.-Bte); et Dez (Philippe) pour juger la question des épis que l'Administration de l'Assistance publique fait construire sur la plage, attendu que les dits épis peuvent devenir des écueils pour la navigation.

4 Mai. — Au nombre des dépenses communales, pour 1874, se trouvent: Subvention au Bureau de Bienfaisance, 200 frs. Traitement du médecin, 100 frs. Logement du Curé et du desservant, 200 frs; Frais d'administration de la caisse d'Epargne, 100 frs.

Et dans les recettes: Droits d'octroi, produit brut, 10,000 frs. Taxe sur les chiens, 150 frs. Location des perrons à la plage, 100 frs. Portion afférente à la Commune dans les permis de chasse, 200 frs. Rétribution scolaire des filles à la Plage, 400 frs, etc., etc.

Acquisition des Rues et Place à la Plage.

Le Conseil accepte le délai de quatre ans et un mois à partir du 8 février 1873, pour le paiement du prix d'acquisition des terrains aliénés par l'Etat à la Commune de Berck. M. le

Préfet maintient le contingent de 1,000 frs pour l'achat d'un tramway pour le désensablement de la plage et celui de la ligne n° 63.

Legs de M. Magnier.

11 Juillet. — Le Maire, par lettre du 31 juin 1873 de Me Elluin (Emile), notaire à Abbeville, a été informé que par son testament olographe, en date, à Abbeville, du 15 Novembre 1872, déposé le 28 Juin 1873, au rang des minutes en son étude, M. Magnier (Emile), ancien banquier, propriétaire, demeurant à Abbeville, décédé à Merlimont (Pas-de-Calais), le 26 Juin 1873, a laissé à la Ville de Berck (Pas-de-Calais) 50/300 de la portion disponible de sa fortune pour être placée en rentes sur l'Etat, lesquelles rentes, est-il dit en son testament, serviront à être données en secours aux veuves et orphelins de la plage de Berck, dont les maris ou les pères seraient morts par suite d'accidents de mer.

3 Août. — L'exécuteur testamentaire de M. Magnier (François-Paul-Emile) est M. Porphyre Labitte, propriétaire à Abbeville. Un inventaire a été dressé au domicile de M. Magnier, propriétaire à Abbeville. M. Labitte a adressé à M. le Préfet du Pas-de-Calais, un mémoire par lequel il annonce l'intention de demander adversativement à la ville de Berck et devant le Tribunal d'Abbeville, la nomination d'un administrateur séquestre à la succession de M. Magnier.

M. le Maire invite le Conseil à délibérer sur la question de savoir s'il y a lieu de consentir à cette demande. Il ajoute que le legs fait au profit de la Ville de Berck, étant à titre universel et M. Magnier, laissant un héritier à réserve, la Ville est obligée de demander la délivrance de son legs à l'héritier à réserve, mais qu'elle ne peut le demander qu'après y avoir été autorisée. Considérant que la nomination d'un administrateur ne peut que sauvegarder les intérêts de la Ville de Berck, le Conseil est d'avis qu'il y a lieu d'y consentir et propose M. Porphyre Labitte, d'Abbeville.

Rues et Place de la Plage.

M. Castelain, Sous-Préfet, dit que la Ville a tout intérêt à tenir ses rues en bon état. En ce qui concerne la place de la plage, rien ne paraît s'opposer à ce que la Ville y fît élever un monument, ou tout autre édifice d'utilité publique et générale, puisqu'alors elle resterait dans les termes et conditions de la cession. Mais la commune ne doit pas perdre de vue qu'il lui est complètement interdit, soit d'aliéner, soit de louer les terrains cédés en totalité ou en partie, en un mot de les convertir en propriétés privées à titre définitif ou même temporaire. Le Conseil considérant que les modifications proposées par M. le Préfet, ne donnent à la Commune aucun des droits réclamés par sa délibération du 22 Juin, est d'avis qu'il y a lieu de maintenir ses conclusions, n'accepte pas la cession du 8 Février 1873 et en demande l'annulation.

Chemin Dubois.

28 Septembre. — M. Dubois, propriétaire à la plage, propose de faire à la Commune, l'abandon d'un chemin large de huit mètres et traversant des garennes sur une longueur de 420 mètres, se reliant aux deux chemins particuliers dits de la Corderie et Carbonnel, à l'endroit où ces deux chemins se rencontrent. à la seule condition pour la ville de le rendre praticable en tout temps. Le Conseil refuse, considérant que la demande de M. Dubois est dans son intérêt et non dans celui de la Commune. Le Conseil décide qu'on ne peut obliger les riverains à opérer le désensablement sur un sol ne leur appartenant pas.

M. Véniel, entrepreneur à Berck, présente un devis de 3,200 frs pour l'Ecole des Filles. Les ressources de la Commune ne lui permettant pas d'exécuter ce projet, le Conseil demande un secours au Conseil général.

MM. Rivet (Jacques); Pilé (Eugène); Leclercq Cantrel; Dubos (Zacharie); Parmentier (Alphonse); Macquet (Michel); François (J.-Bte), Conseillers municipaux; Fontaine (Pierre); Vincent (Augustin);Bucquet (J.-Bte); Macquet-Bouville (Philippe); Escofier (Boniface); Macquet (Adolphe); Maugenest (Augustin) et Louart (Augustin), forment le Conseil d'Administration de la Caisse d'Epargne.

Legs Magnier.

28 Septembre. — Le Maire communique au Conseil, une pièce adressée à M. le Préfet du Département par Mme Auquier (Léonide, Camille), veuve Magnier (Emile).

L'an 1873, le 22 août, à la requête, etc.

Attendu qu'aux termes d'un testament olographe, en date du 15 novembre dernier, M. Emile Magnier paraît avoir disposé de plus de sa fortune.

Attendu qu'il aurait notamment légué à la ville d'Abbeville 232,3 centièmes de la quotité disponible de ses biens pour être employés en rentes sur l'Etat dont les revenus serviraient à fonder des fourneaux économiques, à distribuer des livrets de caisse d'Epargne aux apprentis ouvriers et donner des prix aux courses de chevaux et aux régates. Qu'il avait légué à la ville de Berck 53 centièmes de la même quotité disponible pour distribuer des secours aux veuves et aux orphelins de la plage de Berck.

Qu'il avait nommé M. Labitte, son exécuteur testamentaire, etc. Attendu que M. Magnier n'a pas fait volontairement et librement un pareil testament qui ne peut être que le résultat de la captation.

Attendu que ce testament n'a pas été fait à la date qu'il indique et qu'il est d'ailleurs nul pour cause d'insanité d'esprit.

Attendu que M⁰ veuve Emile Magnier se propose de former incessamment devant le tribunal d'Abbeville, une demande en nullité de ce testament pour divers motifs graves, notamment pour cause de captation et d'insanité d'esprit, qu'elle se pourvoiera également devant le Conseil de Préfecture et le Conseil d'Etat, pour demander que les villes d'Abbeville et de Berck ne soient pas autorisées à accepter des legs faits au détriment d'un enfant mineur légitime.

En conséquence, j'ai Dupuis (Augustin), huissier audiencier près le tribunal civil et de commerce de l'arrondissement d'Arras, où étant parlé à M. Lemaire, Conseiller de Préfecture délégué (lequel a visé mon original), déclaré que la requérante ès nom, se propose de demander devant les tribunaux compétents la nullité du testament sus-énoncé. Qu'elle se propose, je dis qu'elle s'oppose formellement à l'exécution de ce testament, qu'elle demandera pour le cas, où contre toute attente, la Ville de Berck demanderait l'autorisation d'accepter un pareil legs, que cette autorisation lui soit refusée.

Dont acte sous toutes réserves expresses de fait et de droit. Et afin que M. le Préfet du Pas-de-Calais n'en n'ignore, je lui ai laissé la présente copie, dont le coût est de sept francs, 25.

Signé: DUPUIS.

Le Conseil après avoir délibéré:

ATTENDU :

Que par son testament olographe, en date du 15 novembre dernier, déposé au rang des minutes de Me Elluin, notaire à Abbeville, M. Paul-Emile Magnier, propriétaire à Abbeville, décédé à Merlimont, le 26 juin dernier, a volontairement et librement exprimé ses dernières volontés et qu'il ne saurait en aucune façon être déduit qu'il y a eu captation.

Que rien n'établit que ce testament n'a pas été fait à la date qu'il indique, et que tout prouve que le testateur a joui jusqu'à ses derniers moments de la plénitude de sa raison et de son esprit.

Considérant que tous les actes de la vie du testateur s'accordent avec ses dernières volontés, attendu qu'il fut toujours généreux et philanthrope.

Considérant que les dernières volontés du testateur n'ont pour fins que le soulagement de la classe pauvre et ouvrière malheureuse et la récompense de bons et loyaux services rendus.

Considérant que les motifs qui ont déterminé le testateur à agir comme il l'a fait sont très respectables.

Considérant que l'héritier légal de M. Emile Magnier n'est point par le fait de ce testament réduit à la misère, ni même totalement appauvri, puisque M. Magnier lui laisse 15,000 frs de rente, que sa mère lui laissera environ 30,000 frs de rente; que son aïeul paternel, âgé de 83 ans, lui laissera aussi environ 60,000 frs de rente et que son grand oncle paternel, âgé de 80 ans, lui laissera aussi environ 30,000 frs de rente, ce qui fait près de 130,000 frs de rente.

Prie M. le Préfet de vouloir bien ne pas prendre en considération l'opposition formée par Mme Marie-Camille-Léonide Auquier, veuve Emile Magnier et d'accorder à la Ville de Berck l'autorisation d'accepter le legs fait en sa faveur et de former contre la succession de M. Emile Magnier, une demande en délivrance de legs.

Fait et délibéré à Berck, le 28 Septembre 1873.

Signé: Alfred MACQUET, Maire.

Un crédit de 1,000 frs est voté pour la réorganisation de la compagnie des sapeurs-pompiers.

Une horloge est demandée à la Mairie; vu la dépense, le Conseil décide qu'il y a lieu d'en retarder le vote.

Bureau de Bienfaisance.

28 Septembre. — La somme de 275 frs provenant des amendes pour infractions aux règlements de l'octroi, par MM. Poitevin, Brumard et Dacquet (Anatole), est versée au bureau de bienfaisance. Elle soldera les fournitures de pain, viande et médicaments aux indigents.

Acquisition de la maison Rosey.

1874. 4 Janvier. — Le Maire a passé un compromis au nom de la Ville, avec Mme Rosey, née Orange, autorisée par son mari.

Elle s'engage à vendre à la Commune de Berck, la maison qu'elle occupe, rue du Prince Impérial, moyennant le prix de 6,000 frs, payable en quatre années avec intérêts à 5 $^0/_0$. Les fonds nécessaires au paiement seront prélevés chaque année sur les ressources supplémentaires fournies par l'octroi.

15 Février. — Dépenses de l'instruction primaire, pour 1875, évaluées à 7.520 frs. Les côtes irrécouvrables pour 1873 se montent à 186 frs 57.

Maire et Adjoints.

13 Mars. — Par arrêté de M. le Préfet, en date du 12 évrier dernier, MM. Leclercq-Cantrel (Auguste), est nommé maire, Rivet (Jacques), 1er adjoint et Delarue (Michel), 2e adjoint.

19 Mars. — Le Conseil accepte la proposition de M. Rivet, propriétaire de l'Ecole de la Plage. Il offre de prendre à ses frais les travaux demandés, moyennant, jusqu'à la fin du bail (pour 10 années), une augmentation de loyer de 40 frs par an.

Séparation de la Plage en Section Electorale.

Le Maire donne lecture au Conseil d'une réclamation, qui a été transmise à la Mairie, le 23 février 1874, par M. le Sous-Préfet de Montreuil, réclamation revêtue de quarante-deux signatures.

Le Conseil après avoir délibéré, considérant :

Que la question dont il est saisi est des plus graves et de nature à engager irrévocablement l'avenir de Berck et de la Plage, demande à ce que l'examen et la discussion nécessaires pour faire ressortir les avantages et les désavantages de la demande formulée par les pétitionnaires soient remis à quinze jours.

Le Conseil prie le Maire de vouloir bien mettre à sa disposition, au greffe de la mairie, une copie de la pétition, et toutes pièces nécessaires à un examen approfondi de l'affaire.

20 Avril. — La présente délibération, dit le Maire, m'est réclamée d'urgence par M. le Préfet.

Le Conseil déclare qu'étant informé que le Conseil général du Pas-de-Calais, devant se réunir à Arras, aujourd'hui même, s'occuperait de la pétition,

Que n'étant pas convoqué pour donner son avis sur cette question importante, malgré le vœu exprimé par lui, le 19 mars dernier, craignant de voir le Conseil général commencer des travaux sans qu'il ait pu émettre son avis sur une question aussi grave et le faire parvenir à M. le Préfet et à MM. les membres du Conseil général, il a dû s'associer à la requête adressée, le 19 avril courant à M. le Préfet par cinquante des

principaux habitants de Berck et par quarante et un électeurs
de la Plage.

Le Conseil déclare en outre que la dite requête exprimant
sa pensée et les désirs de la grande majorité de ses membres
ainsi que des habitants de Berck et de la Plage, il ne croit
pas devoir en reprendre les termes dans une délibération
spéciale; il se borne au nom des intérêts les plus chers de
Berck et de la Plage, à exprimer le vœu que rien ne soit
changé à l'état des choses actuelles.

10 Mai. — Un crédit supplémentaire de 956 frs 55 est demandé au Préfet sur les fonds libres de 1874, pour honoraires
de MM. Bouverne, notaire à Verton; Leclercq (Jules), architecte à Montreuil (devis du presbytère); Pouche, instituteur;
Rivet (Jules), dit *Fauchon*; Traitement du caissier de la caisse
d'Epargne; Indemnité au receveur de l'octroi; A Rivet (Ernest),
pour fournitures.

Désensablement de la Plage.

Une somme de 1500 frs a été donnée par les propriétaires,
1,000 frs par la voirie, 500 frs par le département; total, 3,000 fr.

Le Conseil vote pour le même objet 500 frs, à la condition
que les sommes souscrites par les précédents auront été
employées et que les fonds votés par la Commune seront
spécialement affectés aux terrains lui appartenant le long
de la route de grande communication, n° 63.

## Chemin de l'Hôpital.	Droit de Passage.

31 Mai. — Pendant les grandes marées et les mauvais temps
et faute de chemins rapprochés de la côte, à cause des épis
construits par l'hôpital maritime, pour combattre l'envahissement de la mer, des marins avec voiture et à pied, se
sont laissés surprendre par les flots; ils ont de ce fait couru
un grand danger. Afin d'en éviter le retour, le Maire propose
de demander à l'Administration de l'Assistance publique de
céder à la commune un droit de passage à pied et en voiture
sur le chemin faisant suite au chemin de l'Hôpital, lequel
va droit à la mer par le phare, et qui est la propriété exclu-

sive de l'Hôpital. Ce droit de passage serait accordé à la seule condition que la commune s'engagerait à entretenir ce chemin à partir de celui de démarrage jusqu'à la mer en passant par le pied du phare.

18 Août. — Le Conseil fixe à 75 c. par mètre carré, sans fractions, le prix de chaque concession de terrain servant de perron aux habitations des propriétaires à la plage. Le même taux sera applicable aux concessionnaires actuels, à l'expiration de leur contrat.

Legs de M. Magnier.

28 Août. — Le Conseil est réuni à l'effet de répondre à un mémoire de Me Daussy, pour Madame veuve Magnier. contre la ville d'Abbeville et les legs faits par feu M. Emile Magnier. Après avoir lu et discuté le dit mémoire, il déclare à l'unanimité qu'il y sera fait la réponse suivante:

Le Conseil municipal de Berck proteste de toute la force de ses convictions contre le mémoire publié contre la ville d'Abbeville, par Madame veuve Magnier. Ce mémoire. rempli d'imputations injurieuses, pour l'honneur de M. Magnier, ne met en avant que des faits dénués de preuves. Le rédacteur du mémoire s'étonne des donations de M. Magnier, mais pour nous. qui avons connu cet homme généreux. qui avons été les témoins du bien qu'il faisait chaque jour. nous l'avons trouvé dans ses volontés dernières fidèle aux sentiments de toute sa vie; son testament n'est que la confirmation suprême des actes qui nous l'avaient rendu cher et l'explication posthume de bruits dont nous avions été à même de constater la vérité, nous qui vivions près de lui.

Le rédacteur du mémoire parle de l'affaiblissement des facultés mentales de M. Emile Magnier; il n'est pas un seul habitant que ne soit prêt à affirmer le contraire: ils l'ont entendu trop souvent, M. Emile, comme ils l'appelaient tous, ils l'ont vu constamment donner les soins les plus éclairés à la mise en valeur de ses dunes, de ses garennes. diriger les nombreux ouvriers qu'il faisait vivre pendant l'hiver, pour voir dans les assertions du mémoire. autre chose que l'un de ces moyens plus ou moins avouables, que l'on n'est que trop porté à mettre en avant quand on manque d'arguments plausibles.

Le rédacteur du mémoire parle des réflexions qu'inspirait aux habitants de Berck la mise inconvenante de M. Magnier et rapporte des paroles qui auraient été tenues à ce sujet. Il en est des paroles comme de la mise inconvenante, et en supposant même que cette mise eut été critiquée, ce qui n'est pas, M. Magnier était trop aimé dans Berck pour que quelqu'un se soit permis à son égard, les propos grossiers relatés dans le mémoire. On prétend encore que M. Magnier tirait le canon sans motif et effrayait ainsi la ville de Berck. M. Magnier possédait, en effet, un petit canon qu'il n'a jamais tiré que les jours de fête ou pour faire honneur aux autorités qui venaient visiter la ville, comme il l'a fait à l'entrée de Monseigneur d'Arras.

L'auteur du mémoire cite les rondes matinales et nocturnes que M. Emile Magnier faisait dans sa propriété avec ses gardes. M. Daussy prétendrait-il donc qu'il est interdit à un propriétaire de défendre sa plantation contre les maraudeurs, son gibier contre les braconniers?

Grâce à ses rondes nocturnes, à la vigilance incessante qu'il exerçait autour de lui, M. E. Magnier a pu mettre à l'abri de toute dépradation de jeunes plants auxquels il consacrait tous ses soins et un Comice agricole a pu lui décerner une médaille de bronze pour mise en valeur de terrains incultes.

En rédigeant ce mémoire on s'est bien gardé de parler du legs de 50.300 fait à la ville de Berck, en faveur des veuves et des orphelins des matelots morts en mer; mais pourquoi n'en a-t-on parlé? Est-ce parce qu'on en reconnaît la haute moralité? Non. C'est tout simplement parce qu'on ne pouvait mettre en avant dans le Pas-de-Calais les prétendus arguments politiques qu'on a cherché à faire valoir pour Abbeville. Le mémoire auquel nous répondons aujourd'hui n'est que le duplicata et l'amplification d'un précédent publié sans nom d'imprimeur et colporté dans les cabarets de notre ville.

Le Conseil municipal l'a même étudié dans toutes ses parties, il n'y a trouvé que des faits de la fausseté desquels il peut se porter garant; il confirme donc sa première délibé-

ration. Il accepte pleinement et entièrement le legs de M.
Magnier parce qu'il sait que ces legs ne peuvent nuire en rien
à la position sociale de l'héritier direct (¹), qui, on peut l'affirmer, aura encore une fortune énorme; parce qu'il connaît
les graves motifs qui ont déterminé M. Emile Magnier à
agir ainsi; parce qu'il sait, contrairement aux imputations
du mémoire, que M. Emile Magnier a légué dans toute la
plénitude de sa raison, que les dénonciations politiques mise en
avant, ne lui paraissent qu'un expédient et qu'il ne s'agit pas
de politique, mais de bienfaisance.

Par ces motifs, le Conseil prie M. le Préfet du Pas-de-Calais
et MM. les membres du Conseil d'Etat, de vouloir bien l'autoriser à jouir du legs qui a été fait à la ville de Berck.

Ont signé: MM. Leclercq-Cantrel, maire; Macquet (Alfred);
Delacroix (J.-Bte); Pité; Gressier; Delarue; Pentier; Macquet
(Michel); Beauvois et François (J.-Bte), conseillers municipaux.

12 Novembre. — Une somme de 300 frs est votée pour le
trousseau de Bouville, admis à l'établissement des sourds-
muets, d'Arras.

Huttes dans la Mollière.

Le produit de la location des dites huttes sera versé dans
la caisse du Bureau de Bienfaisance.

Installation du Conseil Municipal.

20 Décembre. — Aux élections des 22 et 29 Novembre, ont
été élus:

MM. Vincent (Augustin).
    Parmentier (Jacques).
    Leclercq-Cantrel, maire.
    Malingre (Louis), père.
    Macquet (Alfred).
    Parmentier (Alphonse).

(¹) M. Paul Magnier, propriétaire à Berck de *Reingam Parc*, décédé à
Dijon (Côte d'Or), le 10 novembre 1908. Sa dépouille fut inhumée à Abbeville (Somme).

Rivet (Jacques).
Macquet (J.-Bte), Dez, père.
Rivet (Ernest).
Delacroix (J.-Bte), père.
Macquet-Bouville (Philippe).
Fontaine Cornu (Pierre).
Nortier (Alfred).
Malingre (Pierre).
Dacquet (Louis).
Beauvois (François).
Rivet (Pierre), dit *Mémé*.
Macquet (Pierre).
Pité (Eugène).
 Andrieu (Charles-Eugène).
Bucquet (J.-Bte).
Rivet Delaval (Pierre).
Macquet (Michel), dit *P'tit*.

1875. 7 Février. — Les dépenses prévues pour les écoles primaires, en 1876, se montent à 8,010 frs.

24 Février. — Une somme de 200 frs est votée sur les fonds libres de 1874, pour constituer avoué et avocat de concert avec la ville d'Abbeville, pour défendre le legs Magnier.

A M. Labitte, exécuteur testamentaire, est laissé le choix des défenseurs.

Erection de l'école de la plage en Ecole titulaire.

28 Février. — Lors de la création de l'Ecole de la Plage, M. le Sous-Préfet, sur la demande du Conseil municipal et en considération des services rendus à la ville et à ses habitants par M. Lagaisse, comme instituteur et comme greffier, pendant plus de vingt-cinq ans, désirant que l'Ecole de la Plage devienne école titulaire indépendante de celle de Berck, M. le Maire propose au Conseil d'en nommer titulaire M. Capet, gendre de M. Lagaisse, en témoignage de reconnaissance pour les service rendus par ce dernier. Le Conseil accepte à l'unanimité et vote une somme de 1,000 frs à cet effet. L'Ecole de la Plage restera mixte et l'instituteur sera nommé titulaire.

Demande de Frères pour remplacer M. Lagaisse.

La mort récente de M. Lagaisse, instituteur à Berck-Ville, laisse ce poste vacant. Une grande partie des habitants ayant manifesté le désir d'avoir des Frères, le Conseil demande à remplacer l'instituteur laïque par des instituteurs congréganistes. La rétribution scolaire sera comme par le passé versée dans la Caisse Municipale.

30 Mars. — Le Maire donne lecture d'une lettre et d'un prospectus du frère visiteur de la doctrine chrétienne de St-Omer. A la majorité de 13 voix contre 3 et 1 bulletin blanc, les conditions du dit prospectus sont acceptées, sauf une réserve pour l'art. 2 de faire 700 frs au lieu de 800 pour chaque instituteur congréganiste. Le Conseil croit pouvoir, par la suite, faire face au traitement demandé dès que l'état des finances de la Commune le permettra.

18 Avril. — M. Rivet (Isidore) est nommé caissier de la caisse d'Epargne. Son cautionnement est fixé à 150 frs et son traitement à 150 frs.

16 Mai. — Dans les revenus (budget 1876), les droits d'octroi sont portés pour 10,300 frs; taxe de pâturages, 2,200 frs, etc. Dans les dépenses: Secours au Bureau de Bienfaisance, 300 frs. Médecin des indigents, 150 frs; achats de médicaments, 100 frs. 4,459 sont votés pour les chemins vicinaux.

Un projet de construction à l'Ecole des Garçons, présenté par le Supérieur des Frères de la doctrine chrétienne, est adopté.

Différentes dépenses urgentes ayant été faites en 1874 que les fonds libres de 1875 ne permettent pas de solder, le maire invite le Conseil à prier M. le Préfet de vouloir bien lui ouvrir un crédit sur les fonds libres de 1875. Ce crédit se monte à 1,709 frs 80: parmi les dépenses se trouve une somme de 800 frs pour les honoraires de MM. Dubourg, notaire et avoué, pour frais d'actes d'acquisition de la maison Rosey.

Le Conseil refuse un compte du Maire et défend son insertion au registre des délibérations. (Travaux exécutés par MM. Véniel et Bouton, en 1872 et 1873, sur les chemins).

Exposé des dettes de la Commune.

par M. Alfred Macquet.

M. Macquet (Alfred), en vue du droit d'initiative dévolu en session légale à tout conseiller municipal,

Ouï les déclarations faites par M. Baillet, receveur municipal de la Commune de Berck.

Considérant que la somme réclamée par MM. Véniel et Bouton, pour travaux exécutés par eux, en 1872 et 1873, sur les chemins vicinaux, doit avoir été ou sera payée par la voirie sur les crédits affectés par la Commune à l'entretien du service vicinal suivant délibération du 19 février 1872 et arrêté préfectoral en date du 21 janvier 1874.

Considérant que les 1,000 frs non encore payés sur l'achat du matériel de désensablement de la plage, auraient du être soldés en 1874 par la commune qui avait déjà à cette époque les fonds nécessaires en caisse.

Considérant que la Commune n'a fait aucun emprunt et ne s'est imposée aucune charge supplémentaire pour l'achat de la maison Rosey, que la commune paie avec ses économies. Le Conseil municipal est d'avis de n'admettre comme dettes réelles de la commune, au 31 décembre 1874, que la somme due à cette époque sur ces divers emprunts:

Celui fait:	à M. Magnier, le 20 mai 1868	5,002 frs 56
» »	au même, le 9 octobre 1871	2,698 frs 72
» »	à M. Dequéker, le 24 mars 1871	1,002 frs 21
» »	à M. Leleu, le 24 août 1873	5,000 frs 00

TOTAL: 14,561 frs 77

Le Conseil adopte ces conclusions à la majorité de 13 voix contre 6.

Signé: Alfred MACQUET, RIVET, MALINGRE.

Macquet, Rivet, Beauvois, Macquet, L. Malingre, Parmentier, Pilé, Macquet, Rivet, Beauvois et Norlier.

Suit alors le refus du Conseil au sujet du compte exposé par M. Leclercq-Cantrel, maire.

Mêmes signatures que ci-dessus.

Exposé du Compte de M. le Maire et M. Alf. Macquet.
Décision de M. le Préfet.

Cette décision, qui ne contient pas moins de trois pages établissant que les comptes de M. Leclercq-Cantrel ont toujours été des plus réguliers, se termine ainsi:

Comme on le voit, le compte ne peut être contesté et si le Conseil municipal avait voulu vous entendre, il se serait rappelé que: 1º la Commune, au 12 février 1874, avait un arriéré de 33,589 frs 87. 2º Que cet arriéré ne peut vous être attribué. 3º Que votre prédécesseur, quand il a pris possession de la Mairie, a trouvé certaines dettes, qu'il en créa d'autres peut-être plus importantes, sans avoir, on doit le penser, les moyens d'y faire face, et qu'après avoir mis la Caisse municipale à découvert, il aurait mauvaise grâce à vouloir en faire peser sur vous la responsabilité.

En résumé, j'aime à vous dire, M. le Maire, que votre administration est à l'abri de tout reproche; j'ajoute qu'il ressort de l'exactitude de vos déclarations et des énonciations même de M. Macquet, sous une forme confuse ou hostile, la confirmation de votre exposé financier.

Ceci établi, je tiens à vous dire, M. le Maire, qu'il est deux choses qui m'ont paru étranges... D'abord, que l'Administration qui vous a précédé, vous fasse un grief de ce que vous n'ayez pas encore pu payer toutes les dettes; elle eut mieux fait de ne pas les ouvrir elle-même, et elle devrait retenir pour elle les reproches qu'elle vous adresse.

Ensuite, je trouve encore plus étrange les procédés qui paraissent avoir été employés à votre égard dans la séance du 16 mai; le premier droit, comme le premier devoir d'un Conseiller municipal, est de respecter les lois et le Gouvernement qui en est le représentant. Or, vous êtes M. le Maire, le délégué du Gouvernement dans la Commune de Berck et près son Conseil municipal. Je compte que ces regrettables incidents ne se renouvelleront plus.

Je vous autorise à réunir le Conseil municipal pour lui donner connaissance d'une dépêche qui sera reproduite au registre de ses délibérations.

Veuillez agréer, Monsieur le Maire, l'assurance de ma considération la plus distinguée.

Le Préfet, Signé: H. DARCY.

A Berck, le 11 juillet 1875.

Le Maire, Signé: LECLERCQ-CANTREL.

Pour les Inondés du Midi.

11 Juillet. — La souscription pour les inondés, n'ayant pas eu lieu à domicile par suite de la pauvreté du pays, le Maire propose de voter une somme de 500 frs à prendre comme suit:

Sur les fonds libres	158 frs 00
Sur dépenses imprévues	142 frs 00
Sur Fêtes publiques	200 frs 00
TOTAL:	500 frs 00

Une enquête ayant été faite par la gendarmerie contre les émanations des eaux du cimetière, le Maire s'est engagé à faire exécuter dans l'état du possible un fossé d'égoût de manière à diriger ces eaux vers le chemin des Anglais. A cet effet, 400 frs sont votés.

Maison et trousseaux des Frères. — Emprunt.

18 Juillet. — Etant reconnue l'insuffisance de la maison actuelle des Frères, il y a urgence de faire dresser les plans et devis, pour la reconstruction sur le même emplacement d'une maison d'habitation destinée au logement des Frères, laquelle est estimée, y compris les honoraires de l'architecte, à la somme de . . . . 16,800 frs 00
A cette somme il faut ajouter: 1º pour le trousseau 4,800 frs 00
2º pour l'indemnité du noviciat . . . . 2,400 frs 00
3º pour avances à Mᵉ Bovielle, pour la défense du
    legs Magnier . . . . 200 frs 00
4º pour le travail fait par M. Leclercq, architecte à
    Montreuil, au sujet d'un premier plan et devis 212 frs 00

TOTAL: 21,112 frs 00

Et de recourir à un emprunt, auquel on ferait face au moyen de 1,200 frs sur la taxe des marchés qu'on pourrait doubler, sur le produit de 0,05 c. des centimes additionnels et le complément sur la taxe des pâturages. Le Conseil approuve, ainsi que la demande d'un secours à l'Etat de 6,000 frs. D'après calcul fait, cette somme de 24,412 frs serait amortie en 1888.

Hôpital de l'Assistance publique.

1er Août. — Le Maire fait part au Conseil des plaintes qu'il a reçues de la population de Berck et surtout des marins, lesquelles sont motivées par les nouveaux travaux que l'Assistance publique a faits au pied de son hôpital. Ces travaux ferment complètement toute communication avec la baie d'Authie, refuge de tous les bateaux pendant le mauvais temps et lieu de pêche très fréquenté. Le Conseil demande de faire toutes les démarches nécessaires pour mettre l'Assistance publique en demeure de rétablir immédiatement la circulation, telle qu'elle était par le passé ou de se voir sommée par voie judiciaire.

10 Octobre. — Une pétition des habitants de la Plage pour le désensablement, est communiquée au Conseil, qui vote 275 frs pour ouvrir d'urgence une voie d'accès à la mer, d'une longueur de six mètres.

Demande d'un Greffier.

28 Novembre. — La mort de M. Capet, greffier de la Mairie, laissant le poste vacant, M. le Maire expose au Conseil qu'un greffier spécial serait d'une grande utilité, vu l'importance de la ville. Le Conseil vote un traitement de 1,000 frs.

Il nomme Madame veuve Capet au poste télégraphique, en remplacement de M. Macquet (Joseph). Elle en prendra les fonctions à partir du 1er avril 1876.

1876. 16 Janvier. — MM. Macquet (Alfred) et Rivet (Jacques) sont nommés délégués pour l'élection sénatoriale.

6 Février. — Les dépenses de l'instruction primaire, pour 1877, sont portées à 7,120 frs.

Ecole de la Plage.

Le Maire donne communication d'une lettre de M. le docteur Houzel à M. le Sous-Préfet, relative à l'Ecole de la Plage. Le Conseil trouve à l'unanimité le rapport de M. Houzel exagéré et réclame une contre-enquête. Il prie M. le Préfet de doter la Plage d'un instituteur le plus tôt possible, attendu qu'il y a un bail entre la ville de Berck et le propriétaire de la maison à usage d'Ecole à la Plage.

Le Conseil demande au Préfet le maintien du règlement de l'octroi en usage, sauf toutefois pour le droit de cidre. Il est d'avis d'imposer 30 c. par hectolitre de pommes entrant dans Berck.

Legs de M. Magnier.

Le Maire donne lecture du décret du Président de la République qui l'autorise à accepter au nom de la ville qu'il administre, aux clauses et conditions imposées, le legs à elle fait par M. Emile Magnier. Le Conseil, à l'unanimité, est d'avis de réclamer en justice la délivrance du dit legs.

Ministère de l'Intérieur.

LE PRESIDENT DE LA REPUBLIQUE FRANÇAISE,

Sur le rapport du Vice-Président du Conseil, Ministre de l'Intérieur, vu le testament olographe du sieur Emile Magnier, en date du 15 novembre 1872;

L'acte de décès de ce testateur, en date du 26 juin 1873.

Les mémoires et notes par lesquels la dame veuve Magnier déclare s'opposer à l'acceptation de ce testament, sauf en ce qui concerne la libéralité en faveur de la ville de Berck.

La lettre de l'exécuteur testamentaire, en date du 29 juin 1874, portant renonciation aux prérogatives qui lui sont attribuées par le testament.

L'avis du Préfet du Pas-de-Calais et les autres pièces de l'affaire.

L'avis du Ministre de l'Agriculture et du Commerce, en date du 4 janvier 1874.

Le Conseil d'Etat entendu:

DECRETE:

Le Maire de Berck (Pas-de-Calais) est autorisé à accepter au nom de la ville et aux clauses et conditions imposées, le legs à elle fait par le sieur Emile Magnier, suivant testament olographe, du 15 novembre 1872 et consistant en 50/300 de la portion disponible de la succession qui seront placés en rentes sur l'Etat, pour les arrérages servir à donner des secours aux veuves et orphelins de la plage de Berck, dont les maris ou les pères seront morts par suite d'accidents de la mer.

ART. 2. — Le Ministre de la Marine est autorisé à accepter le bénéfice résultant pour les marins de la plage de Berck, de l'art. 6 du testament du sieur Emile Magnier.

ART. 3. — Les Ministres de l'Intérieur, de l'Agriculture, du Commerce et de la Marine sont chargés de l'exécution du présent décret.

Fait à Paris, le 20 Janvier 1876.

Signé: Maréchal de MAC-MAHON.

Pour le Président de la République: Le Vice-Président du Conseil, Ministre de l'Intérieur.

Signé: L. BUFFET.

Pour ampliation,

Le Directeur du Secrétariat et de la comptabilité.

Signé: P. NORMAND.

Pour copie conforme adressée à M. le Sous-Préfet de Montreuil-sur-Mer.

Pour le Secrétaire général, Le Conseiller de Préfecture,

Signature illisible.

Visé par le Conseil municipal:

Suivent les signatures.

Travaux du grand Hôpital. Chemin du Phare.

13 Février. — Sur une demande du Ministre des travaux publics, relative aux travaux 'de défense du grand hôpital de la plage, une commission de 6 conseillers municipaux et 6 patrons de bateaux est nommée pour dresser un rapport.

Plusieurs membres du Conseil font remarquer au Maire que le chemin du Phare est englobé dans le jardin de l'Hôpital de l'Assistance publique et que la circulation en est interdite. Le Conseil est unanime à prier M. le Directeur de rendre ce chemin dans son état primitif.

La création d'un troisième bureau de tabac est approuvée et le Conseil sollicite de l'administration, vu les services rendus par M. Lagaisse, ancien instituteur à Berck, la nomination de sa veuve à ce poste.

Conchil-le-Temple.

5 Mars. — Une nouvelle gare devant être construite à Conchil-le-Temple, le Conseil demande que son installation soit la plus rapprochée possible de la ville de Berck.

Legs de M. Magnier.

Le Maire donne lecture d'une lettre de M. le Préfet, en date du 21 février 1876, relative au legs fait à la ville de Berck, par M. Emile Magnier et d'un mémoire daté du 12 février, par lequel les sieurs Gallez, gendarme à Acheux et Desforges, domestique à Abbeville, également avantagés par le testateur, annoncent l'intention de faire intervenir la Commune de Berck dans l'instance qu'ils ont engagée à l'effet d'obtenir qu'il soit procédé au partage de la succession, à la vente par licitation des immeubles en dépendant, à la délivrance des legs et que l'administrateur séquestre soit tenu de rendre ses comptes.

Sur cette affaire, le Conseil, à l'unanimité, est d'avis de demander au Conseil de Préfecture, l'autorisation d'ester en justice, afin d'obtenir qu'il soit procédé au partage de la succession, à la vente par licitation des immeubles, etc., etc.

Tous les Conseillers ont signé, à l'exception de M. Fontaine, qui demande que cette question soit traitée à l'amiable avec Mme veuve Magnier, pour éviter, s'il est possible, la vente des immeubles.

Chômage. Secours aux Indigents.

14 Mars. — Lettre de M. le Sous-Préfet:

Montreuil-sur-Mer, le 13 Mars 1876.

Monsieur le Maire,

« En présence de l'affreuse misère qui pèse sur la population maritime de votre ville, misère augmentée encore par les sinistres occasionnés par la violente tempête du 12, je vous prie de réunir votre Conseil municipal et de l'inviter à prendre l'initiative de voter comme secours aux malheureux, soit une allocation spéciale au Bureau de Bienfaisance, soit l'établissement provisoire d'un fourneau économique ou de distributions de pain, qui pourraient avoir lieu sous la surveillance d'une Commission choisie et nommée par le Conseil, où devront figurer le Curé de votre Ville, l'instituteur primaire et un ou deux conseillers municipaux.

« J'avise le Préfet de la situation et le prie de demander au Ministre une allocation spéciale qui ne peut être accordée qu'autant que vous aurez pris les devants.

« Vous réunirez d'urgence votre Conseil au reçu de cette lettre et me rendrez compte de ce que vous aurez fait ».

Veuillez agréer, Monsieur le Maire, etc.

Signé: A. Du Tilleul.

Le Conseil, à l'unanimité, vote 600 frs qui seront dépensés en distributions de pain. Ils seront remboursés au moyen du produit de la location des biens communaux (emprunt projeté pour l'Ecole des Frères).

Emprunt.

26 Mars. — Le Maire est autorisé à faire un emprunt de 24,800 frs, dont l'intérêt ne doit pas dépasser 5 %.

Don de M. le Baron James de Rothschild.

Aux malheureux de Berck, M. le baron James Edward de Rothschild envoie 1,000 frs. La municipalité lui vote des remerciements.

Ouragan du 12 Mars 1876.

7 Mai. — Le Maire donne lecture d'une circulaire préfectorale, insérée dans les recueils administratifs, datée du 29 avril 1876, relative à la répartition du crédit de 50,000 frs voté par le Conseil général, pour secourir les indigents, victimes de l'ouragan du 12 mars dernier. Conformément aux dispositions contenues dans cette circulaire, le Conseil a désigné deux de ses membres, MM. Vincent (Augustin), membre du Bureau de Bienfaisance et Rivet (Jacques), pour la répartition des secours.

Une pétition du sieur Poidevin-Deguigne, boucher à Berck, demandant à ne payer à l'octroi que la demi-taxe pour les bœufs qu'il livre par quartiers en Angleterre, est repoussée.

Le Conseil demande le maintien de l'Entrepôt de M. Detuncq et prie M. le Préfet de l'inviter à le réparer le plus promptement possible. Cet entrepôt sert aux marchandises assujetties à la douane et qui proviennent d'échouement, charge acceptée par l'acquéreur.

28 Mai. — Dans les dépenses communales ordinaires pour 1877, sont comptés: subvention au Bureau de Bienfaisance, 300 frs; Indemnité au médecin des Indigents, 150 frs; Médicaments, 100 frs; Eclairage, 250 frs; Plantations d'oyats, 100 frs; etc., etc.

4 Juin. — Considérant que tous les moyens employés pour le désensablement de la Plage ont été inutiles jusqu'ici, le Conseil décide la plantation d'oyats dans sa partie Sud-Ouest, après nivellement.

Legs de M. Magnier.

23 Juillet. — Le Conseil à la majorité de 12 voix contre 7 demande 60,000 frs pour que, comme le désire Madame

Auquier, sa veuve, la liquidation de M. Magnier ne soit pas faite judiciairement.

Quelques jours après, le Maire donne communication de la lettre du Préfet.

Arras, le 3 Juillet 1876.

Monsieur le Sous-Préfet,

Me Elluin, notaire à Abbeville, m'a adressé comme administrateur séquestre de la succession de M. E. Magnier, un état donnant la situation de cette succession au 1er janvier 1876.

Cet envoi m'a été fait sur la demande de la veuve Magnier.

L'état en question accuse un actif de . . .   651,993 frs 46

un passif de . . .   233,817 frs 10

Différence en faveur de l'actif de . . . .   418,176 frs 36

Et comme la quotité disponible est de la moitié de cette dernière somme, soit de 209,088 frs 13, la commune de Berck, à qui M. Magnier a légué le sixième de cette quotité, aurait à recueillir: 34,848 frs 03.

La Commune de Berck, néanmoins, prétend à une part de 60,000 frs et entend, si elle lui est refusée, poursuivre en justice la liquidation de la succession Magnier. Le Conseil municipal fait valoir à l'appui de ses prétentions que les biens immobiliers, notamment situés sur Berck, ont été estimés au-dessous de leur valeur.

« L'état des liquidations comprend deux immeubles situés à Berck. Il évalue, l'un, une propriété, à 190,000 frs; l'autre, une maison, à 2,305 frs.

« Je désirerais savoir quel est approximativement le prix que dans les prévisions de la municipalité de Berck, l'aliénation de ces immeubles pourrait procurer.

« Veuillez me donner aussitôt que possible ce renseignement ».

Recevez, M. le Sous-Préfet, etc.

Le Préfet, Signé: SALIGNY.

Le Conseil municipal, à la majorité de 12 voix contre 5, confirme sa délibération précédente, maintient le chiffre de 60,000 frs par lui demandé et décide de poursuivre immédiatement la liquidation dans le cas où les héritiers ne voudraient pas adhérer à ce chiffre.

Le cidre est imposé à 0,20 c. par hectolitre et la viande de mouton dépecée à 0,06 c. le kilogramme.

13 Août. — Pour le rachat de tout droit de péage du Pont-d'Etaples, le Conseil vote une somme de 300 frs.

3 Septembre. — Une parcelle de 60 centiares est achetée à M. Dubos (Arthur), au prix de 2 frs 75 le centiare, avec intérêts à 5 %/$_0$ l'an, pour le logement des Frères instituteurs.

Une somme de 1,500 frs est votée pour le déblaiement de la chaussée qui donne accès à la mer, la pêche du hareng devant bientôt commencer; ce travail est reconnu urgent.

8 Octobre. — En exécution de la loi du 12 août 1876, il est procédé au renouvellement du Maire et des Adjoints.

MM. Macquet (Alfred) est élu maire. Rivet (Jacques) 1er adjoint; Malingre (Louis), père, 2e adjoint.

10 Décembre. — Une demande de secours est adressée au Préfet, pour munir l'Ecole des Frères, de cartes, etc.

Un traitement de 300 frs est accordé au Receveur municipal.

Une nouvelle demande de M. Detuncq, pour le déclassement de son Entrepôt, est rejetée.

Chemin du Calvaire.

Une contestation s'élève entre le Maire et M. De Lhomel au sujet des travaux faits au chemin du Calvaire. Le premier adjoint est invité à s'occuper de cette affaire. MM. Macquet (Alfred) et De Lhomel sont décidés à aller en Cour de Cassation.

1877. 12 Février. — Pour les dépenses de l'Instruction primaire, il est dit: Le Conseil municipal après mur examen des décomptes de l'instituteur et de l'institutrice approuve purement et simplement.

25 Mars. — Un crédit de 569 frs 65 est demandé pour régler un reliquat au Receveur d'octroi.

13,000 frs sont votés pour la reconstruction complète du chemin de grande communication, no 126, dans la partie comprise entre celui qui conduit à l'Hôpital maritime et la mer.

Le Conseil souscrit à la formation du Syndicat de désensablement de la Plage. La Commune n'aura à intervenir dans les dépenses totales que dans une certaine mesure et prie M. le Préfet de vouloir bien hâter cette formation.

Nouvelle demande de M. Deluncq, relative à son Entrepôt et même refus.

Mollière.

Le tarif pour l'extraction des terres de la Mollière est ainsi modifié: 15 c. pour voiture à un cheval; 25 c. pour voiture à deux chevaux; 35 c. pour une à trois chevaux et ainsi de suite en augmentant de 10 c. par chaque cheval, etc. Le cahier des charges, clauses et conditions imposées à l'adjudicataire contient 14 articles.

Abattoirs des Bouchers.

Mesures d'hygiène et de tranquillité publique.

A la suite de nombreuses plaintes relatives à la façon malpropre avec laquelle les bouchers de Berck tiennent leurs établissements et aux hurlements presque continus durant la nuit de leurs chiens de garde, le Maire propose au Conseil: 1⁰ La création d'un abattoir commun soumis à une taxe.

2⁰ L'obligation pour les bouchers d'enfermer leurs chiens de manière à ne pas troubler le repos public. Le Conseil approuve.

Est votée une somme de 1,000 frs pour travaux de remblai, servant à exhausser le niveau du cimetière.

Pont d'Etaples.

Le Conseil général, dans sa séance du 11 avril 1877, a autorisé M. le Préfet à traiter avec la Compagnie concessionnaire du Pont d'Etaples, pour le rachat du péage de ce pont, moyennant le prix de 65,000 frs. La Commune de Berck est invitée à remplir ses obligations. La somme nécessaire sera prélevée sur les fonds libres de l'exercice courant.

M. le Sous-Préfet soumet de nouveau au Conseil la demande
de M. Detuncq et l'invite à motiver son refus. Confirmant ses
délibérations précédentes, le Conseil est d'avis que l'Entrepôt
soit maintenu dans l'état actuel.

15 Mai. — Les dépenses de l'Instruction primaire, pour 1878,
sont portées à 7,120 frs.

Un guide baigneur à la Plage.

Le sieur Lamart-Delattre (Pierre), marin à Berck, est nommé
guide-baigneur à la plage; son traitement sera fourni par
une subvention de la Commune, des hôteliers, et de toutes
personnes intéressées, habitant la plage. Un règlement sera
établi lorsqu'il entrera en fonctions.

2 Août. — Le Conseil est assigné par le sieur Bouton (Emile),
par devant le tribunal de Montreuil, en paiement d'une somme
de 2,523 frs 31, montant de diverses créances qu'il dit avoir sur
la Commune de Berck. Le Maire est autorisé à défendre la
Commune contre Bouton; mais après entente et les travaux
acceptés, ses créances lui ont été soldées.

Réception de M. le Baron James de Rothschild.

9 Août. — Une somme de 163 frs, prise sur le budget des
fêtes publiques et dépenses imprévues, a été votée pour la
réception de M. le Baron James de Rothschild.

Elections des 6 et 13 Janvier 1878.

1878. — 1re Section — *Berck-Ville* — Electeurs: 766—Votants:
623.

2e Section — *Berck-Plage* — Electeurs: 123 — Votants: 94.

Installation du Conseil Municipal.

21 Janvier.

MM. Macquet (Alfred), maire.
    Rivel (Jacques), 1er adjoint.
    Malingre (Louis), 2e adjoint.

Conseillers municipaux :

MM. Parmentier (Alphonse), hôtelier.
     Macquet (J.-Bte), Dez, père, propriétaire.
     Malingre (Pierre), armateur.
     Rivet (Pierre), dit *Mémé*, vannier.
     Rivet (Ernest), quincallier.
     Macquet Bouville (Philippe), armateur.
     Beauvois Hagnéré (François), cordier.
     Bridenne (Jacques), propriétaire.
     Pité (Eugène), syndic.
     Drapier-Pauchet, patron.
     Beauvois-Clément (J.), propriétaire.
     Nortier-Macquet, négociant.
     Dez (Philippe), patron.
     Fontaine Cornu (Pierre), propriétaire.
     Macquet-Mionnet, cordier.
     Bouville-Baillet, vannier.
     François (Jules), dit *Agnès*, cordier.
     Leclercq-Cantrel, négociant.
     Laffillé (Edmond), propriétaire.
     Rivet-Rivet (Pierre), propriétaire.

1er Février. Les dépenses pour l'Instruction primaire, en 1879, s'élèvent à 6,400 frs.

Nouveau refus du Conseil pour l'Entrepôt Detuncq, ne voulant pas, dit-il, sacrifier à l'intérêt d'un seul, les intérêts de toute la population de la Ville et de la Plage.

Une somme de 1,216 frs 91 est votée, pour régler un mémoire de M. Véniel (Ovide).

778 frs 41 sont affectés aux améliorations des rues de la Plage. 294 frs 89 de cotes irrécouvrables passent aux non-valeurs.

Ecole des Frères.

7 Avril. — Le frère supérieur de St-Omer demande une somme de 1,000 frs pour envoyer un quatrième frère à Berck. Le Conseil adhère et ce nouvel instituteur sera installé après les vacances de Pâques.

Legs de M. Magnier.

Une lettre de M. Flandrin, avoué à Abbeville, est lue au Conseil, lequel décide de demander à valoir sur la succession de M. Magnier, une provision de 30,000 frs.

Eclairage au Gaz.

Proposition est faite par M. Déplanque, directeur de l'usine à gaz de Desvres, d'éclairer par le gaz la ville de Bèrck à des conditions établies dans un projet joint à la dite demande. En principe, ce mode d'éclairage est accepté par le Conseil, mais il est d'avis de surseoir quelques temps encore à son application, jusqu'à ce que les finances soient remises en bon état.

Sur un rapport de MM. Malingre (Louis) et Laffillé, un instituteur adjoint à la Plage est nommé.

13 Mai. — Dans le budget primitif de 1879, les recettes d'octroi, produit brut, sont portées à : 14,000 frs.

Classement du Chemin dit: de Rothschild à la Plage.

Demande est faite au Préfet de vouloir bien classer ce chemin sur une longueur de 1300 mètres environ.

Le Conseil autorise le Maire à rechercher quels sont les chemins aboutissant à la mer depuis la plage de Berck jusqu'à l'Ecluse de Groffliers, quelle est leur nature et quels sont les droits des habitants de la Commune à leurs parcours. Autorisation lui est également donnée de poursuivre ceux qui s'en seraient emparés, ou les auraient interceptés totalement ou en partie.

Est approuvée, la construction de l'Ecole des Garçons, dirigée par les Frères.

Anniversaire de la Mort de M. Thiers.

1er Septembre. — Le 3 Septembre 1878, a lieu à Paris une cérémonie patriotique, en l'honneur de l'anniversaire de la mort de M. Thiers. M. Alfred Macquet, maire, est délégué pour représenter la Ville de Berck.

Concert de Charité à la Plage.

29 Septembre. — Une somme de 200 frs a été versée au Bureau de Bienfaisance, par M. Plaisant, magistrat à St-Quentin. Cette somme provient d'un concert organisé avec le concours des baigneurs.

Projet d'une ligne de Berck à Verton.

Le Conseil vote la somme nécessaire pour travaux faits par M. Busiaux, agent-voyer, en vue de la création d'une ligne de chemin de fer de Berck à Verton.

Sur la demande de M. Pité, le Conseil donne l'autorisation de faire étudier un projet d'Ecole Communale de Filles à la Plage. D'après la proposition de M. Malingre, adjoint, le Conseil décide l'achat et l'installation d'une pompe à incendie à la plage; il donne le logement nécessaire.

Demande est faite au Sous-Préfet d'aliéner au profit de la Commune, les terrains qu'elle a acquis de l'Etat, en 1872. Le Conseil trouve que c'est le seul moyen d'arriver à trancher la question de l'ensablement de la plage.

Mât de Signaux à la Plage.

29 Septembre. — Sur la proposition de M. Pité, le Conseil vote 100 frs pour l'installation d'un mât de signaux à la Plage.

Chemin Lavoisier.

Autorisation est donnée au Maire de traiter avec M. Lavoisier, pour la location du chemin dit « *Lavoisier* », durant la saison prochaine des harengs et des merlans.

Chemin de fer. — Chemin de Rothschild.

5 Octobre. — Les travaux préparatoires pour la création d'une ligne de chemin de fer, reliant Berck à la station de Verton, sont terminés et le Maire déclare qu'en raison des oppositions de toutes sortes qu'il lui est impossible de prévoir, la Commune a tout intérêt à se concilier la sym-

pathie de personnes influentes qui, dans la circonstance, pourraient lui être utiles. Il expose au Conseil que dans un récent entretien avec M. de Rothschild, le Baron lui a manifesté le désir de voir la Commune intervenir dans l'entretien du chemin qui relie celui de grande communication, n° 126, de Berck à la mer, à son hôpital. Estimant que l'occasion est des plus favorable pour conquérir l'amitié et l'appui de M. de Rothschild, considérant que ce chemin est appelé à être des plus utiles à la plage, le Maire en propose le classement et déclare qu'en faisant cette proposition au Conseil, il n'est animé d'aucun sentiment personnel; son unique but est de bien disposer M. le Baron, dont la toute puissance auprès de l'Administration de la Compagnie du Nord est connue, en faveur de la Commune, en vue de la demande qui sera prochainement adressée à cette administration pour obtenir la création d'une ligne de chemin de fer. Le Conseil approuve la proposition du Maire, décide le classement du dit chemin de Rothschild, qui sera fait selon les plans et profils dressés par l'agent-voyer de Berck, débouchant à la mer du Nord de l'Hôtel Calain, avec embranchement de 336 mètres vers l'hôpital Rothschild, approuve le plan parcellaire, fixe la largeur du chemin à dix mètres, compris les accessoires, le tout devant être construit et entretenu avec les ressources ordinaires de la Commune pendant deux années.

1879. 23 Février. — Les dépenses de l'Instruction primaire, pour 1880. sont fixées à 7,471 frs 65.

Un crédit de 1.399 frs 65 est ouvert sur l'exercice 1878, pour payer diverses créances.

Me Bouverne, notaire à Verton, est chargé de louer la maison Rosey-Orange, au profit de la Commune. Elle est louée 150 fr.

Mollière.

Pour dégradations dans la *Mollière*, un procès-verbal a été fait au sieur Macquet (J.-Bte), dit *Manne* et à trois individus payés par lui pour l'aider. Le Maire veut demander 500 frs de dommages-intérêts, mais le Conseil est d'avis d'attendre l'effet produit par les poursuites en cours.

Informé par l'Inspecteur primaire que deux des classes de filles à Berck-Ville, devaient être fermées pour cause d'insalubrité, le Conseil autorise le Maire à chercher un local où les classes pourront être provisoirement tenues.

Celle de la plage devenue trop petite pour le nombre des élèves, le Conseil autorise également le Maire à en faire construire une autre.

16 Mars. — Les dépenses pour l'Instruction primaire sont élevées, en 1880, à 8,350 frs.

1,000 frs sont votés pour achat de terrain, au lieu dit les *Pâtis*, pour l'Ecole des Filles à la Plage.

Résidence du Percepteur.

Le Maire propose que le Percepteur réside à Berck. Le Conseil décide qu'il continue d'habiter Montreuil.

L'abri de la pompe à incendie sera construit sur un terrain vague, appartenant à M. Macquet (Adolphe).

Au lieu de louer un local, deux classes des Ecoles des Filles, à Berck-Ville, seront agrandies avec façade sur la rue Ste-Marie.

Répartition du Legs de M. Magnier.

28 veuves et 30 orphelins se sont partagé la somme de 999 frs.

29 Mai. — Au budget primitif de 1880, les droits d'octroi sont portés pour: 16,000 frs.

Surveillance des Bains.

4 Septembre. — Le Conseil est d'avis que la surveillance des bains ne doit pas incomber seule à la Commune; il serait plus juste de demander aux domaines de vouloir bien insérer dans le cahier des charges que le fermier des bains ait à supporter une clause par laquelle il serait obligé de pourvoir à la surveillance qu'on désire établir. Puisque les domaines perçoivent les droits de fermage, il est de toute équité qu'ils subissent les frais de surveillance.

Clôture de la Mollière.

Le Conseil décide qu'un fossé soit fait autour de la Mollière, d'une largeur assez suffisante pour servir de clôture et que le long de ce fossé une haie soit plantée sur une largeur de trois mètres environ, en peupliers ou saules mélangés et que de plus pour compléter la clôture, garantir la haie contre les bestiaux, un barrage en ronces artificielles soit posé.

Concert de Charité à la Plage.

350 frs sont versés par M. Plaisant au Bureau de Bienfaisance. Cette somme est le reliquat d'un concert organisé à la plage par des amateurs.

MM. Parmentier (Alphonse) et Macquet Bouville sont délégués pour faire partie de la Commission du Bureau de Bienfaisance. 432 frs reconnus irrécouvrables par le Percepteur passent aux non-valeurs.

Répartition du Legs Magnier.

18 Décembre. — 31 veuves, 33 orphelins, se sont partagé la somme de 1,430 frs.

1880. 25 Janvier. — M. Detuncq demande à acquérir un terrain devant son hôtel. Le Conseil décide que le dit terrain sera vendu aux enchères et non par concession exclusive au profit du sieur Detuncq.

7 Mars. — Les dépenses pour l'Instruction primaire sont portées, en 1881, à 8,350 frs.

4,000 frs sont votés pour l'entretien des rues de la ville et de la Plage.

Le Conseil proteste contre les travaux de désensablement faits à la plage et qui ont coûté 12,756 frs.

Il approuve les plans, devis et cahier des charges présentés par M. Bracquart pour la construction du groupe scolaire de la Plage. La dépense s'élève à 56,020 frs. Une demande de secours de 28,000 frs est faite au Gouvernement.

Installation d'une Usine à Gaz.

13 Juin. — Le Conseil donne pleins pouvoirs au Maire pour traiter définitivement l'installation du gaz à Berck, avec la réserve toutefois que la dépense totale pour les 100 becs destinés à l'éclairage n'excédera pas 1,000 frs et que le prix du mètre cube pour l'éclairage des bâtiments communaux n'excédera pas 0,20 c.

17 Juin. — Une subvention de 2,000 frs est accordée au chemin de Fer.

3 Octobre. — Une somme de 887 frs 45 étant réclamée pour travaux, le Maire est autorisé à ouvrir un crédit sur les fonds libres de l'exercice courant.

7 Novembre. — Le nombre des garçons fréquentant l'Ecole laïque de Berck-Ville-se montant à 230, le Conseil autorise l'emploi d'un troisième adjoint au traitement de 700 frs.

L'architecte pour le groupe scolaire de la Plage demande une nouvelle somme de 1383 frs 48 pour améliorations dans l'immeuble. Cette somme sera prise sur les fonds d'Etat. A Berck-Ville, M. Beauchamp, directeur de l'Ecole des Garçons, est autorisé à ouvrir un pensionnat primaire annexé à la dite Ecole.

19 Décembre. — M. Hocq, fabricant de pompes à incendies à Abbeville, est chargé de l'installation de celle de la Plage.

Installation du Maire, des adjoints
et des Conseillers Municipaux.

1881. 23 Janvier. — Elections des 9 et 16 Janvier 1881.

MM. Macquet (Alfred), maire. Rivet (Jacques), 1er adjoint. Malingre (Louis), 2e adjoint. Conseillers municipaux :
MM. Fontaine-Cornu (Pierre).

 Dacquet (Louis).

 Parmentier (Alphonse).

 Macquet (Joseph).

 Vincent (Augustin).

 Bucquet (J.-Bte).

 Parmentier (Jacques).

Pentier (Michel).
Baillet-Michault (J.-Bte).
Malingre (Armand).
Baillet (Alphonse), dit *Evrard*.
Macquet (J.-Bte).
Rivet-Macquet (Pierre), dit *Mémé*.
Macquet-Mionnet (Pierre).
Bouville-Baillet (Pierre).
Bridenne (J.-Bte), dit *T'iojean*.
Beaussaut (Emile).
Leclercq-Cantrel.
Lacaux (J.-Bte).
Laffillé (Edmond).

Répartition du Legs Magnier.

29 veuves, 31 orphelins se sont partagé la somme de 1528 frs.

16 Février. — Les dépenses pour l'Instruction primaire sont portées, en 1882, à 9,050 frs.

MM. Macquet (J.-Bte), Dez et Malingre (Pierre) sont nommés délégués du Bureau de Bienfaisance.

Assainissement de Berck.

11 Avril. — Le Conseil adhère aux vœux suivants formés par la Commission d'hygiène pour l'assainissement de la localité et de ses environs: 1º Construction d'un abattoir public. 2º Assainissement des rues de la Ville et de la Plage. 3º Ecoulement des eaux de la plaine du Randon et de la vallée du Cimetière.

3 Juillet. — Les tarifs et règlements actuels de l'octroi sont prorogés pour cinq ans.

Une somme de 1,000 frs, à l'occasion du 14 juillet, est répartie comme suit: 200 frs pour la Société Humaine; 300 frs pour distribution de pain aux pauvres et 500 frs pour la Fête Nationale.

Abattoir.

Le Maire communique au Conseil un projet qui lui a été adressé par MM. Victor De Tocqueville et de Clèves, propriétaires, demeurant à Paris, administrateurs délégués de la Société générale des Abattoirs de France, pour la construction à Berck d'un abattoir communal. Société anonyme au capital de 3 millions, ayant son siège social 32, Avenue de l'Opéra, à Paris.

Dans ce traité — qui compte 19 articles — l'abattoir sera construit sur un terrain situé au lieu dit: rue Beauchêne. Le traité est passé pour soixante années consécutives, qui commenceront à courir après l'achèvement des travaux et son ouverture au public.

Répartition du Legs Magnier.

1882. — 28 veuves, 24 orphelins reçoivent une somme totale de 1,712 frs.

Une somme de 90 frs 80, reconnue irrécouvrable, passe aux non-valeurs.

Commission Municipale Scolaire.

27 Août. — Art. V de la loi du 28 Mars 1882, pour surveiller et encourager les Ecoles. Six membres sont nommés: MM. Rivet (Jacques); Laffillé; Fontaine; Lacaud; Leclercq-Cantrel et Rivet (Pierre), dit *Mémé*. MM. l'Inspecteur primaire et le Maire font partie de droit.

Les dépenses pour l'Instruction primaire, en 1883, se montent à 10,050 frs.

Remerciements à Mme la Baronne James de Rothschild.

Mme la Baronne James de Rothschild prie la Commune de vouloir bien l'autoriser à louer à ses frais un local dans le voisinage de l'Ecole des Sœurs, pour la création d'une quatrième classe. Le Conseil accepte avec reconnaissance et exprime sa gratitude au nom des enfants de la Commune de Berck.

8 Octobre. — Le Conseil est d'avis d'aliéner l'Ecole des Filles à Berck-Ville et d'affecter le produit de cette vente à l'acquisition d'un terrain sur lequel on construirait une nouvelle Ecole.

Par suite de l'alignement demandé par M. Quettier, pharmacien à Berck, une bande de terrain de 4 m. 40 est devenue aliénable. Le Conseil en fixe le prix à 10 frs le mètre carré.

M. Laffilé demande des améliorations urgentes dans le service de surveillance à la Plage; le Conseil accorde 200 frs pour une indemnité de logement et vote la création d'un poste de 2e adjoint à l'Ecole de la plage.

9 Novembre. — De même qu'à M. Detuncq, une concession de terrain sur la plage est refusée à Mlle Margerin de Metz, propriétaire à Hazebrouck.

Un crédit de 300 frs est voté pour l'enlèvement des boues qui encombrent les rues.

Marché de la Plage.

3 Décembre. — Une pétition, émanant de cent cinq habitants de la Plage, demande un marché d'approvisionnement et de denrées alimentaires, qui se tiendrait au centre de la section électorale. La majorité du Conseil s'y oppose.

Pourquoi on ne veut pas de Marché à la Plage.

1883. 28 Janvier. — Motifs: 1o L'inutilité de ce marché paraît incontestable en ce sens que par les produits directs de la Commune et surtout par les deux marchés hebdomadaires qui s'y tiennent déjà, les objets de première nécessité abondent à Berck-Ville et Plage.

2o Les marchands passent dans les rues et surtout dans celles de la Plage. Ce qui fait dire aux baigneurs qu'ils sont harcelés par leurs demandes continuelles.

3o Les signataires et leurs partisans ne peuvent invoquer que les marchés existants ne sont pas bien pourvus, à ce point que les marchands d'Abbeville et autres communes environnantes, doivent remporter une partie de leurs provisions et qu'on trouve à Berck tout ce qu'on peut avoir besoin. Il est évident que le marché dont on demande la création nuirait à ceux déjà existants.

Il serait extraordinaire de compter trois marchés par semaine dans une localité comptant à peine 4,000 habitants.

Enfin, Berck-Plage étant habitée dans la belle saison, par des étrangers sinon tous très riches du moins tous très aisés, les marchands se porteraient en masse sur le marché de Berck-Plage dans le but de vendre plus cher leurs denrées. Il en résulterait que les marchés de Berck-Ville seraient d'abord désertés, puis abandonnés et qu'une population de 3,500 habitants serait obligée de faire ce que font actuellement les indigènes de la Plage et les baigneurs, c'est-à-dire deux kilomètres, pour se procurer les matières premières de l'alimentation. Quant au budget communal, le produit de la location des deux marchés de Berck-Ville, serait par le fait de cette création, ramené bien vite au chiffre de 600 frs au lieu de celui de 1,300 frs.

Le Maire, Signé: Alfred MACQUET.

Répartition du Legs Magnier.

27 veuves, 12 orphelins, reçoivent une somme totale de 1,602 frs.

Création d'un franc Marché mensuel à Berck-Ville.

11 Février. — Vu la création d'un chemin de fer et l'extension que prend la Commune — qui compte pendant plusieurs mois de l'année de 8 à 10,000 habitants — un franc marché mensuel sera établi tous les premiers mardis.

Les dépenses de l'Instruction primaire, pour 1884, sont portées à 10,210 frs.

15 Juillet. — Une somme de 4,732 est votée pour les chemins vicinaux suivants: rue Beauchêne; Rivette; Chemin de la Grosse-Pointe; des Anglais; rue à Frocque; Chemin du Moulin St-Jean; Michel; des Vérotières; des Pourrièves; de Berck à Waben; de Beau-Chêne; de l'Eglise; de la Chaussée; aux Raisins; de l'Ancien Calvaire; rues de Rothschild et Lavoisier.

Chemin Lavoisier.

30 Août. — D'après une lettre de M. Dubois, propriétaire, relative au projet d'achat et de classement du chemin Lavoisier, le Conseil autorise le Maire à traiter avec MM. Dubois et Lavoisier, propriétaires du dit chemin, aux conditions suivantes imposées par ces messieurs. 1º Le chemin portera le nom de rue *Lavoisier*, les écriteaux le mentionnant seront maintenus et renouvelés aux frais de la Commune à tous les angles de la rue. 2º Que la voie sera mise et entretenue en bon état de viabilité. 3º Que ce chemin ait 8 mètres de largeur dans tout son parcours. 4º Que le prix soit de 500 frs.

Le prix d'extraction de terre dans la Mollière est fixé à 1 fr. le collier.

Création d'un poste de Trésorier de la Marine et d'un Préposé de l'Inscription Maritime.

Berck étant éloigné du quartier de St-Valéry, duquel il dépend, de 35 kilomètres environ, il est tout à fait impossible à de vieux marins retraités de faire quatre fois le voyage par an. Voilà pourquoi ils subissent l'intermédiaire d'un fondé de pouvoirs, qui leur coûte en moyenne six francs par an chacun.

Le même abus se produit chaque fois que le Département de la Marine accorde des secours aux veuves et aux orphelins, ainsi qu'aux marins quand ils perdent leurs filets en hiver.

De plus, les 115 bateaux que compte annuellement le port de Berck, occasionnent en moyenne le décompte de 115 rôles à 2 frs l'un, soit une dépense de 230 frs supportée par les armateurs de Berck au profit des fondés de pouvoirs qui se procurent les rôles au bureau de St-Valéry.

En conséquence, le Conseil sollicite de M. le chef de service à Dunkerque, la création d'un poste de Trésorier de la Marine et d'un préposé de l'Inscription maritime à Berck. On fait remarquer que la Ville d'Etaples, qui a une importance maritime bien moindre que celle de Berck, est dotée de ces deux fonctionnaires.

Une somme de 196 frs 20, reconnue irrécouvrable, est passée aux non-valeurs.

1884. 10 Février. — En vue de l'amélioration des rues, trois traités de gré à gré sont passés avec MM. Têtu, de Boisjean; Blévard, de Rang-du-Fliers et Dufourny, de Berck.

Installation du Maire, des Adjoints
et des Conseillers Municipaux.

ELECTIONS DU 4 MAI 1884.

1re Section — *Berck-Ville* — Electeurs inscrits: 891 — Votants: 772.

2e Section — *Berck-Plage* — Electeurs inscrits: 157 — Votants. 128.

MM. Macquet (Alfred), maire. Rivet (Jacques), 1er adjoint. Malingre (Louis), 2e adjoint. Conseillers municipaux:
MM. Parmentier (Alphonse).

    Macquet (J.-Bte).

    Bridenne (J.-Bte), dit *Tio'Jean.*

    Bucquet (J.-Bte).

    Macquet-Bouville (Philippe).

    Malingre (Pierre-Armand).

    Beauvois (Adolphe).

    Drapier-Pauchet (Michel).

    Rivet-Noël.

    Bridenne (J.-Bte).

    Bouville-Baillet (Pierre).

    Macquet (Joseph), dit *Dez.*

    Michault-Rivet (J.-Bte).

    Fanthomme (Arsène).

    Cobert (J.-Bte).

    Macquet-Mionnet (Pierre).

    Leclercq-Cantrel.

    Lacaux (J.-Bte).

    Laffilé (Edmond).

    Rivet (Pierre).

8 Juin. — Les droits d'octroi sont portés, pour 1885, à 27,000 francs, (Etablissement du budget).

Les concessions dans le cimetière, pour 5,000 frs.

Locations des perrons à la Plage, 418 frs.

La demande de Mme veuve Chappuy, propriétaire à Frais-Marais, près Douai, pour aliénation de terrain à la plage, est rejetée.

4,732 frs sont votés pour l'entretien des chemins vicinaux.

Legs de M. l'Abbé Delrue.

Le Conseil autorise la fabrique de l'Eglise de Berck à accepter le legs que lui a fait M. l'abbé Delrue, décédé le 28 Mai 1881 et qui administra la paroisse pendant trente-trois ans.

Quant aux protestations produites par la délivrance de ce legs, le Conseil ne peut donner aucun avis, ne connaissant ni les héritiers, ni leur situation de fortune.

La salle d'Asile est reconnue d'utilité publique.

Demande d'un Bureau de Poste à la Plage.

Le Conseil, au lieu de la création d'un bureau de poste à la plage, est d'avis, pour éviter des frais d'installation, de demander à l'Administration de vouloir bien transférer le bureau actuel dans un endroit plus central, à égale distance de Berck-Ville à Berck-Plage.

Assistance publique. — Ecole des Filles de Mlle Cornu.

Le Conseil, considérant que M. Cornu touche chaque année une indemnité pour l'instruction des Pupilles confiées à sa garde, est d'avis de lui laisser supporter les frais de traitement de l'institutrice, Mlle Beaussart.

8 Juin. — Une somme de 150 frs est votée pour le Comité de publicité qui vient de se former à la Plage, en vue d'attirer le plus grand nombre possible d'étrangers.

Emprunt pour l'Abattoir.

Le Conseil autorise M. Alfred Macquet à contracter au Crédit Foncier de France un emprunt de 60,000 frs, remboursable en trente années par annuités, à la condition que tous les frais et accessoires seront supportés par le dit Alfred Macquet, Maire.

15 Juin. — Le Conseil accepte M. Alf. Macquet comme concessionnaire de l'Abattoir, aux lieu et place de la Société
primitive, avec droit à la perception des recettes qui y sont
attachées, et l'autorise à déléguer au profit du Crédit Foncier,
sur les recettes d'Abattoir, les sommes suffisantes pour payer
les annuités de chaque année, tous les frais et accessoirs de
cet emprunt restant à sa charge.

Construction d'une Mairie. — Groupe scolaire à la Plage. Ecole de Filles à Berck.

Le Conseil autorise le maire à s'entendre avec M. Normand,
architecte à Hesdin, pour l'établissement des plans et devis
provisoires concernant les constructions ci-dessus énoncées
et vote un crédit de 10,000 frs. Le Conseil fait choix de la
maison dite de Mme Orange, située sur la place de Berck et
appartenant à M. Alf. Macquet, maire, moyennant le prix principal de 20,000 frs. La maison sera mise à la disposition de
la Commune, libre de tout engagement, le 1er Mars 1885,
jour fixé pour le paiement.

Feu de Marée.

Le Conseil demande à l'autorité compétente l'installation
d'un Feu de Marée, reconnu de la plus grande utilité.

Cimetière.

3 Novembre. — Nouveaux tarifs: Concessions à perpétuité,
40 frs le mètre carré.
Concessions trentenaires renouvelables, 20 frs le mètre carré.

Bureau de Postes.

Le Conseil accepte le nouvel immeuble mis à la disposition
de l'administration par M. Boulanger-Fauquemberg, propriétaire, à la condition que les frais d'appropriation ne seront pas
supportés par la commune.

Salubrité publique.

13 Novembre. — Le Maire donne **lecture** d'un rapport adressé à M. le Préfet, en date du 22 Septembre 1884, par M. le Directeur du Syndicat de la Plage, relatif à la salubrité publique. Il y est dit que les déjections sont reçues dans des puisards, que les eaux et ordures ménagères sont jetées dans les dunes et que cet état de choses est préjudiciable à la santé publique.

Le Maire informe le Conseil qu'un arrêté municipal toujours en vigueur prescrit aux propriétaires et entrepreneurs de ne construire que des fosses d'aisances étanches, empêchant toute infiltration. Le Conseil désire que de nouveaux arrêtés soient pris, prescrivant l'enterrement dans les sables de toutes les eaux et ordures ménagères et d'exiger des agents communaux l'exécution stricte des dits arrêtés.

Demande en réhabilitation des Sieurs X. et X.

Tous les deux douaniers en retraite à Berck, condamnés à quinze jours d'emprisonnement pour vols d'épaves, par arrêt de la Cour de Douai, en date du 24 août 1875, peine commuée en 100 frs d'amende, par décision de M. le Président de la République, en date du 18 Septembre 1875.

Le Conseil municipal est favorable à la demande.

Répartition du Legs Magnier.

27 veuves, 2 orphelins reçoivent une somme totale de 1,602 francs.

Election d'un 1er Adjoint.

1885. 22 Mars. — M. Parmentier (Alphonse) est élu.

Chapelle de Secours de Notre-Dame-des-Sables à la Plage.

Le Maire donne lecture d'un extrait du registre des délibérations du Conseil de fabrique de la Commune de Berck dont la teneur suit :

Séance extraordinaire du 22 Février 1885.

L'an de grâce, le 21 Février, le Conseil de fabrique dûment convoqué, s'est réuni au Presbytère, lieu ordinaire des séances, à l'issue des vêpres, en séance extraordinaire, autorisée par Mgr l'Evêque, en vertu de sa lettre, en date de ce jour, sous la présidence de M. Boulanger (Nicolas).

Etaient présents: MM. Coppin, prêtre, curé; Ducrocq (Joseph), trésorier; Parmentier (Alphonse), secrétaire et Delarue (Michel).

Un membre expose que la chapelle que l'on construit à la Plage et qui doit être érigée en chapelle de secours, sous le vocable de *Notre-Dame-Des-Sables*, est terminée, que les propriétaires de cette chapelle désirent la céder à la fabrique sans retard, à perpétuité, à titre gratuit et pour servir désormais de chapelle de secours.

Il dépose sur le bureau un projet d'acte de cession signé par MM. le Baron des Lyons de Feuchin; Danvin et Leclercq-Cantrel, qui agissent en cette circonstance comme mandataires verbaux des souscripteurs de l'Œuvre de Notre-Dame-des-Sables.

En conséquence, le Conseil est invité à s'occuper de cette affaire et à prendre telle décision qu'il jugera à propos.

Après avoir délibéré, le Conseil,

Ouï la lecture de la lettre épiscopale qui l'autorise à se réunir. Vu le rapport de cession présenté, considérant que la chapelle de Notre-Dame-Des-Sables, doit être et rester exclusivement une chapelle de secours, dépendant tout à fait comme succursale, tant sous le rapport religieux que financier, de la fabrique de l'Eglise de St-Jean-Baptiste de Berck-Ville. Considérant que la distance de la Plage à l'Eglise paroissiale, et le nombre d'habitants, de baigneurs, appelés à profiter de cette chapelle de secours en font une œuvre utile, même indispensable. Considérant d'autre part que la dite chapelle paraît être construite dans les meilleures conditions de solidité et de convenance, que la cession en est offerte à la fabrique à titre gratuit, que selon toutes les prévisions, les ressources à provenir de cette chapelle suffiront et au-delà pour faire face aux dépenses de toute nature qu'elle occasionnera.

Considérant en conséquence que l'acceptation et l'administration de cette chapelle, au point de vue pécuniaire, ne doivent imposer aucune charge au budget actuel de la fabrique.

Le Conseil décide à l'unanimité:

1º La fabrique accepte la cession qui lui est offerte de la chapelle Notre-Dame-Des-Sables.

2º M. le Trésorier est chargé de faire toutes les démarches et tous les actes nécessaires en pareille circonstance.

3º La fabrique s'engage à remplir les formalités pour obtenir l'ouverture au culte de la chapelle en question, à administrer la dite chapelle et à pourvoir à son entretien.

4º Elle s'engage en outre à faire célébrer chaque année et à perpétuité huit messes basses pour les bienfaiteurs vivants et huit obits pour les bienfaiteurs décédés.

Lecture faite du présent procès-verbal, il a été approuvé et signé en séance par MM. Coppin, curé; Boulanger; Parmentier; Ducrocq et Delarue.

Le Conseil municipal est d'avis, à la majorité de 14 voix contre 4, sur 18 votants, d'autoriser la fabrique de Berck, à accepter aux conditions stipulées plus haut la cession qui lui est faite et demande que la chapelle soit ouverte au culte.

12 Avril. — Le Conseil sollicite de l'Etat la continuation de l'allocation de 450 frs pour le traitement du vicaire de Berck.

Erection de la Chapelle de Secours.

24 Mai. — Le Conseil reconnaît à l'unanimité l'utilité d'établir la chapelle de secours à la Plage et s'oblige à suppléer sur les revenus communaux à l'insuffisance des ressources réunies de cette chapelle et de la fabrique paroissiale dûment constituée.

Une somme de 222 frs 51, reconnue irrécouvrable, passe aux non-valeurs.

Syndicat de Désensablement de la Plage.

Une pétition adressée à M. le Préfet, en date du 11 février 1885, par M. Foucard, directeur du syndicat, demande l'autorisation de déposer du sable provenant de désensablement de la plage sur le domaine public.

Le Conseil s'y oppose énergiquement.

Dans le budget primitif de 1886, les droits d'octroi sont portés pour 27,000 frs. Acquisition et frais de la maison Alfred Macquet (dite Orange), pour 26,000 frs.

23 Juillet. — Pour les Ecoles primaires, une somme de 11,000 frs est votée.

Achat des Maisons Bouton et Lavoine-Romaine.

Le Maire est autorisé à acheter: 1º la maison des héritiers d'Annette Bouton, en vue de la construction d'une nouvelle mairie, prix: 3,025 frs; 2º Celle des héritiers de Mlle Lavoine Romaine, occupée actuellement par M. le Curé, prix: 10,000 frs.

Création de Marchés à la Plage.

8 Août. — Prenant en considération la pétition de 155 propriétaires et habitants de la plage, le Conseil estime qu'il y a lieu de créer deux marchés : les mercredi et samedi de chaque semaine.

Une somme de 500 frs est accordée pour l'amélioration du chemin dit rue de la Plage, qui profite en grande partie à la marine; ce sont les riverains qui l'ont construit à leurs frais.

Syndicat de la Plage.

Le Maire réclame les *Annales du Syndicat*, de 1883 et 1884; il ajoute que jamais depuis qu'il existe, le syndicat ne donne aucune justification de l'emploi des fonds et qu'il est à sa connaissance que des irrégularités sont nombreuses dans sa comptabilité. Le Conseil exige qu'aucun mandat ne soit délivré au syndicat avant la production des comptes et la justification des fonds.

Emprunt.

11 Octobre. — Un emprunt de 40,000 frs est voté. Il se fera
au Crédit Foncier et servira pour payer les maisons Macquet
(Alfred), Bouton et celle du Presbytère. Cet emprunt sera amortissable en vingt années par les revenus de l'octroi.

Création d'un Bureau de Postes et Télégraphes à la Plage. (1)

11 Novembre. — Cette question ayant de nouveau été agitée
par les propriétaires de la plage, le Maire démontre que l'accroissement de la production postale est la conséquence di-
recte du développement de la station balnéaire, sollicite de
M. le Ministre des Postes et Télégraphes, la création du dit
bureau et s'engage à cet effet : 1º A fournir gratuitement
pendant dix années, un local convenable pour l'installation
du service postal et du service télégraphique, ainsi que le
logement du titulaire.

Ce local sera fourni par M. De Lhomel, propriétaire à
Montreuil, auquel le Conseil s'engage à servir un intérêt de
5 $^0/_0$ sur le montant de la construction seule, M. De Lhomel
offrant à titre gratuit le terrain nécessaire, sous condition
expresse que cette construction sera élevée aux abords de la
gare projetée et que la dépense de cette construction ne dépas-
sera pas 10,000 frs.

2º A prendre à sa charge la dépense de 33 frs, prix de
l'indicateur Thierry, destiné à faire connaître les heures des
levées de la boîte du bureau et les départs des courriers.

Le successeur de M. Baillet, percepteur, résidera à Berck.
Le Conseil autorise le Maire à faire dresser par M. Normant,
architecte à Hesdin, plans et devis pour la construction d'un
groupe scolaire à la Plage, ainsi que pour la construction

---

(1) A été inauguré, en Juillet 1893 (ouvert du 1er juin au 3o 8bre) Au 1er
juin 1894, il fut définitivement ouvert au public — M. Demolin en
a été nommé receveur le 1er Novembre 1894.

d'une Mairie avec dépendances, dont la dépense approximative est de 80,000 frs.

Bureau de Bienfaisance.

A la suite d'un concert donné pendant la saison des bains, par la musique de St-Valéry, M. Malingre, adjoint, a versé une somme de 100 frs au Bureau de Bienfaisance.

Remerciements au Maire d'Ault.

Le bateau de pêche 1577, du port de Berck, patron Rivet Glodon, a été sauvé sur la plage d'Ault, après avoir lutté plusieurs heures · contre une tempête affreuse. L'équipage aurait certainement péri sans le secours de plusieurs habitants d'Ault, à la tête desquels se trouvait le Maire, qui recueillit plusieurs centaines de francs pour les marins berkois. Des remerciements sont votés au Maire et aux habitants du bourg d'Ault.

M. Rivet (Isidore), receveur d'octroi, donne sa démission; il est remplacé par M. Baillet (Alfred).

Cautionnement, 1,200 frs, avec intérêts à 3 $^0/_0$ l'an.

5 Décembre. — M. Bracquart, Secrétaire de la Mairie, remplace M. Rivet comme caissier de la caisse d'Epargne, au traitement de 600 frs.

Instituteurs et institutrices reviennent à la Commune à la somme de 9,700 frs. MM. Avisse, à Berck-Ville, est porté pour 1,500 frs; Hochard, à Berck-Plage, 1,500 frs.

Baie d'Authie.

23 Décembre. — Justement effrayé des progrès de la mer et des dégâts de plus en plus graves qu'elle cause sur la côte Nord de la Baie d'Authie, le Conseil prie M. le Préfet de vouloir bien provoquer · les moyens nécessaires à prendre pour sauvegarder le pays; à son avis, les seuls utiles sont la prolongation et le relèvement de la grande digue submersible de l'Authie.

Construction de la Mairie.

1886. 17 Janvier. — Les plans et devis sont acceptés et une somme de 100,000 frs est votée, qui sera couverte par un emprunt au Crédit Foncier, amortissable en trente annuités, par les ressources d'octroi. Une somme de 13,630 frs 19 pour imprévus et honoraires pourra être prise sur le rabais de l'adjudication ou sur les fonds libres de la Commune.

Acceptés également plans et devis pour le Groupe Scolaire à la Plage, emprunt de 40,000 frs au Crédit Foncier, amortissable en trente années; une somme de 5,325 frs 25, pour honoraires et imprévus, sera payée au moyen des fonds libres de la Commune.

Répartition du Legs Magnier.

Entre 27 veuves et 11 orphelins est partagée la somme de 1,602 frs.

Les dépenses de l'Instruction primaire sont fixées pour 1887, à 9,850 frs.

Briques de la Mollière. — Demande de M. le Curé.

18 Mars. — M. le Curé de Berck, en prévision de la construction d'une Eglise communale dont il avait promis la réalisation, avait fait faire des briques dans la Mollière à ses frais avec la terre communale. N'ayant pas réuni de souscriptions en quantité suffisante, il demande à les utiliser pour la construction d'une Ecole Congréganiste.

Le Conseil décide que M. le Curé Coppin fera enlever ses briques dans le délai d'un an, mais qu'il n'a pas le droit de les utiliser soit pour une Ecole Congréganiste, ni Cercle ou lieu de réunion dirigé par des Congréganistes.

Octroi.

2 Mai. — Le Conseil considérant que les charges de la Commune ne font que s'accroître et que les emprunts nécessitent de nouveaux impôts, fixe les droits d'entrée comme suit : Lièvres, 0,25 c. la tête; lapins de garenne, 0,10 c.; coqs de bruyère, 0,25 c.; oies et canards sauvages, 0,15 c.; pilets, râles

rouges, la paire, 0,10 c.; bécasses, perdrix, pigeons, ramiers, sarcelles, la paire, 0,10 c.; bécassines, cailles, grives, merles, pluviers plongeurs, râles de genêts et vanneaux, la dizaine, 0,15; viande de boucherie, 0,03 c. le kilo;

Et décide de proroger les tarifs et règlements en vigueur.

Emprunts.

41,000 frs amortissables de 1886 à 1915; dernière échéance 30 Juin 1916. Intérêts 5 $^0/_0$ l'an.

120,000 frs de 1887 à 1916; dernière échéance, 31 décembre 1916. Intérêts 5 $^0/_0$ l'an.

4 Juillet. — Puisque la recette buraliste de Berck ne peut être maintenue où elle se trouve, on l'a transférée à l'un des débits de tabac de Berck-Ville. Le Conseil sollicite la création d'une deuxième, afférente au débit de tabac de Berck-Plage.

23 Septembre. — 300 frs sont votés pour la participation de la Commune à l'amélioration de la rue des Bains.

Rue Lavoisier. — Cloche à l'Eglise de la Plage.

Le nom de « *Lavoisier* », selon le désir de M. Dubois, sera conservé à cette rue, pour laquelle on vote 500 frs. (Ces conditions ont été présentées par M. le Baron des Lyons).

Une subvention de 100 frs, pour l'achat d'une cloche à la Chapelle de Secours à la plage, est votée.

Abattoir.
Approbation de la Rétrocession de M. Alf. Macquet à Mme Vve Sujet.

Le Maire expose au Conseil que l'Administration supérieure n'a pu donner son approbation à l'acte du 6 juin 1884, portant rétrocession à son profit de la concession consentie par l'acte du 3 Juillet 1881, par la Commune de Berck, à la Société générale des Abattoirs municipaux de France, par le motif qu'aux termes de l'art. 33 de la loi du 5 Avril 1881, les entrepreneurs de services communaux sont inéligibles au Conseil municipal.

Que cependant pour ne pas nuire à ses intérêts, l'administration est disposée à donner son approbation à cet acte, dans le cas où il rétrocéderait ses droits et qu'elle l'a donc mis en demeure de présenter un successeur dans son exploitation de l'Abattoir, ou de renoncer à son mandat municipal.

Pour faire cesser cet état de choses, dit-il, j'ai, par acte, passé devant Me Tournant, notaire à Montreuil, en date du 29 août dernier, rétrocédé mes droits de concessionnaire de l'Abattoir, en vertu de l'acte du 6 juin 1884, à Madame veuve Sujet, propriétaire, à la Folie, commune de Rang-du-Fliers.

Le Conseil donne son entière approbation à cette rétrocession.

Chemin de Fer.

23 Novembre. — Est votée une subvention de 30 annuités de 4,500 frs l'une, à prélever sur le produit de l'octroi, qui sera augmenté grâce à la construction du dit chemin de fer. Le montant de cette subvention par annuité sera payé à M. Lambert ou à la Compagnie qui pourra lui être substituée, après la construction de la ligne située entre Berck et Verton-Gare, pour la première annuité être versée un an après le jour de l'inauguration, (1) par la mise en exploitation de cette partie de la ligne.

Cette subvention sera remboursée à la Commune, conformément à l'art. XV de la loi sus-visée, quand les profits de la ligne donneront un intérêt supérieur à 6 %.

Presbytère.

1887. 27 Janvier. — Le Conseil vote l'aliénation du vieux presbytère, situé à l'entrée du village, à la condition que cette aliénation produira au moins 5,000 frs. Vote la construction de deux logements contigus pour les deux vicaires, sur le

---

(1) Elle eut lieu, le 9 Juillet 1891, par MM. Yves Guyot, Ministre des travaux publics et Ribot, Ministre des affaires étrangères, député du Pas-de-Calais.

Berck-Ville et Plage, 3e Edition, 1900, page 193.

terrain dépendant du nouveau presbytère, rue de Merlimont et affecte au paiement de cette construction une partie de l'aliénation du vieux presbytère.

Une somme de 500 frs est votée pour indemnité aux deux vicaires.

Eclairage et Chauffage par le Gaz.

15 Février. — Le Conseil adopte à l'unanimité les conditions proposées par M. Déplanque et autorise le Maire à concéder, au nom de la Commune, le droit exclusif d'installer à Berck une usine à Gaz et de l'exploiter, pendant quarante-cinq années consécutives, à partir d'un an après la date de l'autorisation préfectorale.

Le Conseil stipule en outre que l'usine fonctionnera six mois après l'accomplissement des formalités administratives.

Le traité a été approuvé à Arras, le 22 Avril 1887.

Le Préfet, Signé : VEL-DURAND.

Chemin de Fer.

12 Avril. — Une somme de 26,300 frs ayant été exigée par le Conseil général pour la construction du chemin de fer, le Conseil vote un supplément de 1,000 frs pendant trente ans, ce qui porte à 5,500 frs le chiffre total de la subvention communale annuelle de la section Verton-Berck.

Choix d'Instituteurs.

24 Avril. — Le Maire demande au Conseil de délibérer sur le choix d'instituteurs laïques ou congréganistes.

Considérant qu'il serait imprudent d'ameuter la population de Berck, en lui imposant une mesure à laquelle elle n'est pas préparée, et voulant éviter toutes luttes qui seraient au désavantage des enfants, le Conseil sollicite de M. le Préfet des instituteurs congréganistes, et il vote une somme de 600 frs pour le traitement de deux institutrices adjointes congréganistes.

Construction de l'Hôtel-de-Ville. [1]

A la date du 19 mai courant, M. Gevaert, entrepreneur à Lens, est déclaré adjudicataire des travaux de l'Hôtel-de-Ville établis sur une superficie de 451 mètres carrés au lieu de 397 proposés tout d'abord. Il demande une somme de . . . . 142,000 frs

22 % de rabais. . . . . . 31,240 frs

TOTAL : 110.760 frs

Le Conseil refuse et ne veut en aucune manière augmenter les dépenses fixées précédemment.

Place St-Georges.

13 Juillet. — Le sieur Bernaut est autorisé à louer, au prix de 67 frs 50, une partie de la place St-Georges, pour installer un hangar servant de remise pour ses voitures.

Le Conseil vote 500 frs à la *Société Humaine*, à la condition que la nomination des deux agents sauveteurs appartiendra exclusivement à l'autorité municipale.

Abattoir.

7 Août. — Par suite du décès de Mme veuve Sujet, la concession de l'Abattoir est de nouveau restée dans les mains du Maire; l'Administration l'invite, pour faire cesser cet état de choses, à rétrocéder à un autre tiers la dite concession ou à renoncer à son mandat municipal.

Par devant Me Tournant, il l'a rétrocédée à M. Macquet (J.-Bte), curé de Wailly. Le Conseil approuve.

---

(1) Au Tome III, des *Délibérations du Conseil Municipal*, il manque deux feuilles. Sur celle portant le numéro 142, se lit l'annotation suivante : « Les pages, 143 et 144, ont été enlevées parce qu'elles étaient déchirées et maculées. »

1870, 30 8bre il manque aussi trois feuilles, de 120 à 124.

Quant aux *Finances* de la Commune, il est impossible, vu les irrégularités qui existent sur les registres, d'établir l'état complet de ses *Recettes* et *Dépenses* de 1826 à 1907. (Note de l'Auteur).

Une somme de 72 frs 80, reconnue irrécouvrable, passe aux non-valeurs.

1888. 16 Février. — Pour 1889, les dépenses de l'Instruction primaire prévues, se montent à 9,750 frs.

250 frs de gratification sont accordés à M. Legros, Secrétaire de la Mairie.

Sectionnement de la Plage.

25 Mars. — Le moment est venu, dit le Maire, de solliciter de l'Administration supérieure la suppression du sectionnement de la Plage, opéré autrefois sous l'ordre moral dans un but politique.

J'espère que les tiraillements, l'antagonisme qui existent entre Berck-Ville et Berck-Plage ont eu pour origine ce sectionnement qui a pu faire croire à un certain moment à la division de la Commune de Berck en deux communes distinctes. Il faut faire disparaître toute équivoque. Berck-Plage, il y a quelques années, se trouvait éloigné du centre, mais le grand nombre de constructions qui ont été faites depuis, ont comblé les espaces vides et ne forment aujourd'hui qu'une seule et même agglomération, sans solution de continuité. Si la plage, dans son développement, n'a pas toujours obtenu de Berck-Ville, le concours sur lequel elle avait droit de compter, c'est précisément le sectionnement qui en est cause; car souvent, quand il s'est agi de la Plage au Conseil, on exprimait la crainte qu'en travaillant à son développement, on s'exposait à travailler pour une commune voisine.

Pour ramener le calme dans les esprits de la population toute entière, et faire cesser toute division, tout malentendu, je prie le Conseil d'examiner ma proposition.

Le Conseil, à l'unanimité moins deux voix, adopte la proposition du Maire et le prie de faire le nécessaire auprès de l'Administration supérieure pour obtenir à bref délai la suppression du sectionnement.

A l'occasion du départ de M. Mercier, percepteur, nouvelle demande est faite pour que son remplaçant habite Berck au lieu de Verton.

Installation du Maire, des Adjoints
et des Conseillers Municipaux.
Elections du 6 Mai.

1re Section — *Berck-Ville* — Electeurs: 986 — Votants: 866.
2e Section — *Berck-Plage* — Electeurs: 231 — Votants: 187.
MM. Macquet (Alfred), maire; Parmentier (Alphonse), 1er adjoint; Laffilé (Edmond), 2e adjoint. Conseillers municipaux: MM. Macquet (J.-Bte), écoreur.

Malingre (Pierre), constructeur.
Quettier (Désiré), pharmacien.
Bucquet (J.-Bte), rentier.
Beauvois (Adolphe), maître cordier.
Fanthomme (Arsène).
Michault (J.-Bte), messager.
Rivet (Pierre), dit *Mémé,,* mareyeur.
Drapier-Pauchet (Michel), patron de pêche.
Macquet (Joseph) Dez, patron de pêche.
Bouville (Lucien), maître cordonnier.
Bridenne (J.-Bte), ancien patron de pêche.
Bouville-Baillet (Pierre), propriétaire.
Macquet-Mionnet (Pierre), maître cordier.
Cobert (J.-Bte), maître cordier.
Clef (Pierre), retraité des douanes.
Hagnéré (Pierre), dit *Seize ans*, voiturier.
Véniel (Edouard), hôtelier.
Leclercq-Cantrel, négociant (A donné sa démission le
    28 mai 1888).
Vimeux (Louis), tapissier.

Bureau de Bienfaisance.

30 Mai. — Sont nommés délégués: MM. Parmentier (Alphonse) et Rivet (Pierre), dit *Mémé* (1).

---

(1) Les sobriquets que se donnent réciproquement les Berckois, ne sont dus qu'à la pluralité des noms de famille, comme l'indique la liste

Suppression de Sectionnement Electoral.

20 Juillet. — Le Maire communique au Conseil le procès-verbal de l'enquête à laquelle a procédé les 4 et 5 juillet, M. Bloquel, commissaire délégué à cet effet, sur le projet de suppression du sectionnement électoral.

Répétant les arguments déjà cités, le Maire ajoute que l'abstention complète des habitants de Berck-Ville dans les pétitions qui circulent, prouve d'une façon péremptoire qu'ils considèrent la suppression du sectionnement comme un fait accompli, s'en rapportant au Conseil chargé de la défense de leurs intérêts pour obtenir de l'autorité supérieure la dite suppression.

A l'unanimité, moins une voix, le Conseil déclare connaître les aspirations et les besoins de la population toute entière, dont le seul désir est que le sectionnement soit aboli, que la Ville et la Plage ne forment qu'une seule population appelée à voter au même Conseil municipal.

Commissaire de Police.

Le Conseil refuse les frais d'un Commissaire de Police, vu les charges de la Commune et prie M. le Préfet de surseoir jusqu'en 1890, pour la création de ce poste. (Art. 12 de la loi du 28 pluviôse, An VIII ; toute ville ayant 5,000 habitants doit avoir un Commissaire de Police, de 4e classe, aux appointements de 1,800 frs).

électorale de 1888. (*Berck-Ville et Plage*, 1re Edition, 1890, page 22).

MM. Macquet	137	MM. François	19
Bouville	65	Wadoux	18
Baillet	48	Drapier	15
Rivet	43	Bridenne	14
Fontaine	29	Blond	14
Pentier	28	Buzelin	14
Pauchet	25	Delarue	13
Bataille	22	Cornu	12
Parmentier	22	Clément	12
Lamart	21	Malingre	12
Pruvost	20	Gressier	11

1889. 9 Février. — Les dépenses de l'Instruction primaire, pour 1890, sont portées à 8,750 frs.

La Compagnie des Sapeurs-Pompiers est formée de 101 hommes.

Hôtel-de-Ville.

21 Mars. — Le Maire a reçu du Sous-Préfet de Montreuil, copie d'une lettre de M. le Secrétaire-greffier du Conseil de Préfecture, par laquelle ce fonctionnaire l'invite à fournir les moyens de défense contre M. Gevaert, entrepreneur de l'Hôtel-de-Ville et Normand, architecte, et à introduire en même temps une délibération du Conseil, l'autorisant à défendre à l'action et invite à délibérer.

Vu le dossier complet de l'affaire, vu la correspondance de M. Normand. Considérant que l'attitude du Maire, vis-à-vis de l'architecte et de l'entrepreneur a été des plus réservée. Considérant que les intérêts de la Commune ont été lésés par les deux, le Conseil autorise le Maire, non seulement à défendre à l'action devant le Conseil de Préfecture, mais à réclamer de qui de droit tous dommages-intérêts en rapport avec le préjudice causé à la Commune.

12 Juin. — Une somme de 5,368 est portée aux chemins vicinaux.

7 Octobre. — 287 frs 50 reconnus irrécouvrables passent aux non-valeurs.

Nettoyage des Rues.

1890. 31 Janvier. — 500 frs sont votés pour le nettoyage des rues.

450 frs pour indemnité de résidence aux institutrices congréganistes.

Ecole de la Plage.
Don de Mme la Baronne James de Rothschild.

21 Août. — Le Maire donne connaissance au Conseil de la lettre ci-dessous :

Monsieur le Maire,

J'ai l'honneur de vous aviser que je suis décidée à faire à la Commune de Berck-sur-Mer, donation à titre gratuit de la maison que je viens de faire construire sur un terrain m'appartenant à Berck-Plage, route vicinale de Verton à Berck.

Cette donation comprendra l'immeuble avec ses circonstances et dépendances; elle comprendra également le mobilier scolaire qui garnit cette maison, ainsi que la bibliothèque et les livres qu'elle renferme.

Elle aura lieu sous les conditions suivantes:

Il devra être établi dans cette maison par la Commune de Berck et à ses frais, une école de garçons, tenue et dirigée par des instituteurs laïques.

Cette école devra y être maintenue à perpétuité et la maison dont je veux faire don à la Commune ne pourra jamais être employée à aucun autre usage, ni aliénée sous quelque prétexte que ce soit.

L'instituteur et sa famille devront être logés dans cette maison que j'ai appropriée à cet effet.

Chaque maître adjoint devra y avoir sa chambre.

Dans le cas où ces conditions ne seraient pas rigoureusement remplies, la donation sera annulée et l'immeuble fera retour à la donatrice ou à ses héritiers.

Je vous prie, M. le Maire, de vouloir bien soumettre mon offre au Conseil municipal de votre Commune et de l'inviter à délibérer sur l'accueil qui devra lui être fait.

Veuillez agréer, Monsieur le Maire, l'expression de mes sentiments les plus distingués.

> Signé: Baronne James de ROTHSCHILD.

Chantilly, le 25 Juillet 1890.

Le Conseil, après avoir délibéré, accepte avec reconnaissance le don fait à la Commune par Mme la Baronne James de Rothschild et prie le Maire d'être son interprète auprès de Mme la Baronne, pour lui témoigner, avec sa reconnaissance, celle de la population de Berck.

Un troisième adjoint vient d'être nommé à cette École, qui compte 160 élèves.

400 frs sont votés pour le paratonnerre de l'Hôtel-de-Ville et 3,000 frs pour l'horloge.

Octroi.

1891. 7 Février. — Les charges devenant de plus en plus fortes, le Conseil est d'avis :

1º De proroger les tarifs et règlements en vigueur.

2º D'imposer : Dindes et oies domestiques, 0,40 c. la tête.

3º Chapons, canards, poulets, 0,20 c. la tête.

4º Pigeons, 0,10 c. la paire.

5º Les bois de charpente travaillés entrant dans la ville, 2 frs le stère.

6º Les pièces de menuiserie, montées ou prêtes à monter, 1 fr. le mètre carré.

Asile Maritime.

11 Février. — Une subvention de 200 frs est accordée à l'Asile maritime.

Modification des Taxes d'Octroi.

16 Avril. — Dindes et oies, 25 c. au lieu de 0,40 ; chapons, poulets, canards, 10 c. au lieu de 20 c. ; pigeons, 0,05 c. au lieu de 10 c.

Le Conseil insiste sur ces modifications attendu qu'il est préférable de frapper des articles de consommation de luxe à l'usage exclusif de la classe riche de Berck, plutôt que de frapper des objets consommés par la classe pauvre.

Est également abandonné l'impôt sur les bois.

22 Mai. — 5,661 frs sont votés pour les chemins vicinaux.

Cette séance fut la dernière où Macquet (Alfred) apposa sa signature sur le registre des délibérations.

A partir du 26 juin, M. Macquet (J.-Bte), premier Conseiller municipal, remplit les fonctions de Maire.

Perception des Droits d'Octroi aux Gares.

30 Juin. — Le Conseil décide que pour la Ville le service sera fait par les employés du bureau de Berck-Ville.

Pour la Plage, il y aura deux préposés nommés par le Maire et sous la surveillance du receveur de Berck-Ville. Approuvé à Paris, le 11 Juin 1892.

Le Président de la République.

Signé : CARNOT.

Compte Administratif présenté par le Maire.

12 Août. — Le Conseil est appelé à examiner et vérifier le compte administratif de l'exercice 1890, ainsi que le compte moral dans lequel M. Macquet (Alfred), maire de Berck, a exposé les motifs des dépenses par lui mandatées, la manière dont elles ont été effectuées et l'utilité que la Commune en a retirée.

Le Conseil, vérification faite du dit compte et des pièces qui y sont jointes, a reconnu que toutes les recettes à l'exercice ont été régulièrement effectuées et sont exactement rapportées ; que toutes les dépenses ordonnancées sont renfermées dans la limite des crédits ouverts par le budget et les autorisations supplémentaires sont suffisamment motivées. Il estime en conséquence qu'il y a lieu de l'approuver.

Le Conseil vote ensuite les budgets primitifs et additionnels tels qu'ils sont transcris folio 196—197—198 pour l'exercice 1892. Ont signé les membres présents :

MM. Quettier et Fanthomme se refusent à voter la somme de 3.600 frs, allouée à titre de commission pour réalisation d'emprunt. Art. 13 du budget additionnel.

Procès d'Alfred Macquet. [1]

Arrêté en juin 1891, il fut conduit à la prison de Montreuil.

Accusé de détournements au préjudice de la Commune et de plusieurs particuliers.

Accusé d'avoir publié de mauvaise foi des prospectus, à l'effet d'obtenir des fonds pour la création de sa *Société Industrielle*. Dans ce prospectus, il était dit que les obligations

---

[1] *Berck s/M Ville et Plage.* 2ᵉ Edition-1895-page 54.

reposaient sur des immeubles solides et que ceux-ci étaient hypothécaires au premier rang, ce qui était inexact.

Cette affaire fut jugée d'abord à Montreuil, à l'audience du 6 août. Le réquisitoire fut prononcé par M. Testard, procureur de la République.

L'accusé eut pour défenseur Me Bilbocq, du barreau de Dunkerque. Le tribunal l'a condamné à deux ans de prison, 500 frs d'amende et aux frais.

Un mois après, M. Macquet, ayant appelé de ce jugement, comparut devant la Cour d'Appel de Douai, présidée par M. des Etangs.

M. Montluc, Conseiller-rapporteur, fit l'exposé de cette importante affaire. Me Dubron employa son talent à démontrer que M. Macquet avait été frappé avec une rigueur injustifiable; il sollicitait pour lui une diminution de peine et l'application de la loi Béranger. Après le réquisitoire de M. Lanio, Substitut du Procureur général, qui s'opposa énergiquement à l'application de la loi Béranger, Me Dubron donna la réplique. La Cour acquitte M. A. Macquet sur les faits Gevaert, Bacrot, Phalipeau et Brumont, adopte les motifs des premiers juges en ce qui concerne les autres faits, accorde des circonstances atténuantes, réduit à huit mois la peine de deux ans, supprime l'amende et maintient les dispositions du jugement interdisant à M. Alfred Macquet d'exercer une fonction publique.

Par décret du Président de la République, rendu en septembre 1891, M. A. Macquet, déjà suspendu par M. le Préfet du Pas-de-Calais, est révoqué de ses fonctions de Maire de la ville de Berck.

Ecole de la Plage.

6 Septembre. — Le Maire communique au Conseil l'acte public reçu par Me Tournant, notaire à Montreuil, le 1 septembre 1891, par lequel Mme la Baronne James de Rothschild, propriétaire à Berck, a fait donation à la Commune d'une maison à usage d'Ecole de Garçons, sise à Berck-sur-Mer, rue de l'Impératrice, érigée sur un terrain de 1,320 mètres carrés, avec le mobilier scolaire qui garnit cette maison, la

bibliothèque et les livres qu'elle renferme considérés comme immeubles par destination, le tout estimé à 51,625 frs 80, suivant procès-verbal d'expertise dressé le 17 septembre 1891, par M. Lavezzari, architecte à Paris.

Le Conseil municipal considérant que la donation dont il s'agit n'est grevée d'aucune charge onéreuse ou excessive pour la Commune; que la position de fortune de la donatrice lui permet de faire cette libéralité sans nuire à sa famille; demande l'autorisation d'accepter la donation dont il s'agit aux clauses et conditions énoncées dans l'acte public du 1 septembre 1891.

Signé: MACQUET (J.-Ble),
Conseiller municipal faisant fonctions de Maire.

Bureau de Postes et Télégraphes à la Plage.

1892. 19 Février. — Le Conseil autorise M. Macquet (J.-Ble) à signer les déclarations et conventions qui lui ont été soumises par l'administration en vue d'une recette municipale temporaire des Postes et Télégraphes à Berck-Plage.

Souscription du Monument Cazin-Perrochaud.

Le Maire donne lecture d'une lettre de M. Foucart, président du Comité, en vue d'ériger à Berck-Plage, un monument à la mémoire des Docteurs Perrochaud et Cazin, monument destiné à rappeler les bienfaits qu'ils ont rendus à l'humanité ainsi qu'à la population maritime et sédentaire de la ville. Le Conseil vote 100 frs.

Installation du Maire, des Adjoints
et des Conseillers Municipaux.

ELECTIONS DES 1er et 8 MAI.

1er Tour de scrutin. — Electeurs inscrits: 1241. — Votants: 997.

2e Tour de scrutin. — Electeurs inscrits: 1211. — Votants: 1,024.

MM. Macquet (Emile), dit *Mon Frère*, Maire. Nortier (Alfred),

1er adjoint; Fromentin (Auguste), 2e adjoint. Conseillers municipaux:

MM. Macquet (J.-Bte), écoreur.

Parmentier (Alphonse), hôtelier.

Malingre (Pierre), négociant.

Fanthomme (Arsène), négociant.

Rivet Macquet (Pierre), mareyeur.

Rivet-Rivet (Pierre), maître baigneur.

Bouville-Baillet (Pierre), gardien d'Enfants-Assistés.

Macquet-Buzelin (Joseph), patron de pêche.

Bridenne-Parmentier (Jacques), rentier.

Delacroix (J.-Bte), rentier.

Baillet (Alphonse), mareyeur.

Dacquet-Groux (Pierre), ferblantier.

François Rivet, dit *St-Luc*.

Delarue (Michel).

Rivet (Jacques), mareyeur.

Macquet (Léon), mareyeur.

Dacquet (Louis), armateur.

Michault (J.-Bte), messager.

Delarue-Andrieu (Jacques), mareyeur.

Bureau de Bienfaisance.

5 Juin. — MM. Baillet (Alphonse) et Dacquet (Pierre) sont nommés délégués.

Hôtel-de-Ville.

Une somme de 11.380 frs 67 est votée pour les travaux ci-dessous:

1o Horloge, 3,000 frs; 2o A M. Mildé, électricien à Paris, pour la pose et fourniture d'un paratonnerre, 115 frs; 3o 12,965 frs 67 pour dépenses supplémentaires.

5,811 frs sont votés pour les chemins vicinaux.

Emprunts.

21 Juillet. — Une somme de 15,000 frs sera empruntée au Crédit Foncier. 9.000 frs pour l'éclairage de l'Hôtel-de-Ville et 6,000 frs pour l'ameublement.

Abattoir.

L'abattoir de la ville et sa concession, devenus la propriété de la *Société Industrielle* de Berck, étant vendus le 25 courant en l'Etude de M⁰ Tournant, notaire à Montreuil, par suite de la faillite de la dite Société, le maire demande l'autorisation de le racheter à un prix raisonnable avec la concession y attachée. Le Conseil refuse.

Sectionnement Electoral.

12 Août. — M. Bloquel, Conseiller d'arrondissement, Maire de Wailly, nommé Commissaire-enquêteur pour recevoir en la Mairie de Berck les déclarations ou réclamations des intéressés, lesquels ont donné les résultats suivants : Signataires réclamant le rétablissement du sectionnement — neuf —. Protestations contre ce rétablissement, 180, a annoncé à l'Assemblée que le dossier est à la disposition de chaque membre et a invité le Conseil à délibérer et à prononcer sans équivoque son opinion sur le projet.

Pour le pays, il ne doit exister et n'existe en réalité qu'un seul nom : *Berck-sur-Mer* et de cette façon les intérêts de quartiers disparaissent pour faire place aux intérêts communaux.

Qu'en outre les constructions, créations et subventions votées depuis quatre ans, c'est-à-dire depuis l'abolition du sectionnement électoral, en faveur de cette partie de la ville, que certains touristes ont dénommée *La Plage*, n'ont été exécutées qu'en vue d'augmenter l'attraction sur notre littoral, en satisfaisant le plus possible les baigneurs qui viennent l'habiter pendant la saison balnéaire.

Il résulterait du rétablissement du sectionnement électoral un gros préjudice pour les intérêts communaux.

Le Conseil, s'en rapportant aux délibérations antérieures prises en 1888, lors de l'abolition du sectionnement, réclamée par des motifs plus ou moins analogues et dont justification a été faite depuis,

Désirant faire droit aux justes revendications des protestataires, invite le Maire à faire auprès de l'Administration supérieure toute diligence nécessaire pour prier le Conseil général de maintenir la Ville de Berck dans l'état actuel au point de vue de la question électorale; de plus, il exprime le vœu que désormais la Plage de Berck, comme la Ville de Berck, ne forment qu'une seule agglomération, ne portent plus que l'unique nom de *Berck-Plage-sur-Mer*.

Projet de Concession d'Eau.

Le Conseil accepte le projet de M. Saillard pour la concession d'une distribution d'eau.

Etablissement d'un Tramway.

1er Septembre. — Un projet d'établissement de Tramway est présenté par M. Véniel, en vue de lui en accorder la concession. Ce tramway partirait de l'Hôtel-de-Ville à l'Entonnoir et longerait la rue de l'Impératrice. Soumis à l'examen du Conseil.

Hôpital Cazin-Perrochaud.

14 Novembre. — Une demande a été adressée au Maire par les Religieuses Franciscaines de Calais, réclamant un avis favorable pour l'ouverture d'un établissement portant le nom *Hôpital Cazin-Perrochaud*, dans l'ancien local de M. François Burette, rue de l'Impératrice et destiné à recevoir et soigner, moyennant rétribution, les enfants malades et chétifs des deux sexes.

Le Conseil considérant: 1o Qu'on ne saurait trop multiplier les maisons de ce genre; 2o Que cet établissement est tout à fait humanitaire, émet un avis favorable à la demande d'ouverture de l'Hôpital Cazin-Perrochaud. — Tous les membres présents ont signé.

Allocation. — Incendie Rivet.

Le sieur Rivet, incendié, demande un secours ou tout au moins l'appui du Conseil pour obtenir un secours départemental.

Considérant qu'il est digne à tous égards de la commisération publique, une somme de 200 frs lui est votée et le Conseil prie M. le Préfet de vouloir bien ajouter à l'allocation donnée par la Commune.

110 frs sont votés pour frais d'éclairage au gaz de la Gendarmerie.

Hôtel-de-Ville.

1893. 29 Janvier. — La Commission pour la réception de l'Hôtel-de-Ville, s'était adjointe M. Agnès, architecte du département. Considérant que la réception définitive a été faite, le Conseil est d'avis de payer intégralement M. Gevaert, entrepreneur; son cautionnement lui sera remboursé sitôt l'approbation préfectorale.

Tramway.

19 Février. — Le Conseil émet un avis favorable pour l'établissement du Tramway, sous réserves de garanties suffisantes pour que, font observer MM. Dacquet (Louis) et Delarue-Andrieu, les accidents de toute nature soient sous la responsabilité du concessionnaire. On désirerait le tramway pour le mois d'août.

Don de M. Viney pour la Baie d'Authie.

5 Mars. — A la suite de l'affreux malheur où une fillette de 9 ans trouva la mort, le 30 septembre 1892, dans une promenade faite en baie d'Authie, avec son père, M. Siraudin, de Paris et M. Viney, ce dernier donna une somme de 500 frs pour prévenir, par l'emploi d'un moyen pratique, les accidents à la baie d'Authie, en demandant au Conseil de les employer à cet effet.

Taxes d'Octroi.

Par suite des sinistres qui ont accablé la marine durant ces dernières années et des produits peu rémunérateurs de la pêche, la population maritime se trouve actuellement dans un état de misère inquiétant. Etant donné cette situation, dit le Maire, il est nécessaire que le Bureau de Bienfaisance possède des ressources dix fois plus abondantes que celles dont il dispose.

Le Conseil considérant qu'il serait préjudiciable aux intérêts communs d'ajouter de nouveaux centimes aux impositions déjà si chargées, estimant que la dépense invoquée est une œuvre de charité, est d'avis de faire supporter les nouvelles charges aux riches, plutôt qu'aux pauvres et pour ce faire de frapper de taxes d'octroi d'après le tarif ci-dessous les matières énoncées et entrant en ville:

Briques, 50 c. le mille. Pannes, 1 fr. Ardoises, 1 fr. Ciment 10 c. les 100 kilos. Chaux hydrauliques, 10 c. les 100 kilos. Chaux, 0,25 c. le mètre cube. Moëllons, 0,15 c. Cailloux de construction, 0,25 c. le mètre cube. Bois bruts et de charpente, 0,30 c. le mètre cube. Planchers, 0,60 c. le mètre cube. Pièces montées, 0,25 c. le mètre carré. Fers ou fonte, 0,25 c. par 1,000 kilos. Zinc, 0,50 c. les 100 kilos. Plomb, 0,05 c. les 100 kilos. Dindes, 0,20 c. pièce. Poules, 0,05 c. Poulets, 0,05.

Le Conseil prie le Maire de demander à l'autorité supérieure l'approbation immédiate de sa délibération.

Création d'un Syndicat.

26 Mars. — Une pétition est adressée au Maire, tendant à la formation d'un syndicat pour l'établissement d'une chaussée en matière dure le long de la Plage, à partir de l'Entonnoir en se dirigeant vers le Nord.

Le Conseil émet un avis favorable.

28 Mai. — Dans le budget supplémentaire de 1893, une somme de 380 frs est portée pour candélabres de la statue Cazin-Perrochaud.

1,791 frs sont votés pour les appareils à gaz de l'Hôtel-de-Ville.

1er Juin. — Dans le budget primitif de 1894, le produit brut des taxes de l'octroi est porté pour 30,000 frs.

13 Juin. — Le Conseil autorise le Maire à conclure avec la Compagnie d'Aire, un bail de location de l'emplacement nécessaire à l'établissement d'un bureau d'octroi, moyennant

le prix de location d'un franc par an. La construction monte à 681 frs.

Abattoir. Surveillance de la Baie d'Authie.

7 Juillet. — Commencement du procès de l'Abattoir. A l'exception de M. Nortier, le Conseil est d'avis de demander au Conseil de Préfecture l'autorisation de se défendre à l'action judiciaire.

Pour la surveillance de la baie d'Authie, le Conseil propose: 1o De faire insérer un avis relatif aux dangers à courir dans la baie d'Authie, à marée basse, dans les journaux de la localité; 2o de faire placer des poteaux indicateurs de part en part dans les endroits dangereux; 3o de placer un mât pavillon à chaque extrémité ou à des points déterminés; 4o qu'un homme sachant bien nager fasse le service le long de la côte pour avertir les baigneurs du danger et hisser les drapeaux, à marée basse, du 15 Juillet au 30 Septembre.

Refuge.

Le Conseil accepte les plans, devis et cahier des charges relatifs à la construction d'un bâtiment à usage de refuge pour servir aux malheureux de passage pendant la nuit.

Don du Monument Cazin-Perrochaud. [1]

10 Août. — Le Conseil accepte à l'unanimité le don offert par le Président du Comité et lui adresse ses sincères remerciements.

------

[1] Œuvre de Mme Marie Cazin. Le Comité se composait de MM. Foucart, Francis Tattegrain, Quettier, Busiaux, Hochart, Barrois, Baudelocque, Danvin, Dacquet, Dessiaux, Docteur Dhourdin, Dorémieux, Achille Dequéker, Gilles-Michaud, Docteur Houzel, Goffart, Lambert, Lamon, l'Huillier, Baron Des Lyons de Feuchin, Monnier et Tattegrain.
La souscription s'éleva au chiffre de : 14,845 fr. Le monument revint à 14.493,85 fr. Il fut inauguré et remis à la Ville de Berck, le 23 août 1893.
Berck-Ville et Plage, 3e Edition-1900, page 174.

Don de deux Pompes à Incendie.

Par M. le Baron H. de Rothschild et Mme la Baronne J. de Rothschild.

22 Septembre. — Mme la Baronne James, de concert avec son fils, M. le Baron Henri, offrent à la Ville deux pompes à incendie aspirantes et refoulantes, nouveau système, avec les appareils nécessaires. Le Conseil offre ses remerciements aux donateurs, émet le vœu qu'un Comité soit formé pour l'organisation d'une compagnie de sapeurs et que M. le Baron de Rothschild daigne en agréer la Présidence d'Honneur. Une somme de 1,200 frs est votée pour l'équipement des pompiers.

Création d'un Vicariat à la Plage.

Ayant ouï dire par la rumeur publique qu'un prêtre indépendant allait être ou était nommé dans la ville de Berck-sur-Mer — quartier de la Plage — avec délimitation d'une paroisse restreignant la cure actuelle de Berck.

Considérant que ces nominations et délibérations sont de nature à exciter les esprits toujours menaçants de séparation et de plus ayant appris que des démarches pour arriver à une solution dans ce sens avaient été faites dernièrement auprès des autorités locales.

Considérant que la division de la ville de Berck nuirait incontestablement à tous les habitants en général et à la Marine en particulier, puisque les marins habitent le Berck primitif et que la ligne de démarcation convoitée par les séparations fermant l'accès de la mer à nos matelots déjà éprouvés, leur retirerait le bénéfice de l'Inscription Maritime; qu'alors 800 familles pauvres seraient privées de ce pain qu'elles gagnent au prix de tant de fatigues et de périls.

Que la séparation même religieuse jetterait la zizanie, la perturbation dans la localité entière, que les esprits sont très surexcités.

Que des tentatives de délimitation ont été faites différentes fois, même pour le sectionnement électoral et sont restées sans succès; que l'année dernière encore, une enquête de Commodo et Incommodo a eu lieu; que le résultat a donné neuf protestations favorables à la délimitation de la ville en deux sections et que 180 protestations ont été défavorables.

Considérant en outre qu'il n'appartient pas à l'Eglise représentée par l'autorité ecclésiastique qui doit prêcher la Charité et la Paix, à venir, sans consulter l'autorité locale, sans lui en parler même, semer la ruine dans une population toute de bravoure, de courage et allumer la guerre dans un pays tranquille.

Emet le vœu que l'autorité diocésaine se borne à nommer pour la chapelle de secours de Notre-Dame-Des-Sables, un prêtre stable, mais dépendant de la cure de Berck et sans délimitation de paroisse.

De plus, il déclare que si confirmation est donnée aux bruits qui circulent, il considérerait cet acte comme une guerre sans trêve, déclarée ouvertement par l'autorité ecclésiastique à la ville, dans ses intérêts matériels les plus légitimes, et dans ces conditions prie l'autorité diocésaine de faire droit à ses justes revendications.

Signé: MACQUET (Emile), Maire.
et treize Conseillers Municipaux.

Débits de Tabac.

22 Septembre. — Vu l'augmentation fixe et flottante de la population, le Conseil approuve la création de trois nouveaux débits de tabac, sur tout le parcours de la localité.

Création d'une Subdivision de Sapeurs-Pompiers.

30 Octobre. — Est décidée, conformément au décret du 29 décembre 1875, la création d'une subdivision de sapeurs-pompiers d'un effectif de vingt-cinq hommes. Les cadres seront ainsi composés: Un Sous-lieutenant, un Sergent, deux Caporaux et un clairon. Il sera alloué une somme de 2 frs à chaque homme, par sortie pour la manœuvre des pompes. MM. Macquet, Maire; Dacquet-Groux et Rivet (Jacques) sont délégués pour procéder à l'admission des Sapeurs-Pompiers.

Agrandissement du Cimetière.

1894. 4 Février. — Comme il y a urgence de faire l'acquisition d'un terrain pour l'agrandissement du cimetière, le Conseil désigne Me Bataille, notaire à St-Josse, pour demander aux propriétaires riverains à quel prix ils consentiraient à céder leur terrain.

1er Avril. — Une somme de 200 frs est votée pour l'établissement de tirs scolaires aux Ecoles des Garçons.

Le Maire fait son possible pour remettre un peu d'ordre dans les affaires laissées par M. Alfred Macquet: 1o Chemins vicinaux. 2o Distribution d'eau potable. 3o Etablissement d'un tramway. Le Conseil avait sollicité M. Nortier de se constituer concessionnaire aux lieu et place de M. Véniel ; rien encore de décidé.

Le garde Jules Baillet, ayant donné sa démission, le Conseil le remplace par Marot (Henri), déjà assermenté pour la surveillance de la plage pendant l'été. On lui accorde 700 frs de traitement.

La construction du bureau d'octroi à la plage est autorisée jusqu'à concurrence de 700 frs. 1,000 frs sont votés pour le Receveur à partir de 1895.

Réclame pour la Plage.

20 Mai. — Une certaine presse, par l'organe de la *Chronique Picarde*, publiée à Amiens, fait circuler des bruits malveillants portant atteinte à la prospérité de la Ville de Berck-sur-Mer; différents journaux de province ont reproduit les susdits articles. Le Conseil exprime le vœu de faire rectifier ces diffamations et vote 300 frs pour servir à faire de la réclame.

10 Juin. — Dans le budget additionnel, se trouvent:

ART. 12. — Création d'un refuge, 1,200 frs.

ART. 26. — Achat de chlore et sulfate de cuivre, 10 frs 81, etc., etc.

24 Juin. — Dans le budget primitif de 1895, l'octroi est porté:

pour . . . . 32.500 frs

Taxes des chiens . . . . 500 frs

Permis de chasse . . . . 600 frs

Subvention au Bureau de Bienfaisance . . . . . . 1.000 frs

Epidémie. (¹)

L'épidémie de fièvre typhoïde, que beaucoup appelèrent typhus, décima de 100 à 150 personnes, dont sept dans une seule famille.

Les maisons des Berckois, où l'épidémie sévissait avec fureur, étaient de vraies cahutes en torchis, où l'air et la lumière ne pénétraient que par la porte. Jamais nettoyées, couchant tous sur le même grabat tombant en lambeaux, on trouva étendus côte à côte la fille avec son père, n'ayant qu'une loque pour couverture; lui, se tordant dans les affres de la mort; elle, tirant la loque pour cacher sa nudité aux âmes charitables qui venaient les secourir. Leurs corps, noirs de crasse, donnaient à vivre à la vermine la plus infecte Les déjections des malades étaient jetées devant les portes, se perdaient dans le sol sablonneux et allaient infecter la nappe d'eau souterraine. Et ce n'est que cette eau jaunâtre qu'ils avaient pour étancher leur fièvreuse soif! Dès qu'on entrait dans ces masures, l'air vicié vous serrait la gorge et il fallait laisser les portes ouvertes.

Les vivants mangeaient à côté des morts et quelques heures plus tard, ils allaient les rejoindre. Ceci dura de longs mois. Deux religieuses, l'une de l'Ordre des Franciscaines de Calais, l'autre de la maison du Bon Secours de Boulogne-sur-mer, trouvèrent la mort au chevet des typhoïques berckois. Bien des dévouements passèrent inaperçus.

Monument aux Religieuses, victimes de l'Epidémie.

9 Septembre. — Le Conseil vote une somme de 215 frs pour prouver sa reconnaissance aux deux regrettées religieuses, mortes au champ d'honneur!....

Sur la demande de M. Delarue, le Conseil vote des remerciements au Clergé.

Considérant que M. l'abbé Coppin, desservant de la paroisse St-Jean-Baptiste à Berck-sur-Mer, s'est signalé avec la mo-

____

(1) *Berck s/M. Ville et Plage.* 2ᵉ Edition-1895, page 74.

destie la plus correcte, par un dévouement de tous les instants auprès des malades indigents pendant l'épidémie de 1894.

Considérant qu'il n'a jamais marchandé son temps, ses forces ni sa santé et qu'il a pratiqué la vraie charité en aidant clandestinement de sa bourse.

Considérant qu'il a été aidé dans cette tâche volontaire et dans la mesure du possible par son vicaire, M. l'abbé Pont, le Conseil leur réitère ses remerciements.

Mère St-André de la Croix, supérieure de l'Asile Maritime, fut du nombre des six religieuses qui allèrent dans les taudis infectes, arracher les victimes à la mort. En récompense des services qu'elle a rendus au pays, M. le Ministre de l'Intérieur lui décerna une médaille d'argent, en juillet 1901.

L'agent Marot reçut aussi un témoignage de satisfaction pour sa belle conduite dans cette circonstance.

Justification Alfred Macquet.

M. le Maire donne lecture au Conseil de la réponse faite par M. Alfred Macquet, ex-maire de la Ville de Berck, aux injonctions de la cour des Comptes et demande au Conseil de se prononcer.

Après délibération, le Conseil émet à l'unanimité, un avis défavorable aux explications fournies.

Ont signé: Emile Macquet, Maire; Fanthomme; Rivet-Rivet (Pierre); Baillet (Alphonse); Dacquet-Groux; François Rivet, dit *St-Luc*; Delarue (Michel); Rivet (Jacques); Nortier (Alfred); Dacquet (Louis); Fromentin (Auguste) et Beaussaut (Isidore), Conseillers municipaux.

Cimetière. Don de M. Dubois.

14 Octobre. — Le Conseil vote une somme de 6,000 frs pour l'achat d'un terrain contenant 59 ares, appartenant à MM. Nortier, héritiers Macquet, Jules Macquet, Hérent (Jules).

Le Conseil vote 3,000 frs pour la construction des rues de la Mer et du Calvaire.

M Dubois offre à la ville: 1o La route de Rothschild; 2o la rue Dubois; 3o la rue Lavoisier; 4o la rue Perrochaud;

5° la rue des Oyats. Le Conseil le remercie de son offre généreuse.

Hommage à la Mémoire de M. Macquet (J.-Bte).

11 Novembre. — M. le Sous-Préfet assiste à la séance et joint ses regrets à tous ceux des Conseillers municipaux qui déplorent la mort de J.-Bte Macquet, chef du parti républicain, décédé à l'âge de 65 ans.

C'était un homme de valeur, estimé de la population entière. Son deuil fut conduit par son fils, M. l'abbé Macquet, curé de Wailly et son beau-fils M. Legros. Sa dépouille repose dans le cimetière de Berck-Ville.

Dépenses pendant l'Epidémie.

1895. 17 Février. — Une Commission est nommée pour examiner les mémoires et le montant des dépenses causées pendant l'Epidémie de 1894.

31 Mars. — D'après le rapport de la Commission, le Conseil vote, à l'unanimité, un crédit de 12,000 frs; Emet l'avis que ce crédit pris sur l'excédent de 1894, soit inscrit par ordre au budget additionnel de 1895, mais demande l'autorisation de pouvoir payer par anticipation, jusqu'à concurrence du crédit voté.

Accepte tous les mémoires vérifiés, sauf pour M. le Docteur Louart, à qui le mémoire est retourné pour production de détails. MM. Delarue-Andrieu et Michault (J.-Bte), se réservent sur l'acceptation des comptes des deux pharmaciens.

BUDGET ADDITIONNEL (1894).

Détail des frais d'Epidémie.

SECTION II.

ART. 19. Allocation à M. Coste, Commissaire spe. fr. 506.00
ART. 20. - Inhumations d'indigents 122.00
ART. 21. Fourniture de pains aux indigents malades 600.00
ART. 22. - Achat de literie et ustensiles divers 170.00
ART. 23. Achat de médicaments 1.500.00

Art. 24. — Fourniture de cercueils aux indigents   118.00
Art. 25. — Fourniture de paille aux indigents   178.00
Art. 26. — Vin et comestibles aux indigents   560.00
Art. 27. — Allocations aux médecins pour soins extraordinaires   4.654.00
Art. 28. — Gratification à Dumetz   100.00
Art. 29. — Gratification à Macquet   100.00
Art. 30. — Monument aux Religieuses   275.00

Total : frs   12.183.00

Don de Mme la Baronne James de Rothschild.

Le Conseil vote des remerciements à Mme la Baronne James de Rothschild, qui a envoyé 500 frs au Bureau de Bienfaisance.

M. le Dr Quettier
est nommé Médecin du Bureau de Bienfaisance.

5 Mai. — Le Conseil accepte, moins une voix, la demande de M. le Docteur Quettier, pour la fonction de Médecin du Bureau de Bienfaisance. Il exercera, dit-il, avec M. le Docteur Louart, mais il stipule que les bons de médicaments devront, pour être valables, après la délivrance par le médecin, être visés par le membre du Bureau de Bienfaisance du quartier et revêtu du timbre de la Mairie.

Protestation.

M. Dacquet se réserve de faire une protestation écrite.

« Je proteste contre la délibération du Conseil municipal du 5 Mai, qui a pour but de nommer M. Quettier, qui exerce ici simultanément la profession de Docteur et Pharmacien, médecin au Bureau de Bienfaisance, en lui affectant la moitié du traitement de M. Louart, médecin aussi du dit Bureau depuis plus de trente ans.

J'ai cru, avant la délibération, faire observer à M. le Maire, qu'il existe à Berck un Bureau de Bienfaisance et qu'il était je crois, le seul compétent pour cette nomination. M. le Maire n'a tenu aucun compte de cette observation et a passé outre.

Il est peut-être vrai que pour lui le Bureau de Bienfaisance n'existe que de nom. Maintenant, peut-on admettre que dans une ville où il y a quatre pharmaciens, où l'un d'eux est médecin, qu'on nomme ce dernier titulaire du Bureau de Bienfaisance et qu'à ce titre il délivrera des ordonnances faites par lui, prises dans son officine et inscrites par lui-même sur son livre journal. Il sera donc par ce fait *Ordonnateur*, *Fournisseur* et *Taxateur* de ses produits; où sera-t-il le contrôle? Qu'en pensez-vous, Monsieur le Préfet? Je proteste donc énergiquement contre cette manière d'agir du Conseil municipal, qui se substitue, je crois, dans cette affaire aux lieu et place du Bureau de Bienfaisance et pour mieux faire comprendre à M. le Maire qu'il n'eut peut-être pas dû agir ainsi par lui-même, je lui posai cette question: Pour votre commerce, pour vos deniers personnels d'intérieur, délivreriez-vous aussi une autorisation soit sur carnet à souches, soit l'équivalent à un particulier quelconque? et sans contrôle? Je suis à attendre sa réponse.

Je demande l'annulation de la délibération ci-dessus ».

Signé: DACQUET (Louis).

Conseiller municipal, armateur à Berck.

Don au Bureau de Bienfaisance.

Mme la supérieure de la communauté du Bon Secours, à Boulogne-sur-Mer, remercie le Conseil municipal de la somme de 135 frs, votée pour le monument de la Sr Ste-Mathilde, décédée à la suite de la maladie contractée en soignant les pauvres de Berck et le prie de la distribuer aux indigents de la Commune.

Marché Couvert de la Plage.

M. De Lhomel demande l'autorisation d'ouvrir le marché couvert qu'il a fait construire à la plage. Le Conseil ajourne sa réponse.

Mariage de M. le Baron Henri de Rothschild.

12 Mai. — Le mariage de M. le Baron H. de Rothschild, avec Mlle M. de Weisweller, étant fixé au 22 courant, le

Maire exprime au Conseil, qu'en raison des liens de reconnaissance qui unissent la population entière à cette famille, qualifiée à juste titre de Bienfaitrice du pays, il serait bon de s'associer à la fête nuptiale par une manifestation publique.

A l'unanimité, le Conseil organise: un banquet dans la salle de l'Hôtel-de-Ville, à l'issue duquel un télégramme exprimant les souhaits de la Société, sera adressé aux nouveau époux; une demande de congé en faveur des Enfants des Écoles; une retraite aux flambeaux et un bal public sur la place du Marché.

Boîtes aux Lettres mobiles aux Gares.

20 Septembre. — Sur la demande de M. Danvin, une somme de 100 frs est votée pour l'agrandissement des boîtes aux lettres mobiles aux gares.

786 frs sont votés pour la construction de la rue des Baigneurs: le surplus des frais est payé par les riverains.

Médecins du Bureau de Bienfaisance.

18 Décembre. — Une lettre de M. le Sous-Préfet, en date du 8 Novembre 1895, prie de donner avis sur la nomination de MM. les Docteurs Quettier et Louart.

Agrandissement du Cimetière.

1896. 19 Janvier. — Le Conseil décide que la parcelle d'Hérent (Jules), — qui veut vendre tout son terrain, ce qui occasionnerait une dépense de 2,500 frs en plus de celle déjà votée — que cette parcelle de 4 ares 80 centiares ne sera pas acquise d'Hérent, que la limite de l'agrandissement projeté s'arrêtera à celle de la propriété Jules Macquet et que cet agrandissement ne sera que de 51 ares 90 centiares au lieu de 59 ares 70 centiares; par suite la contenance du cimetière avec l'annexe sera portée à 1 hectare 21 centiares.

Distribution d'Eau potable.

23 Février. — MM. A. et J. Deplanque ont été acceptés comme concessionnaires des Eaux de la Ville de Berck, sous

réserve de rédiger ultérieurement le traité définitif d'un commun accord avec la Ville, lequel M. le Maire est autorisé à signer. M. Buellet, Sous-Préfet de Montreuil, a pris une part active dans cette affaire.

M. Husson, ingénieur de l'arrondissement, est l'auteur du projet et du traité avantageux qui en assure l'exécution et l'exploitation.

Le Conseil vote, à l'unanimité, des remerciements à ces Messieurs. Accepte l'état des sommes dues à M. Husson, s'élevant à 5,050 frs 98, qu'il considère comme n'étant pas suffisants pour le récompenser de son dévouement.

Une somme de 23,100 frs est votée pour la construction de caniveaux pavés le long de la rue de l'Impératrice et d'un fossé maçonné rue du Calvaire Michel. Ce travail sera nécessaire pour la distribution des eaux.

Fontaines offertes par Mme la Baronne J. de Rothschild.

Mme la Baronne James de Rothschild informe le Maire qu'elle désire offrir deux fontaines à la Ville de Berck, en souvenir du mariage de son fils, M. le Baron Henri et celui prochain de sa fille, Mlle la Baronne Jeanne.

L'une des fontaines sera placée à la Ville; l'autre à la Plage. Le Conseil vote des remerciements à Mme de Rothschild.

Mémoire de M. le Docteur Louart.

M. le Docteur Louart, à deux reprises différentes, a demandé à être payé de son Mémoire pour visites supplémentaires aux indigents pendant l'épidémie.

Le Conseil, considérant que jusqu'ici on n'a pu s'entendre sur le moyen de solder M. Louart, parce qu'il touchait bon an ou mal an une certaine somme fixe de la Ville pour visites aux indigents et que dans ces conditions il n'est pas rationnel qu'il présente un mémoire,

Décide de lui allouer une indemnité de 2,500 frs.

Octroi.

Le Conseil est d'avis de proroger les tarifs et règlements d'octroi en vigueur pendant cinq années, à partir du 1er juin 1897.

2º De modifier les taxes ci-dessous de la façon suivante:

Lapins, 0,10 c. par tête au lieu de 0,20 c.; canards sauvages, faisans, coqs, poules, 0,10 c. au lieu de 0,15, par la raison que cette imposition frappe la classe pauvre et que la taxe trop élevée en empêche l'approvisionnement sur nos marchés.

3º D'imposer comme suit:

Vin, 1 fr. 50 l'hectolitre au lieu de 1 fr. 25. Vinaigre et conserves de vinaigre, 1 fr. l'hectolitre.

Limonades gazeuses, 1 fr. 50 l'hectolitre calculé à 8 degrés.

Charcuterie, les 100 kilos, 2 frs; graisse, lard, viande, les 100 kilos, 2 frs; truffes, volailles, gibiers, pâtés truffés, 0,25 c. le kilogramme. Dindes, 0,25 c. la tête. Oies grasses, 0,15 c.; canards barboteaux, 0,10 c.; pigeons, 0,05 c. la paire. Cerfs, biches, sangliers, 1 fr. 50 la tête.

Poisson de mer et d'eau douce, venant de l'étranger par voie de terre et non assujetti au droit de Halle, 0,05 c. le kilog.

Huîtres fraîches ou marinées, 0,05 c. la douzaine.

Conserves de fruits confits, etc., 1,00 les 100 kilos.

Huiles, comestibles, 2 fr. 00 l'hectolitre.

Chaux et mortier de toute espèce, 0,25 le mètre cube.

Ciment, 0,10 c. les 100 kilos.

Plâtre, 0,05 c. les 100 kilos.

Moëllons, platras, pavés, etc., 0,10 c. le mètre cube.

Briques, 0,25 c. le mille.

Pierres de taille dures, 1 fr. 00 le mètre cube.

Pierres de taille tendres, 0,50 c. le mètre cube.

Dalles et carreaux, 0,10 c. le mètre superficiel.

Marbres et granits, 3 frs 00 le mètre cube.

Fers bruts, 0,10 c. les 100 kilos.

Zincs, plombs, cuivres pour constructions, 0,50 c. les 100 kil

Fonte, 0,25 c. les 100 kilos.

Ardoises, tuiles, 0,25 c. les 100 kilos.

Bois de charpente ouvré, 1 fr. 50 le mètre cube

Bois de menuiserie ouvré, 0,50 c. le mètre carré.

Vernis, céruse, etc., 1 fr. 00 l'hect. ou les 100 kilos.

Chemin d'Accès à l'Asile Maritime.

MM. Tattagrain et Lavoisier demandent le concours pécunier de la Commune à titre de subvention pour les indemniser en partie de la dépense qu'ils ont dû faire pour la construction d'un chemin d'accès à l'Asile Maritime.

Le Conseil, considérant qu'il est de bonne administration d'encourager les œuvres charitables sous quelques formes qu'elles se présentent et à plus juste titre l'œuvre de l'Asile maritime qui a rendu et est appelée à rendre de précieux services à la population de Berck-sur-Mer, vote, à l'unanimité, une somme de 200 frs.

8 Mars. — 41 frs de cotes irrécouvrables passent aux non-valeurs.

Concession des Eaux.

Lecture est donnée du traité, lequel est approuvé, sauf par M. Dacquet (Louis), qui fait observer qu'il se réserve, jusqu'à ce qu'un ingénieur soit nommé pour la surveillance des travaux en construction.

Installation du Maire, des Adjoints et des Conseillers Municipaux.

ELECTIONS DES 3 et 10 MAI 1896.

MM. Parmentier (Oswald), maire, directeur de l'Etablissement des Pupilles de l'Assistance publique de Paris. Macquet (Philippe), dit *Compère*, 1er adjoint; Docteur Quettier (Désiré), 2e adjoint. Conseillers municipaux:

MM. François Rivet, dit *St-Luc*.
    Macquet Rivet (Emile).
    Dacquet-Groux (Pierre).
    Rivet (Jacques).
    Fanthomme (Arsène).
    Macquet (Théodule).
    Dehesdin (Paul).
    Rivet-Macquet (Pierre).
    Malingre-Caffier (Michel).
    Bridenne (Jacques).

Cobert (J.-Bte).
Andrin (Edouard).
Macquet (Joseph).
Fromentin (Auguste).
Drapier (Joseph).
Dumont-Allan.
Nortier (Alfred).
Rivet-Rivet (Pierre).
Delacroix (J.-Bte).
Malingre (Pierre).

Diverses Commissions.

Au début de sa gestion, le Maire établit différentes Commissions chargées d'examiner le fonctionnement de toutes les affaires communales et pria le Conseil de nommer les suivantes : Finances. Travaux. Routes. Fêtes. Scolaires. Hygiène.

Le Conseil décide de composer les Commissions de six membres nommés à l'unanimité.

Finances. MM. Dehesdin, Quettier, Macquet (Philippe), Andrin, Dumont, Malingre (Pierre).

Travaux. MM. Bridenne, Macquet (Emile), Dacquet-Groux, Rivet (Pierre), dit *Mémé*, Fromentin, Drapier.

Routes. MM. Fanthomme, François Rivet St-Luc, Delacroix, Rivet (Jacques), Macquet (Théodule), Cobert, Malingre-Caffier.

Fêtes. MM. Quettier, Dumont, Malingre-Caffier, Rivet-Rivet (Pierre), Macquet (Joseph), Dehesdin, Macquet (Philippe).

Scolaires. MM. Fanthomme, Dacquet-Groux, Dumont, Dehesdin, Macquet (Emile), Malingre (Pierre).

Hygiène. MM. Quettier, Dehesdin, Rivet-Macquet, Delacroix, Rivet-Rivet (Pierre), Macquet (Théodule).

MM. Fanthomme et Malingre (Pierre) sont élus délégués pour faire partie de la Commission administrative du Bureau de Bienfaisance. (Loi du 5 Août 1879).

30 Juin. – Au budget primitif, pour 1897, les taxes suivantes sont portées en recettes aux chiffres de : Octroi fr. 36.000
Chiens 600
En dépenses : Subvention au Bureau de Bienfaisance 1,500

Indemnité aux médecins 200
Achat de médicaments 500
Rétribution des sages-femmes 200
Fêtes publiques 500
Dépenses imprévues 1,200

Champ de Courses dans la Mollière.

M. Oscar Soubitez, Secrétaire de la Société des Courses, demande: 1° d'établir un champ de courses dans le terrain communal de la Mollière. 2° Que la Ville veuille bien voter une somme pour constituer un prix, dit: *Prix de la Ville de Berck.*

Le Conseil autorise à titre d'essai et pour cette année seulement, à établir un champ de courses pour une des journées du mois d'août, sur une étendue de sept à huit hectares, dont la désignation sera faite d'un commun accord par les représentants de la Commission des Courses et une Commission municipale.

Une somme de 200 frs est votée pour le *Prix de la Ville de Berck.*

Approbation des Comptes du Bureau de Bienfaisance. (¹)

Société des Eaux. (²)

12 Juillet. — MM. Quettier, Nortier et Malingre (Pierre) sont nommés pour la reconnaissance de la *Société des Eaux.*

---

(1) Les comptes du Bureau n'ont jamais été publiés.

(2) La Concession a été accordée pour une période de quarante années. L'inauguration eut lieu, le 16 juillet 1896, sous la présidence de M. Turrel, ministre des Travaux Publics, accompagné de MM. de Selves, préfet de la Seine ; Peyron, directeur de l'Assistance publique, à Paris ; Boudenoot, député ; Alapetite, préfet du Pas-de-Calais ; Buellet, sous-préfet de Montreuil, et autre notabilités. L'allocution de M. l'abbé Coppin, curé de Berck-Ville, à M. le Ministre et la réponse de ce dernier, fit le tour de la presse locale et parisienne. Rochefort y donna son mot dans l'*Intransigeant.*

Les palmes Académiques furent remises à MM. le Docteur Quettier, adjoint et Becquart, publiciste, délégué cantonal.

Berck-Ville et Plage, 3ᵉ Edition-1900, page 121.

Mme Tison — bureau de tabac, route de Berck-Ville — est autorisée à faire placer à sa maison l'une des boîtes à lettres ayant servi à la gare de Berck-Plage.

Les travaux et l'entretien seront à ses frais.

Impositions pour insuffisance de Revenus.

2 Août. — Le Conseil, considérant que les dépenses ordinaires inscrites au budget primitif de l'exercice 1897 sont indispensables et qu'il n'est possible d'y pourvoir qu'en obtenant l'autorisation de recourir à une imposition extraordinaire.

Décide que la Commune sera imposée en 1897 par addition au principal des quatre contributions directes.

Une somme de 15,493 frs 45 est alors votée pour insuffisance de revenus.

Octroi.

Le Conseil supprime l'article ayant trait au poisson d'eau douce et d'eau de mer, mais considérant que le vin est consommé principalement par la classe riche — surtout depuis l'accroissement de la population — demande qu'une surtaxe de 1 fr. 30 par hectolitre frappe le vin entrant en ville.

Société Républicaine d'Instruction de Montreuil-s/-Mer.

Une somme de 30 frs est votée pour cette Société.

Assurance de la Subdivision des Sapeurs-Pompiers contre les Accidents.

6 Septembre. — Le Maire est autorisé à passer au nom de la Ville avec la Compagnie l'Abeille, le projet de Police, assurant contre les accidents les quarante-sept hommes composant la subdivision de sapeurs-pompiers. Une somme de 75 frs 40 est votée pour assurer le paiement de la prime de la première année, avec les frais de police et 70 frs 10 pour les années suivantes.

100 frs sont votés pour subvention au Comité des Fêtes de la Plage.

Revue des Plages du Nord de la France.

Pour faire de la propagande en faveur de la plage, le Conseil autorise le Maire à faire l'acquisition du dit ouvrage qui se compose de 25 volumes.

Réorganisation de la Musique.

MM. Nortier (Alfred), Quettier et Fanthomme, font partie du Comité de réorganisation de la Musique.

Gestion occulte d'Alfred Macquet.

Le Maire demande l'avis du Conseil sur le compte présenté par M. Germain, receveur municipal, commis d'office pour établir la gestion occulte de M. Macquet (Alfred), ancien maire, et donne lecture du dit compte.

Le Conseil:

Vu le compte-rendu par le sieur Germain des recettes et dépenses d'Alfred Macquet, comptable occulte pendant les années 1884—1885 et de 1888 à 1891.

Délibère:

Statuant sur les opérations des exercices 1884—1885 et de 1888 à 1891, sauf le règlement et l'apurement par la Cour des Comptes, le Conseil municipal admet les opérations effectuées pendant les gestions désignées ci-dessous, savoir:

En recettes pour 202 frs 30.

En dépenses pour 8,679 frs 92.

D'où résulte un excédent de dépenses de 8,477 frs 62.

Le résultat définitif des exercices 1884—1885 et de 1888 à 1891 est un excédent de dépenses de 8,477 frs 62.

Le Conseil municipal demande qu'il plaise à la Cour des Comptes, faisant droit aux motifs ci-dessus énoncés, exiger du comptable, savoir: qu'il reverse dans la caisse municipale la somme de 8,477 frs 62.

Signé: PARMENTIER (Oswald), maire.

Macquet (Philippe), dit *Compère*; Docteur Quettier, adjoints; Fanthomme; Bridenne (Jacques); Malingre (Pierre); Macquet

(Joseph); Rivet-Rivet (Pierre); Macquet (Théodule); Dacquet-Groux (Pierre); Drapier (Joseph); Malingre (Michel); Dumont (Ernest); Macquet (Emile); Fromentin (Auguste); Nortier (Alfred), Conseillers municipaux.

Dans le *Phare de Berck*, fondé par M. Ch. Hocque, le 12 mai 1896, M. Alfred Macquet, sous le pseudonyme de *Verax*, publia jusqu'au moment de sa mort, sous le titre: *Libres Chroniques Berckoises*, un plaidoyer en sa faveur. Avec un esprit des plus satirique, il lança dans une centaine d'articles pamphlétaires des vérités quelquefois cruelles pour ceux à qui elles s'adressaient.

Dans la fortune, Alfred Macquet eut des amis; dans l'adversité, il compta des indifférents, quelques-uns même devinrent ses ennemis les plus acharnés.

Il est décédé à la Ferme de la Folie, commune de Rang-du-Fliers-Verton, le 29 avril 1897, à l'âge de 52 ans, des suites d'une maladie de cœur.

La cérémonie religieuse eut lieu à Berck-Ville.

Le crucifix était porté par M. Rivet (Pierre), dit *Mémé*, Conseiller municipal.

Le deuil conduit par sa veuve et MM. Albert et Léopold Macquet, ses frères.

Etaient également présents: MM. le Chanoine Jules Macquet, Supérieur du Collège de Montreuil; Cauwet, curé de Merlimont; Lemichez, vicaire indépendant de Notre-Dame-Des-Sables, de la Plage; Gournay, curé de Verton; Hocque, curé de la Calotterie; Macquet-Michedez, curé de Wailly.

L'absoute a été donnée par M. Coppin, Curé de Berck, assisté de son vicaire et de M. l'abbé Conty.

Sur la tombe, aucun discours n'a été prononcé, conformément à la volonté exprimée depuis longtemps par le défunt.

En dépit des haines que la mort n'a pu apaiser, le souvenir d'Alfred Macquet, dit M. Ch. Hocque, restera longtemps au cœur de ses concitoyens ([1]).

_____

(1) *Phare de Berck*, 9 Mai, 1897.

Bail avec la Cie du Nord pour la Canalisàtion de la Voie ferrée.

25 Octobre. — La canalisation nécessitée par la distribution d'eau a dû occuper le sol de la voie ferrée de la Compagnie du Nord dans la traverse du passage à niveau de Rang-du-Fliers au chemin de grande communication, n° 126.

Cette Compagnie consent à céder cette occupation jusqu'en 1950, à la ville de Berck, moyennant une redevance annuelle de un franc pour constater le caractère précaire de l'installation.

Le Conseil autorise le Maire à signer le bail.

Agrandissement du Cimetière (Côté Nord).

15 Novembre. — Les propriétaires riverains du côté Nord, offrent à la ville de céder leurs terrains pour la somme de 3,500 frs. la mesure locale, c'est-à-dire 42 ares 91 centiares, soit un bénéfice de 500 frs par mesure sur les promesses de vente précédemment souscrites.

MM. Malingre (Pierre); Macquet (Emile) et Dacquet-Groux sont désignés pour étudier la question.

Plaques des Rues.

Le Conseil autorise le Maire à faire placer des plaques pour indiquer les noms des rues de la ville et à en solder la dépense.

Réorganisation de la Musique.

4 Décembre. — Font partie de la Commission : MM. Avisse, Président; Parmentier (Louis), Trésorier; Rosey (Victor); Macquet (Philippe) et Malingre (Michel), membres.

Marché couvert de la Plage.

Le Conseil autorise le Maire à traiter avec M. De Lhomel, pour l'acquisition du marché couvert de la Plage et de conclure pour la somme de 14,000 frs, payable par annuités de 2,000 frs, y compris l'intérêt du capital au taux de 4 %/_0 l'an.

La Ville se réserve le droit de se libérer avant l'époque déterminée, si les finances le permettent; elle se réserve également le droit de donner à ce terrain telle affectation qu'elle jugera, après l'expiration des dix premières années pendant lesquelles la Ville sera forcée de le conserver comme Marché public.

Acceptation de Cautionnement de Mme Vve Mijuin.

Mme Mijuin, de nouveau adjudicataire des droits de place sur les marchés, pour une période de trois ans consécutifs, moyennant le prix annuel de 5,230 frs, dépose un cautionnement de 1,000 frs.

Banquet Ficheux.

Le Conseil autorise le Maire à passer un traité avec M. Ficheux, pour un banquet d'honneur offert à M. Turrel, Ministre des Travaux Publics, à l'occasion de l'inauguration des Eaux. Il vote un crédit de 1,000 frs.

Don de M. Gerbore pour le Chemin du Randon.

11 Décembre. — M. le Docteur Quettier informe le Conseil que M. Gerbore, en mémoire de la décoration qu'il a reçue à Berck, lui a remis 100 frs pour la construction du chemin du Randon. Le Conseil remercie M. Gerbore.

Agrandissement du Cimetière.

1897. 14 Février. — Le Conseil municipal, considérant que le cimetière actuel d'une contenance de 45 ares 34 centiares, ne peut suffire aux besoins d'une commune de 7,039 habitants et d'une population flottante considérable, où la moyenne des décès, d'après le nombre constaté des cinq dernières années, est de 179 3/5, que son agrandissement est indispensable.

Considérant que le terrain à acquérir des sieurs Barbe, Macquet, Hérent-Macquet et Beauvois Clément, est le plus convenable pour cet agrandissement, qu'il est situé, ainsi que le cimetière, à plus de cent mètres des habitations, sources et puits les plus rapprochés, qu'il a une superficie de 62 ares 34 centiares, en sorte que la contenance totale du cimetière sera portée par l'annexion du dit terrain à 1 hectare 7 ares 68 centiares, étendue suffisante pour les besoins constatés.

Considérant que le prix demandé n'est pas supérieur à l'estimation et que la Commune pourra se libérer au moyen du crédit inscrit au budget primitif de 1896 (qui sera porté au budget additionnel de 1897 en tant que besoin) sous l'article 114. Acquisition de terrains pour agrandissement du cimetière.

Vote l'achat pour le prix de 4,359 frs 04.

Arrêté concernant les Bicyclettes.

Un arrêté étant pris par le Maire, le 27 avril 1896, pour empêcher le renouvellement des accidents qui se sont produits par la faute des bicyclistes, au cours de la saison dernière, le Conseil autorise le Maire à faire placer partout où besoin sera, des poteaux indiquant les prescriptions de l'arrêté précité.

Les comptes du Conseil de Fabrique sont approuvés.

4.800 frs sont votés pour les travaux de la rue Rothschild.

877 frs 20 pour la pose de candélabres dans les rues de l'Hôpital Maritime, des Coucous et de la Vague.

Ecole de Garçons à la Plage.

Un terrain appartenant à Mme Orange et destiné à faire un jardin à l'Ecole des Garçons de la Plage, est acheté au prix de 900 frs.

Marché de la Plage.

Le Conseil est informé que la Société tontinière de l'Eglise et du Marché de la Plage a proposé de céder à la Ville le Marché sans indemnité, sauf toutefois les frais d'acte qui seraient à la charge de la Ville.

Le Conseil accepte, considérant que le marché est d'une grande utilité pour la Ville. Il adresse ses remerciements à MM. Danvin (Aristide) ; Baron des Lyons de Feuchin et Leclercq pour la bienveillance qu'ils témoignent à la ville de Berck.

Rue Carnot.

En mémoire du regretté Président de la République, le
nom de *Carnot* est donné à la rue de la Plaine.

Incendie Véniel.

Le Conseil remercie M. le Préfet qui vient d'envoyer 300 fr.
pour être distribués aux ouvriers victimes de l'incendie de
l'usine Véniel.

Agent Baillet.

Baillet (Jules) est nommé agent pour le service de la Plage,
en remplacement de Macquet (Léopold), démissionnaire.
Macquet (Pierre) est affecté à la garde des propriétés.

Digue à la Plage.

5 Mars. — Le Conseil est informé d'un projet de construction d'une digue, en façade de mer, à exécuter avec le concours des propriétaires riverains, lesquels se constitueraient en
syndicat. La question est ajournée.

Quatrième Casino à l'Entonnoir.

Il est fortement question, dit le Maire, d'établir un quatrième
Casino à l'Entonnoir, ce qui nuirait aux intérêts des propriétaires de ce quartier et serait préjudiciable à notre marine.
Le Conseil, considérant qu'en 1863 l'État a aliéné une laisse
de mer, qu'il a vendu à la Commune une partie de ces
terrains nommés Entonnoir, à la condition qu'ils ne pourraient être aliénés et resteraient à usage de Place et de chemins, afin de laisser intact le droit de la vue aux propriétaires
riverains, que les intérêts de notre Marine pourraient être
compromis au moment des grandes marées, le Conseil proteste énergiquement contre l'installation d'un établissement
quelconque au milieu de l'Entonnoir.

Création du Chemin du Randon.

Sollicité par les principaux intéressés pour la construction du chemin du Randon, le Conseil en décide la création au fur et à mesure des ressources de la Ville.

Boîte à Lettres.

26 Mars. — Autorisation est donnée à M. Watelier d'établir à ses frais, une boîte aux lettres à la porte de son débit de tabac, rue Carnot.

Audiences foraines du Juge de Paix.

23 Avril. — Le Conseil, vu le nombre toujours croissant des affaires portées par les habitants de Berck en Justice de Paix.

Vu l'accroissement extraordinaire de la population.

Vu la distance relativement longue — 14 kilomètres — qui sépare Berck de Montreuil, émet l'avis qu'il plaise à l'administration d'accorder à la Commune deux audiences par mois du Juge de Paix, dans le local de l'Hôtel-de-Ville.

S'engage à voter l'indemnité nécessaire dès que son importance sera fixée.

Classement de l'*Avenue de la Gare* dans la grande voirie.

Affaire Veuve Loffroy.

Le Maire a chargé Me Lenglet, avocat à Arras, de défendre la Ville au Conseil de Préfecture, dans la dite affaire.

Subventions Patriotiques.

Le Conseil vote 20 frs aux Dames Françaises de Montreuil-sur-Mer, et 10 frs pour le Comité d'Alsace-Lorraine.

Cimetière.

24 Mai. — Le Conseil approuve le rapport de la Commission d'hygiène et prend l'engagement d'exhausser le terrain.

Syndicat de Désensablement.

Le Conseil adhère au syndicat des propriétaires pour le désensablement des rues et vote une somme de 500 frs pour les travaux à faire.

Juge de Paix.

Le Conseil demande que M. le Juge de Paix fasse annuellement seize audiences à Berck.

Vote· 1º 420 frs pour frais de déplacement; 2º 280 frs pour frais de premier établissement.

Marché Couvert.

Le Conseil décide que le prix de location des cases du Marché soit fixé annuellement à 60 frs chacune; la location produira 1,260 frs, somme suffisante pour couvrir le prix d'acquisition.

Les cases seront ouvertes en tout temps. Les locations seront faites par adjudications publiques et renouvelables chaque année.

Châlet de Nécessité.

Ce projet de traité est présenté par M. Ferrand, demeurant à Paris, 75, rue de la République. Le Conseil, après avoir examiné le plan de construction, l'accepte, mais refuse de donner la moindre allocation à l'entrepreneur, lui laisse gérer cette entreprise à ses risques et périls, s'engage à lui donner le monopole de cette concession pendant dix années consécutives à partir de l'approbation de l'arrêté préfectoral.

Néanmoins, si M. Ferrand ne remplit pas les conditions imposées, ou s'il s'aperçoit que cette entreprise est ruineuse, il pourra demander au Conseil la reprise de ses libertés.

Au budget primitif de 1898, aux recettes, l'octroi est porté pour . . . . frs 41.000

Aux dépenses: Bureau de Bienfaisance. 1.500

Médecins 1.000

Enlèvement des immondices 2.500

Insuffisance de Revenus en 1898.

Le Maire fait connaître que les dépenses ordinaires ont été arrêtées à la somme de 80,873 frs 90; que les ressources normales de la Commune ne sont que de 65,873 frs 90, après avoir comblé le déficit de 1896 et qu'ainsi il y a insuffisance de 15,000 frs. Le Conseil décide que la Commune sera imposée, en 1898, par addition au principal des quatre contributions directes.

Bureau de Bienfaisance.

25 Juin. — Les comptes pour 1897 sont adoptés.

Délimitation de la Mer.

Le Conseil considérant que la délimitation actuelle fait entrer dans le domaine public de l'Etat, c'est-à-dire rend aliénable une partie du domaine maritime et nuit ainsi à ses intérêts.

Considérant qu'elle détruit le magnifique coup d'œil de l'Entonnoir, qui fait la beauté de la Plage et assure sa prospérité.

Considérant enfin que le 3 février 1897, la mer a dépassé de quatre-vingts mètres les poteaux fixant cette délimitation qui constituerait alors pour nos marins et les baigneurs une source de dangers continuels, tout en lésant d'une façon inquiétante, tous les intérêts de la plage, Prie l'Administration supérieure et MM. les Ministres compétents d'intervenir auprès de M. le Président de la République pour obtenir de sa bienveillance un nouveau décret. Le décret du 10 Juillet 1896, fixant la délimitation du rivage de la Mer entre Paris-Plage, Cucq et la pointe du Haut-Banc, commune de Berck, conformément au plan établi par le service des Ponts et Chaussées, contre lequel quarante-six propriétaires riverains se sont élevés au cours de l'enquête Commodo et Incommodo et malgré l'avis de rejet du commissaire enquêteur et la délibération du Conseil municipal, du 14 mars 1895, par laquelle cette assemblée revendiquait les droits de notre Marine, ce décret, disons-nous, demandait le maintien du statu quo le long du littoral bordant le territoire de la Ville de Berck.

Un nouveau décret ramènerait la ligne de délimitation à son état primitif, en ce qui concerne la partie du littoral situé le long du territoire de la Ville de Berck-sur-Mer.

Courses en 1897.

Le Conseil, considérant que les Courses attirent une foule considérable d'étrangers et sont pour la ville une source d'avantages et pour les commerçants un moyen de prospérité,

Accorde la Mollière à la Société pour un jour et de une heure à cinq, moyennant 100 frs au Bureau de Bienfaisance.

350 frs sont votés pour la fête nationale du 14 juillet.

Tramway de la Ville à la Plage.

18 Juillet. — Le Conseil autorise le Maire à demander la concession d'un tramway, aux conditions d'exploitation approuvées par le Conseil général du Pas-de-Calais, le 3 avril 1894.

Le rétrocessionnaire construira et exploitera le dit tramway à ses risques et périls; il sera seul responsable des accidents qui peuvent en résulter.

Le Conseil reconnaît cette construction d'utilité publique.

Horloge de l'Eglise de la Plage.

14 Août. — D'après une lettre de M. le Baron des Lyons de Feuchin, le Conseil considérant qu'une horloge est appelée à rendre service à la population, vote à l'unanimité 50 frs.

Le fête patronale de la Plage est fixée au 15 août.

Clôture de la Place St-Georges.

Honoraires de M. le Docteur Louart pour 1895.

Le Conseil considérant que M. le Docteur Louart touche annuellement tant de la Commune que du Département, une somme de 200 frs pour soins à donner aux indigents.

Considérant aussi qu'en accordant par sa délibération du 23 février 1896, une somme à forfait de 2,500 frs, il a voulu indemniser M. Louart (qui réclame encore 150 frs pour accouchements) des soins extraordinaires qu'il avait pu donner aux malheureux.

Considérant enfin qu'il n'y a, à la Mairie, aucune trace de factures payées au médecin pour accouchements, s'oppose au paiement de la dite note de 150 frs.

Incendie de la Salle d'Asile.

21 Décembre. — Le Conseil vote une somme de 196 frs 40, pour dégâts occasionnés aux bâtiments de l'Ecole maternelle par l'incendie du 5 Novembre 1897.

Création d'une Cabine Téléphonique.

Le Conseil donne mandat au Maire de faire les démarches nécessaires et d'étudier par quels moyens la ville pourrait être dotée de cet élément de progrès destiné à accroître sa prospérité; il le charge de s'entendre avec les intéressés pour réunir la somme de 18,000 frs indiquée comme nécessaire à la réalisation du projet.

Réclamation de M. Daussy.

1898. 13 Février. — Le Conseil reconnaissant le bien fondé de la réclamation de M. Daussy, de Senlis, propriétaire du chalet Prado, rue des Oyats, vote le remboursement de 75 c. M. Daussy avait été imposé pour un perron, lequel se trouve construit chez Mme Daussy, d'Auxi-le-Château, villa Bon Souvenir, rue de l'Hôpital Maritime.

Subventions.

Sur demande de M. La Fare, éditeur, une somme de 30 frs est votée pour publicité en faveur de la Plage dans le *Guide Pratique des Familles*.

200 frs sont votés et remis à M. Danvin (Aristide), Président du Comité des Intérêts généraux de la Plage pour publicité.

Affaire Veuve Loffroy.

Le Conseil vote une somme de 600 frs pour travaux d'amélioration à la rue de la Mer, de façon à rendre l'écoulement des eaux facile et à construire en face des immeubles de

Mme veuve Loffroy, un mur de soutènement avec parapet pour assurer la sécurité de la circulation dans la rue de la Mer.

La Ville a été condamnée à payer 4,000 frs à Mme Loffroy, pour cause de dépréciation occasionnée à ses immeubles pour la construction de la rue. En plus des 4,000 frs, les intérêts légaux, à dater du 12 avril 1895, ainsi que les frais d'instance et d'expertise.

Surveillant d'Octroi.

Le sieur Bocquet (Louis) est nommé en remplacement de Grave (Laurent), décédé.

Bureau de Commissariat à la Plage.

1er Mai. — Sur la demande de M. Danvin, le Conseil vote une somme de 75 frs pour la location du Bureau du Commissaire à la Plage.

Courses de la Mollière.

Autorisation est donnée d'une journée de Courses, de une heure à six. 200 frs sont votés pour: *Prix de la Ville de Berck.*

Concession du Chemin de Fer de Terminus.

5 Juin. — M. Itasse, sollicitant la concession du chemin de fer reliant la plage des Dunes à la gare de Berck-Ville, le Conseil accorde la concession à M. Itasse, sous les réserves suivantes: 1º La Compagnie exploitante est tenue d'assurer sur tout le parcours de la voix ferrée le libre écoulement des eaux dans les égoûts créés et à créer. Elle devra se substituer à la ville de Berck pour toutes les autorisations à obtenir, toutes les redevances à payer et se conformer strictement à toutes les lois ou règlements en vigueur.

2º La présente concession n'est accordée que sous la réserve spéciale que la Société donnera libre passage et ce gratuitement à tout chemin communal qui pourrait être construit dans l'avenir.

3º Il est interdit au concessionnaire de supprimer aucun des chemins existants; il devra, au contraire, en rendre le parcours facile, placer aux principaux passages à niveau une plaque avec inscription, afin de prévenir le public et empêcher les accidents.

4o Si, dans un avenir plus ou moins proche, le Conseil municipal reconnaissait la nécessité d'établir une barrière fonctionnant à distance, au passage à niveau du Chemin des Anglais, la Compagnie exploitante sera dans l'obligation d'obtempérer à la première injonction qui lui sera adressée à ce sujet.

5o Si le concessionnaire ou ses ayants droits n'a pas rempli toutes les formalités d'usage, obtenu toutes les autorisations pour juillet 1900, la Ville de Berck entend, après ce délai, reprendre toutes ses libertés et rompre son engagement.

Le Conseil vote le crédit nécessaire pour l'installation d'une boîte à lettres à la Plage des Dunes.

Bureau de Bienfaisance.

Les comptes sont approuvés.

Insuffisance de Revenus.

Le Conseil vote que la Commune sera imposée en 1899 par addition au principal des quatre contributions directes.

Horloge à la Gare.

17 Juillet. — 50 frs sont votés à cet effet.

Tramway de Berck-Ville à Berck-Plage.

M. Manière, concessionnaire du tramway, fait de nouvelles propositions pour un second projet que le Conseil étudiera.

Dissolution de la Musique Municipale.

Devant les résultats peu satisfaisants que donnent les membres de la Société, le peu d'exactitude qu'ils apportent aux répétitions, le Comité ne veut plus assurer la responsabilité de la mission qui lui a été confiée. Le Conseil prononce la dissolution avec effet à partir du 15 Juillet 1898 et décide de faire rentrer les instruments à la Ville.

Ouverture du Marché Couvert.

La place publique devenant insuffisante, le marché couvert est ouvert, à la condition que M. De Lhomel s'engage à ne réclamer aucune redevance à la Ville, jusqu'à ce que l'acquisition soit régulière.

Distribution des Télégrammes à la Plage.

Une lettre de l'Administration des Postes et Télégraphes fait connaître qu'à partir du 25 juillet courant elle assurera la distribution des télégrammes arrivant à la Plage.

Le Conseil donne acte de la lecture de la dite lettre, émet le vœu que l'Etat assure les frais du fonctionnement du bureau de la Plage, qui compte quatre années de plein exercice et qui constitue pour le budget communal une charge trop lourde.

30 frs sont votés pour achats de prix à la Société de Tir.

Régates.

7 Août. — Le Conseil reconnaissant l'utilité de cette fête pour stimuler le zèle des marins, vote 100 frs.

Installation d'un Téléphone.

13 Septembre. — Plusieurs propriétaires à la Plage adhérant à l'installation du téléphone, font à la Ville une avance de 16,200 frs. Cette somme est prêtée sans intérêts et remboursable au fur et à mesure des produits de l'exploitation de la ligne téléphonique. Ce sont:

MM. Ficheux	frs	500
Gagny-Leturcq		500
Mme veuve Fontaine		500
MM. Patoux		500
Caton, frères		1.000
Deplanque		500
Leroy-Moulin		500
Docteur Calot		500
Ferrand		500
Péquart		500

	Docteur Ménard	500
	Chéronnet	250
	Coppin	250
	Parmentier	250
	Docteur Quettier	250
	Dequéker (Charles)	250
	Maguin	100
	Lefort	150
	Dequéker (Achille)	500
	Malingre-Caffier	500
	Mulot	500
	Boussard	300
	Macquet (Emile)	200
Mlle	Fagneux	500
MM.	Albinet	500
	Delorme	500
	De Lhomel (Georges)	1.500
	Perreau	500
	Danvin	500
	Soubitez	200
	Becquart	100
	Monroger	100
	Bardin	100
Mlle	Mondon	100
MM.	Bresson	100
	Bellettre	100
	Docteur Pierre	200
	Maux	200
	Bourgeon	100
	Demortain	100
	Laffillé et Gérardin	100
	Minet	100
	Union Syndicale des Propriétaires, représentée par M. Corbon	1.000

Reconnaissant l'utilité de cette installation, le Conseil se range à l'avis du Maire et remercie les propriétaires qui n'exigent aucune garantie de la commune.

Don de Mme James de Rothschild.

Le Maire a fait appel à la générosité de Mme de Rothschild pour la prier de vouloir bien prendre à sa charge
les dépenses nécessaires à la construction du local destiné
à la cabine téléphonique, dépense fixée par l'Administration
des Postes à la somme de 1,200 frs.

Mme la Baronne de Rothschild a répondu d'une façon affir-
mative. Cette somme est donnée à la Ville sans aucune réserve.
Le Conseil lui vote des remerciements.

Emprunt.

23 Septembre. — Le Conseil décide de faire un emprunt de
35,000 frs à la Caisse des dépôts et consignations, remboursable
en vingt-cinq annuités à partir de 1899, au moyen d'une
imposition extraordinaire de trois centimes 1/10, recouvrable
en vingt-cinq ans, à partir de 1899, pour l'amortissement du dit
emprunt. Sur cet argent, seront effectués les paiements suivants :

Affaire veuve Loffroy . . . . frs   6.000
Honoraires pour procès de l'Abattoir. 4.000
Acquisition du Marché couvert. 14.000
Couverture de l'égoût ouvert . . . .)
Pavage de la plage publique de Berck. . . . . } 11.000
Surélévation du nouveau cimetière. . . . . . .)

TOTAL   frs 35.000

Don du Marché de la Plage.

Le Conseil remercie MM. Danvin, Baron des Lyons et Leclercq qui font donation à la Ville du marché de la Plage.
Cette donation n'entraîne aucune dépense onéreuse.

Taxes d'Octroi.

A partir du 1er janvier 1899. Vins en cercles et bouteilles
sont diminués de 1 fr. à 55 c. par hectolitre. Cidres, poirés,
hydromels, de 0,50 c. à 0,30 c. par hectolitre; et pour compenser ces diminutions la taxe sur l'alcool est portée de 4 à 7
frs par hectolitre.

Télégraphe à Berck-Ville.

Par suite de la transformation du bureau de la plage en
bureau distributeur, celui de Berck-Ville se trouve déchargé
et en conséquence le produit des dépêches ne permet plus
d'assurer le traitement de la gérante.

Le Conseil décide qu'il lui sera alloué 600 frs annuellement
à partir du 1er janvier 1899.

Courses de la Mollière.

De même que l'année précédente, vu les conséquences qu'en
retire le commerce local, 200 frs sont votés pour: *Prix de la
Ville de Berck.*

Tramway de la Ville à la Plage.

1899. 26 Janvier. — Considérant que ce tramway rendra de
nombreux services en contribuant au développement de Berck,
le Conseil émet un avis favorable à son établissement.

Création d'une Charge d'Huissier.

Le Conseil, considérant que Berck est la ville la plus importante de l'arrondissement, tant par sa population que par
son commerce, forme la plus grosse partie de la clientèle des
huissiers et rentre pour un chiffre très élevé dans la totalité
des affaires dont ils poursuivent annuellement l'exécution,

Considérant que l'éloignement de Berck, du chef-lieu d'arrondissement, résidence des huissiers, impose aux habitants
qui ont besoin de recourir à leur ministère, des déplacements
coûteux, se range à l'unanimité à l'avis du Maire, qu'il charge
de faire toute diligence auprès des administrateurs compétents
pour obtenir la résidence à Berck d'un huissier.

Création d'une Etude de Notaire.

Considérant les transactions nombreuses qui se font à la
Plage.

Considérant également que la population atteint pendant

une partie de l'année et surtout en été, le chiffre assez élevé
de 20,000 habitants,

Le Conseil exprime le désir d'obtenir le transfert à Berck
d'une Etude de Notaire et charge le Maire de prier l'administration supérieure de vouloir bien prendre ce vœu en considération.

Sapeurs-Pompiers.

Dix membres nouveaux, parmi lesquels M. Calame, viennent
de s'adjoindre à la subdivision de Berck, ce qui porte à 52
le nombre des pompiers.

Condoléances à Mme Félix Faure.

19 Février. — Le Conseil se fait l'interprète de la population
entière et s'associe au deuil cruel qui frappe la France et
la République. Par l'envoi d'un télégramme à l'Elysée, il
transmet à la famille du Président Félix Faure ses plus res-
pectueuses condoléances.

Mur du Nouveau Cimetière. Réception des Eaux.

Une somme de 4.830 frs est votée pour cette construction.

Sur la demande de M. Deplanque, M. Houpeurt, ingénieur
des Ponts et Chaussées de Montreuil, est désigné pour recevoir
les travaux des eaux.

Billets d'aller et retour. — Demande à M. Boudenoot.

Le Conseil demande à M. Boudenoot d'intervenir auprès
de la Compagnie d'Aire à Berck pour que des billets d'aller
et retour soient mis à la disposition du public de Berck-Ville,
cette faveur existant pour la Plage.

Insuffisance de Revenus. 1900.

4 Juin. — Le Conseil décide que la Commune sera imposée,
en 1900, par addition au principal des quatre contributions
directes pour une insuffisance de revenus de: 15.459 frs.

Le Conseil approuve les travaux de construction des rues
des *Mines d'Or* et de *la Plage*.

Tramway.

17 Juillet. — Le Maire fait part au Conseil des diverses modifications au cahier des charges du Tramway de Berck, proposées par le Conseil d'Etat; il appelle son attention sur la durée de la concession réduite à cinquante ans au lieu de soixante, comme il avait été prévu au projet présenté; il ajoute que cette dernière modification est de nature à entraver la construction du tramway tant attendu depuis sept ans, les concessionnaires jugeant avec raison que cette réduction leur causera un réel préjudice.

Le Conseil émet l'avis le plus favorable au maintien de soixante ans.

Bureau de Bienfaisance. Don anonyme.

Le Conseil approuve les comptes.

Le Maire donne lecture d'une délibération prise par la Commission administrative, en date du 13 juillet 1899, par laquelle cette assemblée accepte le legs d'un titre de **Rente** de cent francs 3 $^0/_0$, fait au profit du Bureau de Bienfaisance de Berck-sur-Mer, par un généreux anonyme.

Bureau de Postes de la Plage

transformé en Recette d'Etat.

M. le Ministre des Postes autorise la conversion en recette simple des Postes de l'Etat, la recette simple municipale des Postes existant à Berck-Plage, aux conditions suivantes:

La Ville de Berck fournira gratuitement pendant dix-huit ans le local actuellement affecté au fonctionnement du service et au logement du titulaire, en voie d'agrandissement par suite de l'installation téléphonique; elle fera en outre l'achat d'un indicateur Thierry et remettra le service télégraphique municipal aux mains du Receveur des Postes, au jour de l'ouverture du bureau.

Le Conseil accepte toutes les propositions sus-énoncées, mais il refuse de prendre à sa charge les frais nécessités par la distribution des télégrammes à domicile qui constitueraient une dépense fort onéreuse, dépense qui est du reste assurée par les remises faites au Receveur, sur les télégrammes arrivant à Berck-Plage.

Inauguration du Tramway et du Téléphone. [1]

Les travaux du tramway seront terminés le 13 août.

Pleins pouvoirs sont donnés à la Commission des Fêtes, dont les dépenses s'élevèrent à la somme de 660 frs.

Legs Génin.

4 Septembre. — Une lettre de M. Moleux, Conseiller général, informe le Maire qu'une somme de 377 frs, provenant du legs Génin, vient d'être attribuée par le Conseil général au Bureau de Bienfaisance de Berck-sur-Mer.

Remerciements du Conseil municipal.

Voitures pour Malades.

M. Danvin, Président du Comité des Intérêts généraux de la plage, demande à la Compagnie d'Aire à Berck qu'il soit mis entre Rang-du-Fliers-Verton et la Plage un service de voitures aménagées spécialement pour le transport des malades dirigés sur Berck.

Création d'un Hôpital. [2]

Le Maire donne lecture au Conseil d'une lettre de Mlle Léonie Duplais, faisant ressortir les avantages qui résul-

---

[1] Le 20 août 1899, fut inaugurée la ligne du tramway de la Plage à la Ville (la gare se trouve à Berck-Ville, près celle du chemin de fer) et le service téléphonique fut ouvert au public. M. Boudenoot, député, présidait cette fête à laquelle assistèrent : MM. Collignon, secrétaire général du Préfet ; Buellet, sous-préfet de Montreuil s/Mer ; Gerborre, conseiller de Préfecture ; le Maire de Villers-Cautterets, président de la Cie du Tramway ; Gaudinot, directeur des Postes.

Le cortège officiel et les autorités Berckoises, se réunirent à l'Hôtel de Londres. Après le banquet, de nouveaux discours furent prononcés par MM. Parmentier, maire ; Boudenoot ; Henri de Rothschild et autres.

Berckville et Plage, 3e édition 1909, page 260.

[2] *Nécessité urgente d'un hôpital municipal à Berck s/Mer*, 1903.

teraient pour la population pauvre de la ville de Berck, de la fondation d'un Hôpital municipal.

Le Conseil, reconnaissant l'utilité de cette création, invite la Commission des Finances à étudier les voies et moyens pour réaliser ce projet.

Chemin Massé-Corti.

20 Octobre. — L'acte de donation de la plus grande partie de ce chemin appelé *Randon*, donnée par Mme Massé, provoque la décision de le dénommer: *Avenue Massé-Corti*.

16 Novembre. — Le Conseil alloue à M. Ferrand une somme annuelle de 50 frs pour l'installation de water-closets à la plage.

Bureau de Bienfaisance.

M. Langlois, propriétaire à la Plage, donne 300 frs au Bureau de Bienfaisance. Remerciements du Conseil.

Eclairage à l'Electricité.

1900. 22 Février. — Le Conseil reconnaissant que la Ville a tout avantage à substituer l'Electricité au Gaz, accepte une proposition de M. Déplanque dans ce sens.

Création de la Mutualité maritime Berckoise.

Cette Société a pour but de venir en aide aux marins; le Commissaire de l'Inspection maritime serait heureux de voir fonder à Berck une caisse de secours. Le Conseil vote à l'unanimité une somme de 400 frs.

13 Avril. — Pour les travaux de remblai du cimetière, le Conseil estime que le prix de 1 fr. 10 le mètre est acceptable.

Sont approuvés, les comptes de gestion du Conseil de Fabrique, pour les années 1896—1897 et 1898.

Installation du Maire, des Adjoints
et des Conseillers Municipaux.

ELECTIONS DU 20 MAI 1900.

MM. Parmentier (Oswald), Maire; Macquet (Philippe), dit *Compère*, 1er adjoint; Docteur Quettier (Désiré), 2e adjoint.
Conseillers municipaux:
MM. François Rivet St-Luc.

     Dacquet-Groux (Pierre).
     Delacroix (J.-Bte).
     Rivet-Rivet (Pierre).
     Malingre (Pierre).
     Fanthomme (Arsène).
     Macquet (Théodule).
     Bouville (Lucien).
     Dehesdin (Paul).
     Macquet-Buzelin (Joseph).
     Malingre (Michel).
     Bouville (Adrien).
     Bataille (François-Charles).
     Pentier (Lucien).
     Drapier (Joseph).
     Clément (Jules).
     Cobert (J.-Bte).
     Parmentier (Philippe).
     Delarue (Philippe).
     Dumont-Allan.

Nomination des Commissions.

27 Mai. — *Finances :* MM. Dehesdin, Quettier, Malingre (Pierre), Bouville (Lucien), Bataille (François) et Malingre (Michel).

Travaux : MM. Dacquet-Groux, Drapier (Joseph), Pentier, Andrin, Rivet (Philippe).

Chemins : MM. Rivet St-Luc, Delacroix (J.-Bte), Macquet (Théodule), Cobert (J.-Bte), Delarue (Philippe) et Parmentier (Philippe).

Scolaire: MM. Fanthomme, Dacquet-Groux, Dumont-Allan, Dehesdin, Clément et Malingre (Pierre).

Fêtes: MM. Quettier, Dumont-Allan, Malingre (Michel), Macquet (Joseph), Pentier, Bataille (François) et Macquet (Philippe).

Hygiène: MM. Quettier, Dehesdin, Delacroix, Macquet (Théodule).

Voirie et Octroi.

Réception du chemin du Randon.

Constructions des rues Lavoisier et des Oyats.

16 Juin. — Dans le budget primitif de 1901, les droits d'octroi sont portés pour. . . . . frs 40.000

Droits de place sur les marchés. 5.400

Taxes sur les perrons   900

Vote pour insuffisance de Revenus.

Le Conseil décide que la Commune sera imposée en 1901, par addition au principal des quatre contributions directes:

Pour insuffisance de revenus — 12.627 frs —.

Le Maire est autorisé à constituer avoué pour le procès de l'*Abattoir*.

Tramway.

20 Juillet. — M. Dequéker (Achille), demande au Conseil municipal de réduire à six, dans chaque sens, pendant la période comprise entre le 3 Novembre et le 15 Avril, le nombre de voyages marqués quinze sur le cahier des charges.

Le Conseil émet un avis favorable à la demande de M. Dequéker,mais il exprime le désir que le nombre de voyages soit fixé à dix dans chaque sens et se réserve la faculté de les porter à quinze, si le besoin s'en fait sentir.

Marché et Rues.

1er Septembre. — 50 frs sont accordés à M. le Baron des Lyons, pour frais du plan fait par M. Bonjean, architecte, lequel plan avait été exigé par l'administration, lors de la cession du marché à la Commune.

Le Conseil traite de gré à gré avec M. Achille Dequéker, pour une somme de 3.007 frs 53 pour les rues Lavoisier et des Oyats.

Location d'une Ecole de Filles à la Plage.

Bail de trois ans à Mme Orange. Prix annuel, 1.200 frs. Aménagement d'une 5e classe à l'Ecole des Garçons de Berck-Ville.

Tramway.

11 Novembre. — Le Conseil demande que le concessionnaire se conforme strictement à son cahier des charges, en ce qui concerne l'entretien de l'entre-rails qui est fait d'une façon défectueuse et donne lieu à de nombreuses réclamations.

Le Conseil demande dix voyages par jour et le Conseiller Delacroix, quinze en chaque sens.

Emprunt.

1901. 3 Mars. — Le Maire est autorisé à emprunter à la Caisse des Dépôts et Consignations, la somme de 45.896 frs au taux de 3 frs 60 pour $^0/_0$ par an. Tout paiement non-effectué à échéance portera intérêt à 5 $^0/_0$ l'an.

Rétrocession de la Concession du Tramway.

Le Maire donne lecture d'une lettre relative à la rétrocession par M. Manière à une Société anonyme du tramway de Berck-Plage à la gare de Berck-Ville. Le Conseil émet un avis favorable.

Pétition des Patrons de Bateaux.

Le Maire donne lecture d'une pétition des patrons de bateaux de Berck qui arment à la saison des harengs, pour la grande pêche au large, du 15 octobre au 25 décembre de chaque année.

Leurs revendications sont légitimes, ils sollicitent des administrations compétentes de jouir des mêmes avantages que les marins d'Etaples, qui pendant la grande pêche du hareng peuvent se procurer, comme provisions de bord, le tabac et l'alcool dont ils ont besoin au prix de l'exportation.

Le Conseil, considérant que notre armement pour la pêche du hareng est aussi important, si non plus, que celui de nos voisins d'Etaples. Que le nombre de nos bateaux se livrant à cette pêche atteint souvent le nombre de vingt, ayant à bord vingt-cinq hommes auxquels il arrive fréquemment de rester en mer, 3, 4 et 5 jours, obligés d'aller sur les côtes anglaises pour se livrer à leur métier. Le Conseil donne son appui à la pétition et la recommande d'une façon pressante à l'Administration de la Marine.

Chemin de Fer de Paris-Plage à Terminus.

Le moment est venu de délibérer sur la subvention à accorder au chemin de fer en projet de Paris-Plage à Terminus. Cette ligne établirait entre les plages du littoral des communications commodes, rapides et à bon marché.

Le Conseil écarte à la majorité de 10 voix contre 6 la question de subvention.

Cavalcade.

100 frs sont accordés au Comité.

5 Juin. — Dans le budget primitif de 1902 les taxes ordinaires d'octroi sont portées en recettes pour 41.000 frs.

Vote de l'insuffisance de Revenus.

Le Conseil décide que la Commune sera imposée, en 1902, par addition au principal des quatre contributions directes, pour :

1o Le salaire des gardes-champêtres.

2o Pour insuffisance de revenus ([1]).

Les comptes du Bureau de Bienfaisance sont approuvés.

80 frs sont accordés au crieur public. Cotes irrécouvrables. Virements de fonds, etc. Seul, ce dernier article porte sur une somme de 2.037 frs 10 qui a servi à solder des factures en souffrance. Subvention à la Mutuelle Maritime, 100 frs, etc.

([1]) Aucun chiffre n'est indiqué sur le Tome V des délibérations.

Installation du Téléphone entre Berck-Plage
Berck-Ville et Montreuil-sur-Mer.

Le Conseil vote une somme de 137 frs 85, représentant les deux contingents à fournir. Décide de faire face à la dépense en prélevant la première année sur le crédit des dépenses imprévues et s'engage à l'inscrire chaque année à son budget jusqu'à extinction de la dette.

Une somme de 150 frs est votée pour l'écoulement des Eaux de l'Hôpital maritime.

Réparations des rues du Calvaire et des Bons Berckois.

Vote 600 frs pour contribuer à la moitié des travaux de désensablement et mise en état des chemins voisins de l'Entonnoir.

Vote 138 frs pour le désensablement de la rue Dorothée.

Chemin de Fer de Paris-Plage à Berck-Plage.

Le Maire lit une lettre de M. Itasse, faisant ressortir les avantages que recueillera Berck de la création d'une voie ferrée, reliant Berck-Plage à Paris-Plage, en passant par Merlimont, Cucq et Mayville.

Après avoir décrit tous les bénéfices que le pays peut en retirer, le Conseil décide d'accorder à cette création pendant trente ans, la somme annuelle de 300 frs à titre de subvention.

La première annuité sera versée à la Compagnie exploitante à la fin de la première année jusqu'à l'expiration des trente années.

Cette subvention est votée sous les réserves suivantes:

1º Les concessionnaires ou les personnes qu'ils se substitueront, devront passer à l'exécution du projet avant le 1er janvier 1904. Passé ce délai, la subvention tombera de plein droit.

2º Un arrêt devra exister à l'*Avenue Jules Magnier*, en face la maison de santé de l'Oise, pour desservir les nombreux Chalets de Terminus.

3º La Compagnie sera tenue de faire placer au passage à niveau du chemin des Anglais, une barrière dont elle assurera le fonctionnement, si l'expérience démontre que ce besoin s'impose pour la sécurité des piétons et des voitures.

4º La gare de Terminus restera établie à son endroit actuel.

Octroi.

Valable du 1er Janvier 1902 au 31 Décembre 1906.

CHAPITRES DE PERCEPTION	OBJETS ASSUJETTIS AUX DROITS	MESURES ET POIDS	DROITS A PERCEVOIR
Boissons et Liquides	Vins en cercles et en bouteilles	l'hectol.	o 55
	Cidres, poirés et hydromels	id.	o 35
	Alcool pur contenu dans les eaux-de-vie, esprits, liqueurs, fruits à l'eau-de-vie, absinthe et autres liquides alcooliques non dénommés	id.	7 oo
	Bières	id.	1 3o
	Vinaigres de toute espèce et conserves au vinaigre	id.	1 oo
Comestibles	Bœufs, vaches, taureaux, génisses	les 1oo k.	5 oo
	Moutons.	id.	6 oo
	Chèvres	id.	1 3o
	Veaux	id.	4 oo
	Porcs	id.	2 oo
	Charcuterie, graisses, saindoux, lards et viandes salées	id.	2 oo
	Abats et issues	id.	3 oo
	Lapins domestiques et de garenne, canards sauvages et domestiques, faisans, coqs ou poules, chapons, poules, coqs, poulets, pintades	la pièce	o 1o
	Lièvres, coqs de bruyère, dindes, dindons et dindonneaux	id.	o 25
	Oies	id.	o 15
	Pilets, râles rouges, bécasses, perdrix, pigeons ramiers, sarcelles	id.	o o5
	Pigeons de volière et bizets	la paire	o o5
	Bécassines, cailles, grives, merles, pluviers, plongeons, râles de genêts, vanneaux	la dizai^{ne}	o 15
	Alouettes et ortolans	la douz.	o o5
	Huitres fraiches ou marinées.	le cent.	o 5o
Matériaux	Chaux ordinaire et mortier de toute espèce . . .	l'hect. ou	
	Ciments de toute espèce, carreaux de ciment et cylindres	les 1oo k. les 1oo k.	o o5 o 2o
	Plâtre et carreaux de plâtre	id.	o 1o
	Chaux hydraulique de toute provenance	id.	o 2o
	Moellons, pavés ou grès destinés à la construction de bâtiments ou de trottoirs, travaillés ou non	le m. cub^{e}	o 2o
	Pierre de taille dure ou tendre	id.	1 oo
	Dalles et carreaux de pierre de toute espèce . .	le m. car.	o 1o
	Briques et carreaux	le mille	1 oo
	Carreaux céramiques	le cent	o 5o
	Ardoises pour toitures	le mille	1 oo
	Fers de toute espèce, zinc, plomb, cuivre, fonte, destinés à la construction des bâtiments, façonnés ou non	les 1oo k.	o 5o
	Bois de menuiserie ouvré, dur ou tendre. . . .	le m. cub^{e}	2 oo

Le Maire, O. PARMENTIER.

Tramway de Berck-Plage à la Ville.

14 Août. — Le Maire donne communication de la résolution prise par l'Assemblée générale du Tramway de Berck-Plage à Berck-Ville, laquelle après l'exposé de sa situation financière demande au Conseil d'apporter quelques modifications au cahier des charges tendant à réduire l'exploitation à la période balnéaire du 15 juin au 15 octobre de chaque année.

Le Conseil considérant, 1º Que la Compagnie s'est basée pour établir le montant de ses profits et pertes d'abord sur une année de début, l'exploitation du tramway n'ayant commencé, en 1899, que vers le 15 août, ensuite en 1900, sur l'année de l'Exposition Nationale à Paris, ce qui fatalement a produit un nombre inférieur d'étrangers, au chiffre normal de chaque saison. Qu'il est prouvé que les recettes des mois de juin et juillet de cette année sont supérieures à celles des mois correspondants des années précédentes; qu'il en sera de même pour les mois d'août et de septembre, demande que l'exploitation ait lieu du 1er Juin au 1er Décembre de chaque année.

2º Que le service réduit tel qu'il existe aujourd'hui soit rétabli le jour où les recettes, déduction faite de l'impôt et des détaxes seront supérieures de 5,000 frs aux frais d'exploitation pendant la période de six mois.

3º Que la Compagnie substitue le rail à ornières à la voie actuelle dans un délai de vingt ans, à compter du début de l'exploitation.

4º Que pendant les six mois de non exploitation, les rails soient entièrement plongés dans la chaussée et recouverts d'une couche de cailloux pour rendre aux chemins 126 et 119 leur parfait état de viabilité.

Enfin le Conseil autorise la Société à substituer la traction électrique à la traction animale, le jour ou elle le jugera convenable, mais à la condition qu'elle substitue le rail à ornière au rail actuel.

Création d'Allées dans le nouveau Cimetière.

19 Septembre. — M. le Docteur Quettier, adjoint, expose au Conseil que dans le but d'ouvrir le plus tôt possible le nouveau cimetière à la sépulture, le Maire a décidé de faire tracer

et construire les allées principales dont la dépense peut s'élever à 2 ou 300 frs. Le Conseil accepte.

29 Septembre. — Continuation de remboursement d'avances pour le téléphone.

Etablissement d'une taxe de Voirie.

18 Novembre. — Le Conseil décide qu'à l'avenir chaque habitant qui fera la demande pour obtenir un alignement payera un droit de voirie calculé d'après le tarif ci-après:

Constructions neuves dans les rues ouvertes ou à ouvrir.
Alignement pour chaque mètre de longueur de façade
en maçonnerie ou en charpente d'un bâtiment ne
s'élevant que d'un rez-de-chaussée. . . . . 1 fr. 00
Alignement pour un bâtiment avec un étage, par mètre
de longueur de façade . . . . 2 fr. 00
Alignement pour un bâtiment à plusieurs étages, par
mètre de longueur de façade . . . . 4 fr. 00
Alignement pour un mur de clôture en maçonnerie
ou clôture en charpente, par mètre de longueur
de façade . . . . 0 fr. 50
Alignement pour clôture en grille de bois ou de fer,
montée sur mur d'appui en maçonnerie et clôture
tout en fer, par mètre courant . . . . 1 fr. 00

Le Conseil prie M. le Préfet de vouloir bien approuver la perception des dites taxes.

50 frs sont votés pour l'éclairage du bureau et de l'escalier de la Gendarmerie pour 1902.

Commissaire de Police.

Sur la demande du Procureur de la République, une subvention annuelle de 60 frs est accordée comme frais de déplacement au Commissaire de Police, remplissant les fonctions de Ministère public auprès du tribunal de simple police à Montreuil-sur-Mer.

Tramway.

4 et 13 Décembre. — Le Conseil, après avoir entendu le Maire, proteste avec la dernière énergie contre la singulière

manière de procéder de la Compagnie du tramway et le charge de se faire l'interprète de ses légitimes protestations devant la Commission qui doit se réunir à l'Hôtel-de-Ville le 16 décembre prochain.

La Compagnie a cessé toute exploitation à partir du 1er décembre et cela sans attendre le résultat de l'enquête d'utilité publique, ouverte jusqu'au 11 décembre; ni même l'avis de la Commission chargée de donner ses appréciations, sans attendre la décision à intervenir du Conseil général.

Les habitants de la Ville et de la Plage, justement émus, sont décidés à pétitionner contre le véritable sans-gêne avec lequel la Compagnie exploitante traite le public, sans le moindre souci des intérêts de la Ville de Berck et au mépris des lois et décrets en vigueur.

Le Maire informe ses collègues qu'il a fait signifier par ministère d'huissier à M. le Président du Conseil d'admi-ministration du tramway d'avoir à continuer l'exploitation.

Le 13 décembre, le Maire donne lecture de la résolution prise par l'assemblée générale extraordinaire des actionnaires de la Compagnie à la date du 25 Novembre; il communique au Conseil les réclamations reçues à la Mairie et consignées sur un registre spécial, ouvert à cet effet pendant la durée de l'enquête d'utilité publique du 11 novembre au 11 dé-cembre 1901. Les réclamations qui ont toutes pour objet de protester contre la suppression temporaire de l'exploitation du tramway s'élèvent au chiffre de soixante-deux.

Ce chiffre, en raison de l'importance de la question à l'étude, laquelle a vivement passionné et passionne encore l'opinion publique, aurait été certainement dépassé si tous ceux à qui la cessation de l'exploitation peut être préjudiciable, s'étaient donnés la peine de venir à la Mairie, au lieu de gémir en secret.

Le Maire ajoute que le 14 août dernier, le Conseil municipal, à la suite d'un rapport établissant d'une façon précise et sincère les pertes supportées par la Compagnie exploitante, a admis en principe, sauf enquête de Commodo et Incommodo, de limiter l'exploitation à la période comprise entre le 1er juin et le 1er décembre de chaque année, avec les raisons suivantes:

1o Lorsque les recettes auraient atteint pendant les six

mois d'exploitation un excédent de 5,000 frs sur le chiffre des dépenses, déduction faite de l'impôt et des détaxes, la Ville serait en droit d'exiger des concessionnaires le rétablissement des services pendant toute l'année.

2º Durant la période de non-exploitation les rails seraient recouverts de matériaux et entièrement plongés dans la chaussée pour faciliter la circulation.

3º Le Conseil repousse les propositions de la Compagnie rétrocessionnaire, demande l'exploitation du 15 juin au 15 octobre et maintient la délibération du 14 août dernier.

Annexe du Presbytère.

1902. 5 Février. — Le Maire présente un projet de construction d'une annexe au presbytère s'élevant à 2.308 frs 22; la Commune n'y participerait que pour une certaine somme; Mme la Baronne James de Rothschild s'est engagée à contribuer à cette dépense, pour 800 frs.

Le Conseil approuve le dit projet de construction et vote des remerciements à Mme la Baronne de Rothschild.

Comptes de Fabrique.

Sont approuvés: les comptes de gestion, le compte administratif, l'Etat des propriétés foncières de l'exercice 1900, ainsi que la délibération du Conseil du 14 avril 1901.

Autorisation de Congrégations.

Une demande d'autorisation prévue par les art. 13 et 18 de la loi du 1er juillet 1901 a été fournie:

1º Par les Sœurs Franciscaines dont le siège est à Calais.

2º Par les Sœurs de la Ste-Famille, dont le siège est à Amiens

3º Par les Sœurs Notre-Dame, dont le siège est à St-Erme (Aisne).

Le Conseil est appelé à donner son avis sur ces demandes. Le Maire ajoute qu'il a reçu d'un groupe de commerçants et hôteliers de la Plage, une pétition par laquelle ils se plaignent de la concurrence des Religieuses de St-Erme, qui en dehors de leurs malades, reçoivent comme pensionnaires des personnes bien portantes.

Après examen des demandes, le Conseil émet un avis favorable à l'autorisation sollicitée par les Sœurs Franciscaines et les Sœurs de la Ste Famille. Quant aux Religieuses de St-Erme (Notre-Dame), il fait une réserve tenant compte des revendications des hôteliers et n'accorde l'autorisation que si ces dames s'engagent à ne recevoir que des pensionnaires malades.

Eclairage.

Le Conseil décide l'installation d'une lampe électrique sur le milieu du chemin Massé-Corti; une seconde, rue des Oyats, face de la propriété de M. Noyelle; une troisième à l'angle de la rue Dubois et de la Plage; enfin une quatrième, rue Rothschild, angle de la rue des Bains.

Règlement du nouveau Cimetière.

Dans le but d'éviter tout malentendu, toute confusion, le Maire dit qu'il y a lieu, avant l'ouverture du cimetière, de dresser un règlement, réunissant en un même texte les prescriptions antérieures et de les compléter. Ce règlement, sauf certaines réserves, serait applicable à l'ancien cimetière.

Le Maire s'est inspiré des mœurs et habitudes locales.

Après la lecture du dit Règlement, le Conseil en a accepté le texte et prie M. le Préfet de vouloir bien l'approuver.

La Commission du nouveau cimetière se compose de MM. Malingre (Pierre); Malingre (Michel) et Macquet (Théodule).

28 Mars. — 35 frs de cotes irrécouvrables passent aux non-valeurs.

Délimitation du Rivage de la Mer.

La Commission nommée par arrêté préfectoral du 19 septembre 1901, pour procéder à la délimitation de la mer entre Equihen et la pointe de Lornel; entre Paris-Plage et la pointe du Haut-Banc se rendit sur la plage, le 30 septembre 1901, à 2 h. du matin.

Le projet de délimitation a été arrêté par la Commission

et déposé à la Mairie pendant quinze jours, puis soumis à une enquête de Commodo et Incommodo pendant trois jours.

Les protestations s'élèvent au nombre de 107.

Le Conseil, considérant les intérêts de la Marine, proteste de toutes ses forces contre le projet de délimitation, attendu qu'il faut assurer à la Marine la jouissance des terrains nécessaires à l'échouage de ses bateaux, au serbage de ses filets et aux réparations de toute nature qu'exigent leurs barques.

Demande que le projet de délimitation, tel qu'il est présenté, ne soit pas pris en considération.

Demande, en outre, que la zone du rivage concédée à nos matelots pour leur permettre d'évoluer librement, de pourvoir à l'approvisionnement de leurs équipages, de sécher leurs filets et de réparer leurs bateaux, soit portée à cent mètres de largeur au-dessus de toute laisse de mer qui serait observée dans l'avenir.

Désensablement de la Rue du Calvaire.

D'après une demande de M. Bessard du Parc, pour le désensablement de la rue du Calvaire, le Conseil consent à concourir à la dépense dans la proposition établie pour les rues syndiquées, à la condition que la totalité des travaux ne dépasse pas 2.500 frs.

Le Conseil vote à M. Malingre-Rivet, propriétaire et directeur de la Maison de l'Oise, pour une fois seulement, 250 frs pour le désensablement de son immeuble, route de Terminus.

Budget primitif de 1903.

20 Juin. — Dans les recettes, les revenus bruts de l'octroi sont portés pour . . . . fr. 55.000

Dépenses: Eclairage 3.000
Enlèvement des immondices 3.000
Subvention au Bureau de Bienfaisance 1.000
Médecins de Bienfaisance 1.950

Insuffisance de Revenus.

Le Conseil décide que la Commune sera imposée, en 1903, par addition au principal des quatre contributions directes, savoir :

Pour les gardes-champêtres . . . . . frs 2.400
Pour insuffisance de revenus 12.854

TOTAL : frs 15.254

Le Conseil vote à M. Chevalier, receveur municipal, un dixième en sus sur les remises pour l'activité qu'il apporte à ses recouvrements.

Bureau de Bienfaisance.

Approbation des comptes pour 1901, ainsi que les budgets additionnel de 1902 et primitif de 1903.

Approuvée la demande d'achat d'un titre de rente de 1.500 frs, avec les fonds restés disponibles après la clôture du dernier exercice.

Elargissement de la rue Carnot. — Construction.

La Ville, pour donner sa largeur normale au chemin vicinal de grande communication, n° 126, embranchement sur la gare de Berck-Plage, s'est vue obligée de faire l'emprise de 2 mètres carrés 52, en face la propriété de M. Dessiaux, conformément au plan d'alignement déjà établi. Propriétés Dessiaux et Singer.

Ces messieurs consentent à l'amiable à céder le terrain au prix de 30 frs le mètre carré.

Le Conseil vote 1.200 frs pour la construction de la rue d'Aboukir.

Création des Chemins de l'Entonnoir.

Par une pétition de M. Delcourt, Président du Syndicat de désensablement de l'Entonnoir, les propriétaires sollicitent l'intervention de la Ville, pour participer à la dépense par moitié de la construction de la rue longeant les chalets de l'Entonnoir (Côté Nord). Le Conseil vote 1.000 frs.

La création de la rue des Pâtres est décidée.

Deux nouveaux gardes sont nommés à titre d'essai pendant les mois de juillet, août et septembre 1902.

Lampes Electriques.

22 Juillet. — Une somme de 3.127 frs est votée à cet effet.

Eaux d'Airon St-Vast.

Le Conseil refuse à M. Delplanque de disposer de l'eau d'Airon pour les Communes de Merlimont et Paris-Plage.

Tramway.

Vu les résultats financiers désastreux de l'exploitation du tramway, la Compagnie demande l'autorisation de démonter et d'enlever la voie. Le Maire donne connaissance du rapport circonstanciel de l'Ingénieur ordinaire.

Le Conseil demande que le matériel soit mis en adjudication, en vue d'une exploitation pendant quatre mois, du 1er juin au 1er octobre de chaque année.

Prie l'Administration d'ordonner la première adjudication assez tôt, pour que si elle ne donnait aucun résultat, la seconde puisse avoir lieu dans des délais rapprochés qui permettent à la ville de jouir des avantages du tramway pour la saison 1903.

Laïcisation de l'Ecole Maternelle.

7 Août. — Une lettre de M. le Préfet avertit qu'il sera procédé pour la rentrée prochaine à la laïcisation de l'Ecole maternelle de Berck-Ville. Le Conseil tout en reconnaissant la légalité de la mesure prise par l'administration, demande qu'il plaise à l'autorité compétente, en raison des bons et longs services rendus par la Sœur Stéphanie et aussi parce que les institutrices congréganistes ne jouissent pas d'une pension de retraite de l'Etat, de maintenir à titre exceptionnel, cette religieuse dans les fonctions qu'elle remplit avec tant de dévouement et cela jusqu'à la limite d'âge fixée par les règlements.

Rétrocession de l'Abattoir.

Le Maire, d'accord avec MM. Gosselin et Moitier, banquiers à Boulogne-sur-Mer, à l'effet de trouver un moyen transactionnel pour le procès relatif à l'Abattoir, ont consenti à abandonner à la Ville la concession de l'immeuble avec toutes ses dépendances et tous les droits de concessionnaires, sans aucune exception, ni réserve, moyennant le prix à forfait de 136.000 frs, payables : 70.000 frs à la signature du contrat et le reste par annuités de 10.000 frs avec intérêts à 3 1/2 du $^0/_0$ à partir du 1er avril 1902.

Le Conseil considérant qu'il y a avantage à terminer un litige qui dure depuis dix ans et qui menace de s'éterniser, en laissant la Ville dans une situation déplorable à tous égards au point de vue sanitaire, que le procès pendant devant le Conseil d'Etat, augmente les frais de procédure sans donner aucune certitude sur la solution définitive.

Considérant que le prix de 136.000 frs ne saurait paraître exagéré, attendu que par suite du développement de la ville, les perceptions faites annuellement à l'octroi pour le compte du concessionnaire, se sont élevées en 1901, à 10.000 frs, alors qu'elles n'étaient que de 6.000 frs en 1892.

Considérant enfin que les propositions de MM. Gosselin et Moitier, relatives au paiement, permettent à la ville de Berck-sur-Mer de se libérer sans avoir recours à un emprunt.

Accepte les propositions de MM. Gosselin et Moitier, autorise le Maire au nom de la Ville, à passer, avec ces derniers, l'acte de vente de l'immeuble et de la concession aux conditions suivantes :

1o MM. Gosselin et Moitier renonceront à tous les avantages que leur confère la propriété et la concession de l'Abattoir tels qu'ils résultent de leur acquisition du 26 juillet 1892.

2o La Ville de Berck paiera en échange un prix à forfait de 136.000 frs, savoir : 70.000 frs lors de la signature du contrat et le reste par annuités de 10.000 frs, avec intérêts à 3 1/2 du $^0/_0$ à partir du 1er avril 1902, la ville se réservant de se libérer par anticipation.

M. Meillet est nommé garde-champêtre.

9 Octobre. — Réception définitive du mur du nouveau cimetière.

Encaissement des remises pour le téléphone.

Une somme de 1,364 frs 94 sera partagée entre les intéressés au prorata des avances faites.

Avis sur autorisation des Sœurs Notre-Dame à l'Institut de M. le Docteur Calot.

Par lettre de M. le Sous-Préfet, en date du 2 septembre 1902, il est demandé avis sur une demande formée par la Congrégation des Sœurs de Notre-Dame, autorisée par ordonnance du 22 avril 1827 et dont le siège est à St-Erme (Aisne), en vue d'obtenir l'autorisation prévue par l'art. 13 de la loi du 1er juillet dernier pour l'établissement qu'elle désire fonder à Berck dans l'Institut Orthopédique de M. le docteur Calot.

Le Conseil considérant que le but des Sœurs de Notre-Dame est de donner leurs soins, moyennant rétribution, aux malades traités dans l'Institut de M. le Docteur Calot, émet un avis favorable à l'autorisation sollicitée.

Becs Electriques, Rues, Boîtes à Lettres, W. C.

Le Conseil décide qu'un bec électrique sera posé à l'angle de la rue des Oyats et du Calvaire à la Plage.

10 Décembre. — Une somme de 2.100 frs est votée pour la construction de la rue De Lhomel.

Sur la demande du Comité des intérêts généraux de la Plage, 31 frs sont votés pour la pose d'une boîte à lettres, en face la maison de santé de Mlle Fagneux.

1903 11 Janvier. — 50 frs sont votés à M. Ferrand pour tenir les w. c. en 1903, sur justification du dit fonctionnement de l'établissement.

Allocation à Mme Duriez.

Mme Duriez, directrice de l'Ecole maternelle, reçoit 125 frs pour l'allocation 1903 et 25 frs pour le trimestre 1902.

La rétribution de la femme de service pour l'Ecole est fixée annuellement à 450 frs.

Hôtel-de-Ville.

Les *Assurances générales* et le *Phénix* assurent chacune pour 50.000 frs le dit immeuble, soit 100.000 frs.

L'assurance est faite pour dix ans.

Postes.

Le Bureau des Postes de la Plage est doté d'un indicateur Thierry.

Chalet des Goëlands.

Sur le rapport de M. Delpierre, M. Delanneau, de Tournan (Seine-et-Marne), propriétaire, rues Rothschild et des Oyats est autorisé à pratiquer un **arrondi** au lieu d'un pan coupé à sa propriété.

Tramway.

16 Avril. — Le Maire est entré en pourparlers avec la Compagnie concessionnaire dans le but de l'engager à reprendre l'exploitation pendant la saison balnéaire. Malgré ses instances, la Compagnie se retranche derrière sa détermination ferme de ne reprendre l'exploitation à aucun prix.

Il propose, en conséquence, de demander à la Compagnie et cela à titre d'essai, de louer à des conditions raisonnables à la Ville tout le matériel roulant, la voie ferrée et ses droits à la concession sans aucune réserve, avec la faculté pour la Ville de pouvoir rétrocéder les mêmes droits à toute personne présentant les garanties nécessaires pour l'exploitation du tramway pendant les mois de juin, juillet, août et septembre.

Le Conseil prie le Maire de le mettre au courant de ses démarches.

26 Juin. — Au budget primitif de 1904, les taxes

d'octroi sont portées pour . . . . frs 59.000

Dans les dépenses, se trouvent:

Conférences de M. Avisse 150

Conférences de M. Legrand 100

Distribution de prix 700

Médecins de Bienfaisance. 2.000
Gratifications aux Sapeurs-Pompiers   800
Indemnité de logement au Vicaire   400
Indemnité pour deuxième messe   150
Société des Courses   200

Insuffisance de Revenus.

Le Maire fait connaître au Conseil que les dépenses ordinaires de cet exercice ont été arrêtées à la somme de 111.144 fr.
que les ressources ne sont que de . . . .   94.157 fr.

et qu'ainsi il y a une insuffisance de . . . . .   16.987 fr.

Le Conseil décide que la Commune sera imposée, en 1904,
par addition au principal des quatre contributions directes,
savoir: Insuffisance de revenus . . . .   13.787 fr.
Salaires des Gardes-champêtres . . . .   3.200 fr.

TOTAL :   16.987 fr.

Bureau de Bienfaisance.

Le Conseil approuve les comptes de 1903 et ceux primitifs
de 1904.

Ecole des Filles à la Plage.

Une somme de 2.994 frs 52 est votée pour travaux à l'Ecole
des Filles à la Plage. Confiés à M. Véniel (Oscar).

Legs Danvin.

26 Juin. — Le Maire informe le Conseil qu'il a fait part
à la Commission administrative du Bureau de Bienfaisance
que M. Aristide Danvin avait légué aux pauvres de Berck
la somme de 10.000 frs et que cette assemblée l'avait chargé
d'adresser ses remerciements à la famille du généreux do-
nateur.

Le Conseil remercie également et décide que la rue appelée
aujourd'hui Dorothée, portera désormais le nom de rue
Aristide Danvin.

Le garde Sellier est nommé aux appointements de 750 frs
par an.

Création d'Etudes Surveillées.

Berck-Ville, Ecole des Garçons: 2.
Berck-Ville, Ecole des Filles: 1.
Le Conseil vote une somme de 450 frs à cet effet. Chaque étude, 150 frs, du 1er octobre aux vacances de Pâques.

Rue Lambert.

Le Conseil décide de détacher de la rue des Oyats la partie s'étendant entre la rue Rothschild et l'Avenue de la Gare et de lui faire porter le nom de rue *Alfred Lambert* [1], afin de perpétuer la mémoire de l'ingénieur qui fut chargé de la construction de la ligne du chemin de fer de Rang-du-Fliers à Berck [2].

Place de l'Eglise.

Sur la demande de M. Arthur Becquart, le Maire fait ressortir les avantages qui pourraient résulter pour la ville de faire l'acquisition d'une parcelle de terrain d'environ 70 mètres carrés, provenant de l'emplacement de l'ancienne maison veuve Macquet, libraire, afin d'agrandir la place de l'Eglise. M. Becquart offre de concert avec plusieurs habitants de la plage, une somme de 8.000 frs pour aider la ville dans cette acquisition.

Le Conseil renvoie à la Commission des Finances, afin de s'entendre avec la propriétaire.

Société des Courses.

Une somme de 300 frs est votée à cet effet.

---

[1] Né en 1846 à Ors (Nord) décédé à Paris, le 25 janvier 1898. Le Kursaal, l'Hôtel de la Terrasse, la Villa Joncourt, et treize chalets Avenue de la Gare appartenaient à M. A. Lambert. Après son décès le chiffre des enchères de ses immeubles fut de 400.000 frs.

[2] Cette voie de un mètre revient à 70.000 frs. par kilomètre. On a surnommé ce petit chemin de fer « *Le Tortillard* » à cause des sinuosités de la ligne.

Berck Ville et Plage, 3e édition 1900, page 194.

Boîte aux Lettres à la Mairie.

28 Juillet. — Le Conseil décide qu'une boîte aux lettres sera placée à la Mairie; une subvention de 40 frs sera donnée au porteur chargé de faire la dernière levée de 9 h. 30 du soir.

Acquisition de l'Immeuble Orange
pour l'Ecole des Filles de la Plage.

Le Conseil, considérant l'utilité de cette acquisition, l'approuve, demande au Préfet de l'autoriser à faire un emprunt de 18.000 frs à la caisse des Dépôts et Consignations. Il sollicite le concours de l'Etat et du Département.

Monument Cazin-Perrochaud.
Inauguré le 23 Août 1893

M. le Docteur Quettier, ancien trésorier du Comité et plusieurs de ses collègues, parmi lesquels M. Francis Tattegrain, appellent l'attention du Conseil sur le mauvais état dans lequel se trouve le monument et demande à la Ville de vouloir bien concourir dans une proportionnalité à déterminer dans les dépenses.

Le Conseil charge le Maire de s'entendre avec le Comité et de lui rendre compte de la décision prise.

Artère téléphonique d'Abbeville à Paris.

9 Août. — Le Conseil, considérant l'avantage que le commerce Berckois, tant pour les besoins de la Marine que pour les habitants de la plage, pourra retirer de la combinaison proposée par la chambre de commerce d'Abbeville et qui consiste à créer un fil direct d'Abbeville à Paris et d'Abbeville à Berck, Vote pour une durée de dix ans, une somme annuelle de 500 frs. Pour la première année, cette somme figurera au budget additionnel de 1894.

Concours de Photographies.

Le Conseil vote 20 frs à titre d'encouragement.

Bureau de Bienfaisance.

12 Octobre. — Le Conseil approuve les délibérations qui lui sont soumises et émet un avis favorable concernant le droit des pauvres fixé désormais pour le Kursaal, l'Eden Casino et le Petit Casino.

Réception définitive de l'Eclairage Electrique dans la traverse de la ville de Berck.

Fêtes de Bienfaisance. — Kursaal. — Eden Casino.

Les fêtes données pour les pauvres et la Mutualité Berckoise ont produit 2.034 frs 05. 400 frs sont donnés à la Mutualité, le reste au Bureau de Bienfaisance.

Les travaux de la rue Dubois seront faits en mars 1904. La dépense est estimée 900 frs. 400 frs seront donnés par les propriétaires.

Matériel d'Incendie. — Fêtes du Kursaal.

Pour l'augmentation du matériel d'incendie, la fête donnée au Kursaal a produit la somme de 2.237 frs 05, défalcation faite des dépenses d'organisation.

Le Conseil remercie M. Becquart. Le Comité décide que la Commission se réunira pour déterminer les dispositions de l'abri à construire.

Cours d'Adultes à l'Ecole des Filles.

11 Décembre. — Sur la demande de Mlle Gervais, institutrice publique à Berck-Ville, l'autorisation en est demandée à M. le Préfet.

Une somme de 280 frs est votée pour l'entretien de la petite allée de l'Eglise à Berck-Ville.

Adduction des Eaux d'Airon à la Plage Belle-Vue.

La distance à canaliser est de 360 mètres. Le Conseil dit que ce travail sera fait par le concessionnaire, conformément à l'art 5 de son traité.

Le Conseil, après avoir pris connaissance des plans, devis

et cahier des charges pour un *abri* pour pompes à incendie à la plage, vote 1.000 frs à cet effet.

Bail à la Société des Courses.

Le Président de cette Société sollicite la location pendant dix-huit ans d'une parcelle de 10 ares de terrain dans la Mollière de Berck, avec l'autorisation d'y construire en briques une ou deux tribunes pour servir aux journées des Courses. Le Conseil, reconnaissant que les courses produisent de grands avantages au commerce local, qu'il y a intérêt général à les encourager, consent à louer la parcelle de terrain qui lui est nécessaire pour dix-huit années, à raison d'un franc par an, pour marquer la priorité du terrain occupé par la Société des Courses.

Sur pétition des habitants, un bec électrique, rue Gracieuse, sera installé au passage à niveau.

Tramway.

1904. — 22 Janvier. — Malgré les démarches faites par le Maire auprès de M. Dequéker (Achille), pour l'engager à reprendre l'exploitation du tramway, ce dernier s'y est toujours refusé. M. Dequéker donne à la Ville de Berck, sans aucune exception ni réserve, les bâtiments qu'il a fait construire à la gare de Berck-Ville pour la remise de son matériel, si la municipalité consent à l'autoriser à enlever les rails qu'il a fait installer dans la traverse de Berck.

Il est entendu que la Ville serait substituée à M. Dequéker dans le bail consenti à son profit par la Compagnie d'Aire à Berck. Le Conseil accepte à condition:

1º Que M. Dequéker fera parvenir à la Ville un acte de cession en bonne et due forme du bâtiment dont il est question.

2º Qu'il obtiendra de la Compagnie d'Aire à Berck la substitution de la Ville dans le bail intervenu entre la Compagnie et lui.

3º Qu'il mettra la chaussée en bon état et conformément aux indications données par les Ponts et Chaussées.

4º Que ce bâtiment sera libre de toute occupation.

5º Que l'enlèvement des rails et la réfection de la chaussée seront terminés fin mai 1904.

Il est entendu que cette délibération ne recevra d'exécution qu'autant que le texte de l'acte de cession à produire par M. Dequéker aura été accepté et ratifié par le Conseil municipal

Concierge de l'Abattoir.

Est voté un traitement annuel de 200 frs.

Avenue du Grand Casino et Rue Armand.

MM. De Lhomel, père et fils, font abandon à la ville de cette Avenue et de cette rue. Ils s'engagent à payer 3.500 frs pour les travaux à exécuter.

Lampes Electriques.

Le Conseil en vote l'installation pour les rues du Haut-Banc, à l'intersection du chemin aux Raisins; de Rothschild aux quatre chalets et des Roses à l'angle de la propriété de M. Depré.

Bureau de Bienfaisance.

26 Février. — Le Maire soumet au Conseil les délibérations prises par l'Administration du Bureau de Bienfaisance, tendant à autoriser l'emploi du produit des concessions du cimetière pour le paiement de différentes factures constituant des dépenses imprévues et pour lesquelles elle n'a pas de crédits suffisants. Le Conseil vote un avis favorable.

L'annexe du Presbytère de Berck-Ville est acceptée.

Rues des Pâtres et des Grognards.

4 Mars. — Les travaux de construction de la rue des Grognards ont dépassé le montant du devis de 185 frs 73, mais un boni de 277 frs 44, étant resté sur ceux de la rue De Lhomel, le Maire demande l'autorisation de liquider, en autorisant le paiement du déficit des rues des Pâtres et des Grognards par un prélèvement de même somme sur l'excédent

Cliché Léon,

A. BECQUART,

Publiciste,

Conseiller municipal, Délégué cantonal, Président de la Société des
Courses, Officier de l'Instruction Publique, Chevalier du Mérite
Agricole, Titulaire de la médaille de la Mutualité.

de la construction de la rue De Lhomel. Le Conseil approuve
ce virement.

Il est également accordé à M. Achille Dequéker une somme
de 392 frs 50 pour fourniture de 157 mètres de craie.

Pour les Russes.

Le Conseil vote, à l'unanimité, comme marque de sympathie, 40 frs pour les blessés russes. Cette somme est désaf-
fectée sur le crédit de 40 frs, inscrit au budget de 1904,
pour subvention à la Société de Tir qui vient de disparaître.

Installation du Maire, des Adjoints
et des Conseillers Municipaux.

ELECTIONS DU 1er MAI 1904.

MM. Parmentier (Oswald), Maire; Macquet (Philippe), dit
Compère, 1er adjoint, Docteur Quettier (Désiré), 2e adjoint.
Conseillers municipaux:

MM. François-Rivet, dit *St-Luc*.
Lavoisier (Victor).
Bouville (Lucien).
Macquet (Théodule).
Parmentier (Philippe).
Malingre-Rivet.
Macquet-Buzelin (Jules).
Andrin-Bouville.
Clément (Jules).
Docteur Pierre (Joseph).
Pentier (Lucien).
Malingre-Caffier (Michel).
Fanthomme (Arsène).
Dacquet-Groux (Pierre).
Romain-Pringarbe.
Becquart (Arthur).
Macquet-Baillet.
Drapier (Joseph).
Cobert (J.-Bte).

Le doyen d'âge du Conseil est M. V. Lavoisier.

20 Mai. — MM. Fanthomme (Arsène) et Malingre (Pierre) sont nommés membres du Bureau de Bienfaisance.

Commissions.

6 Commissions sont formées: *Finances, Voirie* et *Hygiène, Travaux, Eclairage Public, Ecoles* et *Fêtes.*

Insuffisance de Revenus.

14 Juin. — Les dépenses prévues étant de 108.742 frs, les ressources normales de la Commune ne se montant qu'à 91.835 frs il y a une insuffisance de 16.907 frs.

Le Conseil décide qu'il faudra recourir à une imposition extraordinaire, en 1905, par addition au principal des quatre contributions directes.

Pour le salaire des gardes-champêtres . . frs	3.250
Insuffisance de revenus	13.657
TOTAL: frs	16.907

A l'exception de MM. Becquart et Lavoisier, qui demandent, sans succès, communication des pièces, le Conseil donne son approbation aux comptes du Bureau de Bienfaisance pour les années 1904—1905.

Exposition d'Arras.

Le Conseil vote une somme de 1200 frs pour que la ville soit représentée à l'Exposition d'Arras.

Sur la demande de MM. Delhors et Lhotellier, 50 frs sont votés pour la course vélocipédique de Berck à Boulogne-sur-Mer.

Sectionnement Electoral.

Sur la demande de MM. Arthur Becquart, Docteur Pierre et Lavoisier, il a été procédé au scrutin secret par oui et non sur le principe de la formation d'un sectionnement électoral. Le Maire déclare que, pour ne pas influencer, il ne prendra pas part au vote.

Le nombre des votants est de 20 — 14 non, 6 oui —.

Le principe de rétablissement du sectionnement électoral est donc écarté par 14 voix contre six.

Agrandissement des Abattoirs.
Création de Taxes d'Abattage.

14 Juillet. — En 1903, il a été tué à l'abattoir : 207.950 kilos de bœuf ; 60.794 kilos de veau ; 40.033 kilos de mouton et 75.260 kilos de porc.

Une taxe de 0,02 c. par kilo de viande est décidée. Le Conseil accepte de faire un emprunt de 60.000 frs au Crédit Foncier, remboursable en vingt-cinq ans à partir du 1er janvier 1905 et prie l'Administration supérieure de donner un avis favorable à ce projet.

Création de Taxes sur les Marchands Ambulants.

Le Conseil décide d'établir des taxes sur les marchands ambulants, circulant sur les voies publiques.

Voitures à 2 chevaux et par jour	1 fr. 00
Voitures à 1 cheval et par jour	„ 50
Voitures à 1 âne et par jour	„ 40
Voitures à bras, balladeuses, etc., etc.	„ 30

Création d'un Square.

Le Maire est autorisé à s'entendre avec Mme la Baronne James de Rothschild, qui consentirait à transformer une partie de sa garenne en square.

Un troisième poste d'adjointe est créé à l'Ecole des Filles de Berck-Plage.

Eden-Casino.

19 Août. — Moyennant une taxe annuelle de 2 frs, le directeur de l'Eden-Casino est autorisé à mettre, rue Carnot, une bande de calicot (2 mots et 10 m. de hauteur) portant l'inscription « *Eden-Casino* ».

Délégués du Bureau de Bienfaisance.

MM. François St-Luc et Dacquet sont nommés.

Ecole des Filles à la Plage.

Le Conseil fait procéder à l'acquisition au prix de 18.000 frs de la maison Orange, rue de l'Impératrice, pour l'Ecole des Filles.

Emprunt.

21 Octobre. — Réalisation de l'Emprunt de 57.600 frs pour l'Abattoir.

Bureau de Bienfaisance.

Acceptation du legs Danvin. Approbation du cahier des charges pour fournitures de pain et charbon.

Pavage du Marché de la Plage.

M. Becquart dépose deux vœux: l'un relatif au pavage du Marché de l'Eglise de la Plage ; l'autre, concernant la construction d'environ 50 mètres de chaussée à l'issue du chemin. n° 126.

Le Conseil renvoie à la Commission des routes.

Médecins de Bienfaisance.

Considérant que la Commission administrative est satisfaite des services rendus par MM. les Docteurs Louart et Quettier, le Conseil émet un avis favorable à l'approbation de la dite délibération et les nomme pour remplir ces fonctions pendant une nouvelle période triennale.

Commission pour l'Abattoir.

Pour assurer d'une manière complète, effective, l'exécution des travaux d'agrandissement de l'abattoir et sauvegarder les intérêts de la Ville, le Conseil désigne MM. Pentier (Lucien); Andrin (Edouard) et Macquet, dit *Compère*, pour former la Commission chargée d'assurer la marche des travaux.

Construction de l'Ecole des Filles.

Maison Orange: achat, 18.000 frs; projet d'agrandissement, 24.781 frs; mobilier, 11.879 frs; total: 54.660 frs. Le Conseil demande que l'Etat et le Département lui viennent en aide, dit qu'il sera fait face à la dépense à l'aide d'un emprunt au Crédit Foncier, remboursable en trente annuités dès que la Ville connaîtra le montant des subventions qu'elle espère.

Chemin de Fer de Berck-Plage à Paris-Plage

Une subvention trentenaire de 300 frs est votée.

Avenue du Docteur Cazin.

M. le Docteur Quettier demande, en reconnaissance des services rendus à la Plage de Berck par le regretté Docteur Cazin, que l'Avenue du Casino porte désormais la dénomination de « *Avenue du Docteur Cazin* ».

Le Conseil approuve à l'unanimité, et charge M. Andrin du soin de poser les plaques indicatrices.

Construction de la rue de la Société Humaine.

19 Décembre. — La totalité de la dépense s'élève à 10.800 frs; l'Assistance publique offre 3,500 frs. Le Conseil accepte.

M. Malingre fait part d'une pétition des habitants de la rue Armand, lesquels demandent une installation d'éclairage.

Renvoyé à la Commission.

M. Magnier (Georges) demande à remplacer M. Chevalier, receveur municipal, qui sollicite sa retraite.

Bureau de Poste de la Plage.

1905. 13 Janvier. — Le Conseil approuve le projet de bail avec la Compagnie d'Aire à Berck, ainsi que les plans et devis qui lui sont proposés, dit qu'il fera face à cette dépense à l'aide d'un emprunt de 18.000 frs qui sera confondu avec celui d'une plus grande importance qu'il se propose de faire au Crédit Foncier.

Don de Mme la Baronne James de Rothschild.

Mme la Baronne offre à la Ville une parcelle de terrain, près la gare de Berck-Ville, d'une contenance de 2.000 mètres carrés, destinée à servir de cour à l'Ecole des Garçons de Berck-Ville, mais sous la condition que le terrain dont il s'agit devra servir à l'agrandissement des dépendances de la dite Ecole.

Le Conseil accepte et vote des remerciements à Mme la Baronne James de Rothschild.

Tramway.

Le Conseil vote l'annulation de la concession et la rétrocession du tramway.

La Compagnie du tramway de Berck-Plage à la gare de Berck-Ville fait abandon à la Ville du bâtiment à usage de dépôt, établi sur les dépendances de la gare de Berck-Ville et du bail de location consenti en sa faveur par la Compagnie d'Anvin à Calais, à la date du 15 Février 1902.

Construction d'une Esplanade.

Considérant que ces travaux intéresseront la prospérité de Berck, le Conseil les approuve à l'unanimité.

La dépense en sera faite au moyen d'un emprunt au Crédit Foncier.

Emprunt.

Sur le rapport de M. le Docteur Quettier, une demande d'emprunt de 207.000 frs sera contracté au Crédit Foncier, pour une durée de trente ans. Le dit emprunt est voté, ainsi qu'une imposition extraordinaire de 12 centimes à inscrire chaque année au budget pour faire face aux annuités. L'intérêt sera calculé à 3 frs 85 par $^0/_0$.

Le Conseil approuve la création d'un poste de maîtresse-adjointe à l'Ecole maternelle.

Facteurs des Postes.

Le Conseil demande à l'Administration une indemnité annuelle de 100 frs pour chaque facteur.

22 Février. — Les Comptes du Bureau de Bienfaisance sont approuvés.

Bureau de Poste de la Plage.

Pendant la durée des travaux de construction, le Conseil loue à l'Asile Maritime, son immeuble, 23, Avenue de la Gare, jusqu'au 10 juillet 1905, pour 200 frs.

Plantations des Dunes.

Vu l'encombrement du sable dans certain nombre de rues à la Plage, le Conseil prie M. le Préfet de faire appliquer le décret du 14 décembre 1810 et faire établir par MM. les ingénieurs des Ponts et Chaussées, un plan des dunes qui sont une cause d'ensablement, puis inviter les propriétaires à fixer les sables de ces dunes par des plantations appropriées au sol.

Ecole Maternelle et Ecole des Filles de Berck-Ville.

Nombre d'enfants: de 2 à 4 ans, 71.
de 4 à 6 ans, 83.
de 7 à 13 ans 154.
de plus de 13 ans 4, soit: 346.

Exposition d'Arras.

3 Avril. — Le Conseil est décidé d'offrir des médailles aux trois personnes qui se sont distinguées pour faire figurer la Ville de Berck à l'Exposition du Nord de la France. Une somme de 151 frs 85 est votée à cet effet.

Tramway.

Le Conseil demande que l'enlèvement des rails du tramway s'opère du 15 septembre au 1er novembre 1905, pour

ne pas gêner la circulation pendant la saison balnéaire et
celle du hareng.

Comités de la Plage.

Sur la demande de M. le Docteur Quettier, une somme de
250 frs est allouée aux deux Comités pour frais de publicité en
1905.

Exposition Canine.

4 Mai. — Une subvention de 100 frs est accordée.

Emprunt.

16 Mai. — Le Conseil vote l'emprunt de 205.996 frs 66 et
accepte le terrain donné par Mme la Baronne James de Rothschild.

Vote d'insuffisance de revenus.

Assurance du Bureau de Poste de la Plage.

La ville passe une police d'assurance avec M. Plouvier,
20.000 frs pour le bureau; recours des voisins, 2.000 frs;
risques locatifs, 5.000 frs, soit un total de 27.000 frs.

Eclairage.

Le devis pour Berck-Ville se monte à frs 4.706,95
Le devis pour Berck-Plage „　　„　à　　6.714,65

TOTAL: frs　11.421,60

Abattoir.

M. Dupuy, ancien gendarme, est nommé Directeur de
l'Abattoir.

M. Lennel, inspecteur, pour la durée d'un an, aux appointements de 600 frs.

Lampes Electriques rue de la Mer.

18 Août. — Coins des rues de la Mer et Andrée, devis:
199 frs. 75.

Acquisition de Terrain, Avenue de la Gare et rue Carnot.

5 Octobre. — La Ville achète à M. Lavoisier 2 mètres 80 c. de terrain, évalué à 80 frs le mètre carré, soit 224 frs pour élargir l'Avenue de la Gare et le coin de la rue Carnot.

Mutualité Maritime.

Le Bureau de Bienfaisance prélève de sa caisse une somme de 500 frs, pour la verser dans celle de la Mutualité Maritime Berckoise. Cet argent provient des droits perçus au Kursaal, Eden-Casino et Petit Casino. Il servira à soulager les marins qui subissent des pertes dans leur matériel.

Juge de Paix.

24 Novembre. — Le Conseil élève l'indemnité du Juge de Paix et de son greffier de 420 frs à 600 frs.

Postes.

10 Décembre. — Des propositions sont faites pour améliorer le service de distribution des courriers.

Acquisition du Terrain pour l'Ecole des Filles à la Plage.

12 Décembre. — Moyennant le prix de 5 frs le mètre, la famille Rivet consent à vendre à la ville un terrain de 2.563 mètres, communiquant à l'Avenue Massé-Corti par un chemin de 8 mètres de large et M. Hanocq, entrepreneur de menuiserie, vend pour 50 frs une petite parcelle de terrain y attenant. (Le chiffre des élèves à l'Ecole actuelle est de 233).

Taxes des Droits de Place sur les Marchés.

18 Décembre. — Le Conseil décide que les droits de place sont fixés comme suit:

0,15 c. par mètre carré pour tous les produits de l'alimentation; 0,30 c. au lieu de 0,25 c. pendant les mois de novembre, décembre, janvier, février, mars, avril et 0,50 c. pendant les six autres mois sur les étalages de rouennerie, mercerie, quincaillerie, chaussures, bijouterie, articles de bazars, etc.

1906. 20 Janvier. — M. Lennel, vétérinaire à Rue, est nommé pour procéder à la visite des étables.

Conventions faites avec M. le Docteur Delplanque de Montreuil-sur-Mer, pour travaux de Voirie.

Après de nombreux pourparlers avec M. le Docteur Delplanque, en vue de desservir par ses rues le terrain dont l'acquisition est projetée pour la création d'un groupe scolaire à la Plage, le Maire a obtenu les propositions suivantes:

1⁰ Droit de passage dans toutes les rues sillonnant la propriété originaire du Docteur Delplanque, abandon complet du sol des dites rues à la Ville, ainsi que de la partie du terrain nécessaire à relier la rue Blanche avec celle longeant la propriété dont l'acquisition est projetée et se prolongeant jusqu'à l'Avenue Massé-Corti. Sous les conditions ci-après, la ville doit s'engager à mettre en état de viabilité: 1⁰ la rue des Roses (aujourd'hui rue Thérèse), (¹) s'étendant depuis la rue de l'Impératrice jusqu'à l'intersection formant l'angle de la rue Thérèse et de la rue Blanche.

2⁰ La rue Blanche, depuis la rue de la Gare jusqu'à la rue longeant la propriété Rivet et cela dans le délai de trois ans, à dater du jour de la cession définitive du sol de ces chemins à la Ville. De son côté, M. le Docteur Delplanque s'engage à construire dans le même délai, les rues sillonnant sa propriété : rue d'Artois, Thérèse, prolongée depuis la rue Blanche jusqu'à l'Avenue de la Gare.

Il est entendu que les travaux de voirie à exécuter par M. le Docteur Deplanque seront faits simultanément dans les mêmes conditions de **solidité** et sous la direction de M. Delpierre, conducteur des ponts et chaussées.

Le Conseil accepte à l'unanimité.

(¹) En 1892, le Dispensaire de Rothschild fut établi au coin des rues de l'Impératrice et des Roses (anciennement pharmacie Quettier). En reconnaissance des services rendus par cette fondation, le Conseil municipal a donné a cette rue le prénom de Madame la Baronne James de Rothschild. (Séance du 8 décembre 1908).

Substitution de M. Champroux, directeur de l'Hôpital Maritime, dans la Promesse de Vente Orange.

M. Champroux, directeur de l'Hôpital Maritime, consent à se substituer à la Ville dans le bail intervenu avec les héritiers Orange, relativement au local affecté à l'Ecole des Filles de la Plage. Il reprend à son profit la promesse faite par les héritiers Orange de vendre le dit immeuble pour la somme de 18.000 frs. Le Conseil adhère à cette cession que les héritiers Orange acceptent.

Surveillant de Travaux.

M. Caquelot est nommé surveillant des travaux de voirie faits à la Plage, aux mêmes conditions que M. Dufourny, pour Berck-Ville.

Ecole des Filles de la Plage.

2 Février. — Sont approuvés: les plans, devis et cahier des charges.

M. Bellettre est nommé architecte. Les dépenses s'élèvent à 84.910 frs, compris l'imprévu et les honoraires de M. Bellettre. Le prix du terrain étant de 12.866 frs 55, la dépense totale est de 97.776 frs 55.

Le Conseil sollicite de l'Etat la subvention à laquelle la Ville a droit et demande au Département la subvention la plus large possible en raison des emprunts successifs que la Commune a dû s'imposer pour l'amélioration et l'embellissement du pays.

S'engage à emprunter au Crédit Foncier pour une durée de trente ans, la part de la dépense qui lui incombe et à voter le nombre de centimes nécessaires pour payer l'annuité de l'emprunt.

Distributions de Courriers à la Plage.

Le Conseil fait son possible pour s'entendre avec l'Administration des Postes.

Sinistrés de Courrières.

Le Conseil vote une somme de 200 frs pour les sinistrés du bassin houiller du Pas-de-Calais et décide qu'une souscription publique sera ouverte pour les victimes et leurs familles.

Ecole des Filles de Berck-Ville.

Sont approuvés : les plans et devis de M. Bellettre, architecte. Dépenses : 61.225 frs 64, compris les imprévus et honoraires de M. Bellettre. Le Conseil sollicite de l'Etat et du Département les subventions auxquelles la Commune a droit.

Eclairage électrique.

Traité de gré à gré, entre le Maire et M. Deplanque, Directeur de la Compagnie du Gaz, pour l'installation d'appareils d'extension de l'éclairage électrique. Devis pour la Ville et la Plage, 10,968 frs. M. Deplanque ayant consenti un rabais de 15 $^0/_0$, le Conseil accepte.

Honoraires de Me Tournant.

Une somme de 776 frs 67 est versée à Me Tournant, notaire à Montreuil-sur-Mer, pour honoraires et débours, nécessités par la donation de terrain de Mme la Baronne J. de Rothschild, pour l'agrandissement de l'Ecole des Garçons à Berck-Ville, et 211 frs 50, réglés pour la dite donation à l'Enregistrement.

Allocation mensuelle aux Vieillards et aux Incurables.

D'après la loi du 14 juillet 1905 et la circulaire du Ministre de l'Intérieur du 29 juillet suivant, sur l'obligation à partir du 1er janvier 1907 d'assister les vieillards âgés de plus de 70 ans, les infirmes et les incurables, privés de ressources et incapables de subvenir à leurs besoins par le travail, le Conseil doit s'inspirer des prescriptions de la loi et doit fixer le taux de l'allocation mensuelle à allouer à chaque personne se trouvant dans les conditions requises.

Après délibération, le Conseil fixe à 20 frs l'allocation se décomposant comme suit: Logement, 5 frs; vêtements, 3 frs; Chauffage, 3 frs; Alimentation, 9 frs; total: 20 frs.

Décide que le nombre des vieillards, infirmes et incurables résidant à Berck sera déterminé par la Commission administrative du Bureau de Bienfaisance.

Nomination de Gardes.

MM. Pauchet, pour la plage; traitement: 800 frs.
  Baillet (Victor), affecté aux champs, traitement: 600 frs.

Ecole Maternelle.

26 Mars. — Plans, devis, cahier des charges, sont acceptés. Dépenses: 35.525 frs 74, compris les imprévus et honoraires de M. Bellettre, architecte. Le Conseil sollicite de l'Etat la subvention à laquelle la Ville a droit, et le concours du département, comme pour les autres écoles [1].

Allocation au Syndicat d'Initiative.

Pour contribution à la publicité et sur les sommes versées par les établissements du Kursaal, Eden-Casino et Petit Casino, 1.000 frs sont votés au Syndicat d'Initiative et 300 frs au Comité des Intérêts généraux.

22 Avril. — Le nombre des élèves à l'Ecole primaire des Filles à Berck-Ville, atteignant le chiffre de 190, le Conseil demande une adjointe.

Sur la demande de M. Champroux, directeur de l'Hôpital de l'Assistance publique, une lampe électrique sera installée rue de la Société Humaine, vers l'extrémité de la Mer [1].

---

[1] L'Etat a donné 38.840 frs et le département 700 frs pour la construction des trois nouvelles écoles.

[1] Sur la demande de M. le Maire de St-Germain-en-Laye, le Conseil municipal, dans sa séance du 10 mars 1909, à donné à cette rue le nom d'*Armand Husson.*

M. Husson, était Directeur général de l'Assistance publique, lors de la création du Grand Hôpital. Il fut pour beaucoup dans le choix de la plage de Berck par l'administration.

Construction de la Rue St-Georges.

Le devis s'élève à 5.000 frs, mais ce chiffre peut être réduit à 3.000 frs, en ajournant la construction des trottoirs.

Les propriétaires riverains offrent 1.000 frs.

4 Juillet. — Au budget primitif pour 1907, se trouvent dans les recettes ; l'octroi, porté à la somme de . . 61.600 frs

Permis de chasse . . . . 1.200 frs

Droits de place sur les marchés . . . . 10.500 frs

Taxes sur perrons, etc. . . . . 1.000 frs

Insuffisance de Revenus.

Les dépenses ayant été arrêtées à la somme de 137.204 frs, les ressources ne sont que de : (*laissé en blanc sur le registre des délibérations*) ; il y a insuffisance de : (*même observation*).

Le Maire décide que la Commune sera imposée, en 1907, par addition au principal des quatre contributions directes.

5 Juillet. — M. Lagelouze, receveur municipal, est augmenté d'un dixième. (Vu le décret du 26 juin 1876 et la circulaire du Ministre, du 1er août 1876).

Bureau de Bienfaisance.

Le Conseil accepte les comptes.

Réglementation des Marchés.

A l'exception de M. Arthur Becquart, le Conseil approuve le Maire qui a pris un arrêté par lequel aucune denrée ou marchandise foraine quelconque ne pourra être mise en vente ailleurs que sur les places des marchés, limitant toutefois cette réserve à un rayon de plus de 200 mètres des dites places.

Allocation aux Vieillards.

L'Assemblée départementale, ayant trouvé trop élevés les taux adoptés par certaines communes pour les vieillards et incurables, de même qu'une trop grande différence entre les chiffres proposés, a estimé que pour plus d'uniformité, il

y avait lieu d'inviter les municipalités à réduire à 15 frs le
taux maximum de l'allocation mensuelle.

Le Conseil, considérant que la Ville de Berck n'est pas
un pays de production, qu'en raison de sa situation balnéaire
et de l'affluence des baigneurs, le prix des logements, comme
celui des vivres, est fort élevé; que l'allocation de 20 frs
est à peine suffisante; confirme les termes de sa délibération
du 15 mars 1906, sous la réserve, toutefois, que lorsque deux
personnes vivant sous le même toit, bénéficieront des avantages de la loi du 14 juillet 1905, l'allocation de logement et
celle de chauffage ne seraient attribuées qu'à l'une des deux
seulement.

Secrétaire-adjoint de la Mairie.

Sur sa demande, M. Cornu (Louis) est nommé Secrétaire-
adjoint de la Mairie, au traitement annuel de 1.200 frs.

Le sieur Vincent (Auguste), cantonnier, est désigné pour
l'entretien de l'Esplanade.

Taxes d'Octroi.

16 Août. — Les taxes d'octroi sont prorogées pour une
nouvelle période de cinq années, à dater du 1er janvier 1907
au 31 décembre 1912.

31 Août. — Au nom des riverains, M. Demortain verse à
la Ville une somme de 1.000 frs pour la construction de la
rue St-Georges.

Rues de la Gare et St-Georges.

Construction et chaussée empierrée rue St-Georges; dépense:
6.700 frs; rechargement de la rue de la Gare, 3.700 frs.

Numérotage des Maisons.

Le Conseil décide qu'il sera placé un numéro sur chaque
maison, suivant les indications de M. le contrôleur, qui peut
donner un numéro de série à chaque immeuble lors de son
travail de recensement. Les dépenses seront supportées par
les propriétaires.

Emprunt.

La Ville emprunte au Crédit Foncier la somme de 160.328 frs 78 pour les Ecoles, acquisition de terrains, etc.

L'emprunt est fait au taux de 3 frs 85 $^0/_0$, durée trente ans. Une imposition est votée à partir de 1907, pour couvrir chaque annuité à rembourser, laquelle est de 9.057 frs 94.

L'acte de vente du terrain sera fait par Maître Bataille, notaire à St-Josse et les consorts Rivet toucheront de la dite vente : 12.816 frs 51.

Comités de la Plage.

Une somme de 400 frs est votée pour les deux Comités.

Réfection du Cadastre.

Le Conseil décide cette réfection et demande à l'Administration des Contributions directes de vouloir bien l'aider dans ce travail.

Barrière de Passage à Niveau.

A la suite de nombreux accidents, le Conseil demande qu'il soit établi, au chemin n° 119, une barrière dont le fonctionnement serait assuré par une personne chargée de ce service.

Repos hebdomadaire. — Coiffeurs.

27 Septembre. — Le Conseil admet que les garçons coiffeurs fassent repos le lundi en place du dimanche.

Legs Veuve Bridenne-Bucquet.

Mme veuve Bridenne-Bucquet, ayant fait deux legs : 1° à l'Asile Maritime de Berck ; 2° à la Fabrique de l'Eglise St-Jean-Baptiste de Berck-Ville.

Les Conseils ont refusé, ces deux assemblées se basant sur des jugements du tribunal de Montreuil-sur-Mer, en date du 16 juin 1897 et 24 juin 1898, lesquels frappent d'interdiction Mme veuve Bridenne-Bucquet, annulant une donation faite par elle.

Les dits Conseils abandonnent leurs droits aux legs consentis.

Local Mellier.

Le Conseil loue pour 300 frs, du 1ᵉʳ octobre 1906 au 1ᵉʳ mai 1907, la salle de M. Mellier, pour servir de classe à l'Ecole des Filles de la Plage.

Construction d'une Gare de Chemin de Fer.

Un projet de construction est à l'ordre du jour. Le nombre des voyageurs à la gare de Berck-Plage a atteint, en 1905, 212.000; celui des enregistrements de bagages, 22.000; messageries, 18.000.

Or, le Conseil décide pour se procurer de l'argent, de taxer temporairement 0,05 c. chaque voyageur au départ et à l'arrivée de toutes provenances et de toutes destinations — Berck-Ville excepté — 0,05 c. par enregistrement de bagages au départ ou à l'arrivée et ainsi que pour les messageries; exception est faite pour Berck-Ville. Le bureau d'octroi sera transféré du côté de la petite vitesse et les travaux feront l'objet d'une adjudication publique.

Repos hebdomadaire.

26 Octobre. — M. Léon Drugy, photographe, 21, Avenue de la Gare, demande que le repos soit fait par roulement.

Le Conseil émet un avis favorable.

Attestation pour M. l'Abbé Hocque.

21 Novembre. — M. l'abbé Hocque sollicite du Maire l'attestation qu'il habite Berck depuis le 5 juillet 1903, qu'il remplit les fonctions de prêtre habitué à l'Eglise de la Paroisse. Il joint à sa demande: 1º Un certificat de l'Evêché d'Arras; 2º Un certificat du desservant de la paroisse de Berck et une délibération du Conseil de Fabrique de la dite paroisse.

Le Conseil atteste.

Gare de Berck-Plage.

D'après avis de M. Boudenoot, quelques modifications sont apportées dans la délibération du 27 septembre 1906.

Le Conseil annule sa réserve pour le déplacement du Bureau d'octroi et la fixation du lieu de l'adjudication.

Décès de M. Parmentier, Maire. (¹)

Concession à perpétuité.

M. le Docteur Quettier, adjoint, fait part en termes émus au Conseil municipal, du décès de M. Parmentier, Maire de Berck, et l'invite à prendre telles mesures qu'il jugera convenables pour honorer la mémoire de celui qui fut tout à la fois un bon Français, un bon citoyen et un serviteur dévoué de son pays natal.

(¹) Né le 14 Mars 1865. Décédé des suites d'une maladie de cœur, le 18 décembre 1906. Elu maire, en 1896 ; conseiller général, en 1900 ; délégué cantonal et Officier d'Académie, en 1899; Officier de l'Instruction publique, en 1905. Il fit ses études au collège Ste-Austreberthe de Montreuil s/Mer ; épousa Mlle Cornu et prit la direction du Sanatorium des Filles, de l'Assistance publique de Paris.

Les obsèques furent imposantes. Le corbillard disparaissait sous les nombreuses couronnes offertes par la ville, la Plage et les villes voisines.

Les cordons du poêle étaient tenus par MM. Manceron, Secrétaire-général du Pas-de-Calais, remplaçant le Préfet, Guyot-Laligant, Vice-président du Conseil général ; Boudenoot, sénateur ; Morel, député ; Docteur Quettier, adjoint ; Macquet-Michedez représentant la *Mutualité Maritime*. Le coussin était porté par MM. Vermeil et Becquart, officiers de l'Instruction publique.

Le deuil conduit par son père, M. Parmentier, ses beaux-frères, MM. Dehaut, Cornu et son ami, M. Macquet (Philippe), 1er adjoint.

Au cimetière, les discours furent prononcé par MM. Manceron, Guyot-Lalignant, Dr Quettier, Victor Morel, Boudenoot, Barbizet, Inspecteur principal de l'Assistance publique, de Paris ; Georges De Lhomel, Président du Comité des Intérêts Généraux et de la Société Humaine.

Le cortège avait été organisé et son ordre réglé par MM. Becquart et Malingre (Michel), conseillers municipaux. Le drapeau hissé à l'Hôtel-de-Ville et voilé de crêpe était en berne.

Des télégrammes de condoléances furent envoyés par MM. Duréault, Préfet du Pas-de-Calais, et Jonnart, Gouverneur de l'Algérie.

Une souscription publique fut ouverte, sur la demande de M. Malingre Caffier, adjoint, (Séance du 2 février 1907), pour élever son buste sur la place de l'Hôtel-de-Ville, afin de rappeler à tous sa mémoire.

Le parfum des fleurs s'exhalait encore sur la tombe du défunt, les paroles des orateurs, rappelant à la foule recueillie, ce qu'il avait fait pour son

Le Conseil, vivement ému par la mort du Maire, adresse à Mme Parmentier et à sa famille, l'expression de sa profonde et douloureuse sympathie.

Considérant que M. Parmentier s'est, depuis dix ans, sacrifié corps et âme à la défense des intérêts de la Ville; qu'il a payé de son existence son dévouement à ses concitoyens et à la chose publique.

Décide:

Une concession à perpétuité de sept mètres de large sur onze mètres de profondeur sera affectée à la sépulture de M. Parmentier et de sa famille, en reconnaissance des services rendus par lui à son pays natal.

Une plaque commémorative de la présente décision sera placée sur le monument et aux frais de la Ville.

Une expédition de la délibération du Conseil, signée par tous les membres, sera remise à Mme Parmentier.

A l'issue de la réunion, M. Quettier, faisant fonctions de Président, donne lecture d'un télégramme de M. Dubourg, Maire de Montreuil, exprimant au Conseil municipal et à la ville de Berck les sentiments de vives condoléances, éprouvés par la Ville de Montreuil-sur-Mer et ses représentants.

Le Conseil, très touché de la sympathie exprimée par M. Dubourg, lui adresse, ainsi qu'à la Ville de Montreuil-sur-Mer, l'expression de sa profonde gratitude.

---

pays natal, étaient encore vibrantes que le journal *Le Républicain de Montreuil-sur-Mer*, publiait un article cherchant à amoindrir ses qualités. C'est l'éternelle histoire humaine.

En avril 1897, M. Alfred Macquet lui consacra dans l'une de ses *Libres Chroniques* les lignes suivantes. C'était dans une cérémonie officielle. M. Germain, alors receveur municipal, se servit du terme *avènement*, en parlant de sa nomination récente, comme maire de Berck.

« Il a parlé de son *avènement* ?

« Sous quel nom règnez-vous donc cher prince ?

« Vous feriez bien de libeller ainsi vos arrêtés municipaux :

« Nous, par la grâce de Germain et la volonté de nos édiles, **Brillant I** empereur de Berck-Ville, Berck-Plage et autres lieux. »

Cette boutade fit école et nombre de personnes en parlant de M. Parmentier, disaient BRILLANT 1er.

Remboursement de Cautionnements.

28 Décembre. — MM. les entrepreneurs, dont les noms suivent, ont été remboursés de leurs cautionnements versés pour les travaux exécutés aux écoles: Véniel (Ovide); Nestor (Michel); Lebeau; Warmé; Bridenne (Jacques); Rivet (Médéric); Charbonnier; Lefebvre, etc.

Contributions Directes.

Le Conseil demande que le contrôleur des contributions directes habite Berck.

Bureau de Bienfaisance.

Le Conseil approuve les délibérations du Bureau de Bienfaisance. 1o Une somme de 500 frs est votée pour la Mutualité Maritime. 2o Nomination d'un délégué pour faire partie de la Commission cantonale de l'Assistance aux vieillards. 3o Vote d'une subvention de 100 frs pour l'œuvre du Fourneau Economique, fondée en 1901, par Mlle Léonie Duplais.

Esplanade.

Le Conseil décide d'acquérir le sol sur lequel est construite l'Esplanade, ainsi que la zône s'étendant des chalets à l'Esplanade. Cette acquisition s'élève environ à la somme de 36.000 frs.

Gratifications.

Une gratification de 200 frs et une indemnité de 50 frs pour frais de bureau sont allouées au Directeur de l'Abattoir.

A partir du 1er janvier 1907, son traitement sera porté à 1.200 frs et 50 frs pour frais de bureau.

Chemin du Fort du Haut-Banc.

Des difficultés s'étant élevées entre la Ville et M. Dequéker frères, relativement à la construction du chemin du Haut-Banc, comme transaction, le Maire est autorisé à accepter une somme de 2.000 frs, plus 400 frs pour occupation du sol

Docteur D. QUETTIER,

Maire, Conseiller général, Chevalier de la Légion d'Honneur,
Chef de bataillon au 2ᵉ territorial.

communal pendant deux ans, par un chemin de fer servant
à transporter les matériaux pour le nouvel hôpital maritime.

Sépulture Parmentier.

Le Maire propose que la Ville prenne à sa charge les frais
d'acte de cession du terrain offert à la famille Parmentier.
Le Conseil adhère à l'unanimité.

Election de la Municipalité.

1907. 1er Janvier. — MM. le Docteur Quettier (1), Chevalier
de la Légion d'Honneur, est élu Maire par 21 voix; Malingre
(Michel), adjoint par 17 voix.

2 Février. — Acceptation des travaux de rues à la ville et
à la Plage.

Remboursement du cautionnement de M. Roussel pour
trottoirs et caniveaux.

Téléphone à la Mairie.

Installé avec deux sonneries; l'une, dans le bureau du
Secrétaire; l'autre, chez le concierge; dépense: 250 frs.

Concierge.

Le sieur Gosselin est nommé concierge de la Mairie; il sera
chargé, comme appariteur, de faire les courses.

Traitement annuel, 300 frs; indemnité de chauffage, 100
frs; éclairage au gaz et logement, gratuits.

Monument Parmentier.

Sur la proposition de M. Malingre (Michel), adjoint, le
Conseil municipal décide de prendre l'initiative d'une souscription publique en vue d'élever sur la place de l'Hôtel de
ville, un buste de M. Parmentier, en souvenir des services qu'il

---

(1) Né à Pacy-sur-Eure, le 6 octobre, 1855, Officier d'Académie. Fut
décoré de la Légion d'honneur, par le Président de la République, à
Boulogne-sur-Mer, le 3 juillet 1903, à titre d'officier de la territoriale.

a rendus à la Ville de Berck et au canton de Montreuil-sur-Mer. Une commission composée de MM. les Conseillers municipaux Macquet (Philippe); Malingre (Michel); Becquart; Cornu; Dacquet (Arthur); Malingre (Eugène) est chargée de l'organisation de cette souscription.

Monument Jules Ferry.

Sur la proposition de M. Becquart, une somme de 10 frs est accordée pour l'érection du monument Jules Ferry.

9 Février. — Achat du terrain Monange. 2 mètres carrés, 21 centiares, à 80 frs le mètre.

Le Conseil approuve les frais des appareils à gaz de l'Esplanade, coût: 5.069 frs.

Location du Presbytère. ([1])

D'après la circulaire de M. le Préfet, en date du 29 janvier 1905, concernant la location du Presbytère, M. l'abbé Coppin a offert un prix annuel de 120 frs sans aucune charge d'impôts. Le Conseil autorise le Maire à faire un bail de dix-huit ans, par périodes triennales, sans charges ni d'impôts, ni d'assurance.

Assurances.

La Compagnie d'Assurances générales assure: 1º L'Ecole des Garçons de Berck-Ville; 2º Les bâtiments à usage de Presbytère; 3º Le clocher et les bâtiments de l'Eglise de Berck-Ville.

Le Conseil accepte les travaux de l'Esplanade.

([1]) *La Liberté du Culte. Les déclarations.* — Sous ce titre, le *Journal de Berck*, du 23 décembre 1906, a publié l'entrefilet suivant : Il ne sera plus dressé de contraventions aux ministres du culte. Le Gouvernement a voulu établir par des constatations judiciaires, que le clergé se mettait en rébellion contre la Loi. La constatation a été faite.

Presque partout d'ailleurs des déclarations ont été faites par des tiers. C'est ainsi qu'à Berck-Ville, une déclaration a été faite par M. le Docteur Quettier, maire et à Berck Plage, par M. Becquart, conseiller municipal.

Courses. — Cavalcade.

300 frs sont votés à la Société des Courses. Une subvention de 200 frs est accordée au Comité de la Cavalcade qui doit avoir lieu le lundi de la Pentecôte. Le produit présumé des recettes serait partagé 3/4 au Bureau de Bienfaisance; 1/4 à l'œuvre du Fourneau Economique.

Fournitures Scolaires.

A la suite d'nue pétition, le Conseil accorde la gratuité des fournitures scolaires seulement aux enfants pauvres.

Assurance de Bâtiments Communaux.

1o Bâtiment du tramway; 2o Ecole des Filles de la Plage; 3o Ecole maternelle de Berck-Ville; Ecole des Filles de Berck-Ville. Moitié à la Compagnie du Phénix; moitié à la Compagnie de la Providence. La Société d'Assurances générales et la Confiance assurent les autres immeubles.

Repos hebdomadaire.

Mme Chartier, épicière à la Plage, demande une dérogation à la Loi. Le Conseil accorde.

Désensablement de l'Esplanade.

Ce travail revient à 2.000 frs.

François, dit Père Kilomètre.

Le Conseil approuve l'hospitalisation de François (Raoul), dit *Père Kilomètre*, à l'Asile Maritime, et vote à cet effet 350 frs par an.

Classement de l'Avenue Jules Magnier.

Prix: 7.000 frs; subvention de M. Dubois, 2.000 frs; différents propriétaires, 1.000 frs.

Cadastre.

Cette opération nécessitera une dépense de 23.800 frs; la
Ville interviendrait pour 12.852 frs.

Alcoolisme.

En réponse à la circulaire du Préfet, en date du 29 mars
1907, en vue de combattre l'alcoolisme, le Conseil considérant
qu'en raison de la situation de Berck, comme station balnéaire,
la création de débits de boissons constitue une profession
commerciale qui ne peut être comparée aux débits existants
dans d'autres pays où la population est normale,

Estime qu'il ne serait pas équitable d'entraver la création
de nouveaux débits de boissons.

Cantines Scolaires.

Le Conseil considérant que la Ville de Berck comprend
une agglomération très-dense, ne présentant aucun écart
pour les enfants, dit qu'il n'y a pas lieu, quant à présent, de
poursuivre la création de cantines scolaires.

13 Mai. — 1.300 frs sont accordés aux deux Comités de la
Plage, pour frais de publicité.

Plaque de Marbre à la Mairie.

Sur la proposition du Maire, le Conseil décide de placer sur
le mur, en face de l'escalier d'Honneur de l'Hôtel-de-Ville,
une plaque en marbre, destinée à recevoir les inscriptions des
noms des Bienfaiteurs de Berck-sur-Mer. Le Conseil le prie
de vouloir bien faire les démarches nécessaires en vue d'exécution.

Emprises sur la Voie publique.

Le Conseil, considérant qu'il importe de conserver aux rues
de la plage leur largeur normale, décide de ne plus autoriser
à l'avenir aucune emprise sur la voie publique.

Agent de Police et Cantonnier.

Le sieur Pirot, ancien sous-officier de l'armée coloniale, est nommé agent de police au traitement annuel de 900 frs.

Vincent (Auguste), cantonnier de l'Esplanade, est assermenté et ses attributions sont étendues à la surveillance de la Plage.

Concours Hippique.

A titre de subvention, pour la première fois la ville donne 400 frs.

Place St-Georges. — Budgets 1907 et 1908.

Nivellement et mise en état, dépense: 1.200 frs.

7 Juin. — Dans le budget supplémentaire de 1907,

RECETTES:

La subvention des Casinos est portée pour. . . frs 9.350

DÉPENSES:

Eclairage 4.000
Réparation de l'Eglise de Berck-Ville 2.000
Traitement du Concierge du Cimetière 150

Dans les recettes pour 1908, l'octroi est porté produit
brut, à la somme de 66.000
Dans les dépenses se trouvent entr'autres:

Traitement du Secrétaire de la Mairie 3.840
Frais de bureau 400
Les gardes-champêtres 2.038
Frais de perception d'octroi 7.500
Médecins de Bienfaisance 2.300
Commissaire de Police 1.800
Enlèvement des boues et immondices 8.000
Eclairage 5.000
Fêtes publiques 500

Le Maire fait connaître au Conseil que les dépenses ordinaires de cet exercice ont été arrêtées à la somme de: 107.463 frs; que les ressources normales de la Commune sont de 94.940 frs et qu'il y a insuffisance de 12.523 frs. Le Conseil décide que la Commune sera imposée, en 1908, par addition au principal des quatre contributions.

1º Salaire des gardes-champêtres . . . frs 4.250
2º Insuffisance de revenus 8.273

TOTAL : frs   12.523

Le Conseil approuve les comptes du Bureau de Bienfaisance.

Legs Magnier.

La somme de 1.602 frs est distribuée aux veuves et orphelins de la marine.

Acquisition de la Maison Dacquet-Malingre.

Pour l'agrandissement du chemin nº 19, le Conseil consent à acheter le pignon de la maison Dacquet-Malingre, au prix de 2.000 fr.

Taxes pour Loggias. Esplanade.

Le Conseil décide que toutes les emprises faites sur la voie publique seront soumises à la taxe de 0,75 c. le mètre carré.
Le Conseil confirme sa délibération du 22 décembre 1906.
Il vote l'acquisition du sol de l'Esplanade au prix de 36.000 fr.

Cimetière.

12 Juin. — Le sieur Malingre (Prosper) est nommé concierge du cimetière au traitement de 300 frs par an.
Un robinet de puisage est placé à l'entrée du cimetière.

Jeux.

Le Conseil autorise, comme l'année précédente, MM. les Directeur du Kursaal, Petit-Casino et Eden-Casino, à tenir les jeux.
24 Juin. — Il est décidé que le Kursaal donnera à la ville, 6.000 frs. l'Eden, 4.000 frs; et le Petit Casino, 750 frs.

Conférences des Instituteurs.

14 Juillet. — MM. Legrand et Mouilliez reçoivent chacun 125 frs pour leurs conférences.

Gare de la Plage.

23 Juillet. — Le devis était d'abord de 175.000 frs. Vu de nouveaux agrandissements, il est porté à 200.000 frs. M. le Maire propose alors de porter l'amortissement de l'emprunt de trente à trente-cinq ans; le produit des surtaxes étant évalué à 12.600 frs et l'annuité nécessaire pour amortir l'emprunt de 200.000 frs étant d'environ 10.500 frs par an, la somme de 2.000 frs en marge ferait tomber toute crainte d'insuffisance. Le Conseil accepte.

Cavalcade.

Sur le produit de la cavalcade, 100 frs sont donnés à l'Asile Maritime.

Donation de Terrains par M. De Lhomel
et Mme la Baronne James de Rothschild.

M. De Lhomel donne le sol de la rue portant son nom de l'Hôpital Maritime à la rue Odette. Il demande que cette rue conserve toujours le nom *De Lhomel* et soit assimilée aux autres rues de la ville. Il s'engage à mettre, à ses frais, la dite partie de rue en bon état.

Mme la Baronne de Rothschild demande que la Ville abandonne le sol de la rue du Calvaire, traversant sa propriété (entre la rue Perrochaud et le mur de clôture de son Hôpital), plus la partie qui constitue son extrémité terminale et qui aboutit à la rue, soit une longueur totale de 188 m. 05, sur une largeur de 10 mètres ou une superficie de 1.880 mètres 50.

Pour compenser cette emprise, Mme la Baronne offre à la ville : 1º le terrain nécessaire à la continuation de la rue Perrochaud, depuis son intersection avec la rue du Calvaire jusqu'au débouché sur la mer, soit une bande de 79 mètres 90 centimètres de longueur, sur 3 mètres de largeur; 2º de verser à la Caisse municipale, 16.408 frs, à employer de la manière suivante: 1º Construire la rue Perrochaud, de la rue Rothschild à la mer ; 2º établir dans la dite rue trottoirs et caniveaux ; 3º enlever le sable ; 4º mettre en état la partie de la rue du Calvaire, entre la rue des Oyats et la rue Perrochaud. Mme la Baronne s'engage à payer les frais d'acte à intervenir. Le Conseil approuve.

Une somme de 200 frs est votée pour la ducasse de la Plage.

Suppression du Puits, rue St-Bernard.

Avec l'eau d'Airon, ce puits devient inutile.
2 Août. — Réception des travaux de la Place St-Georges.

Voyageurs Indigents. — Jeux.

Le Maire demande aux Compagnies de chemin de fer des billets 1/2 place pour les indigents dirigés sur les hôpitaux d'Abbeville, Boulogne-sur-Mer, etc.

Le Conseil est d'avis de ne donner l'autorisation des jeux dans les Casinos que pour une ou deux années.

Achat de Terrains pour rues à la Plage.

16 Août. — Pour l'élargissement de la rue Blanche, M. le Docteur Deplanque cède à la ville, au prix de 8 frs le mètre, 101 mètres 34 centimètres ; puis 22 m. 86 centimètres, au prix de 16 frs le mètre carré, pour élargir la rue Thérèse. M. Calame, entrepreneur, cède un troisième terrain de 17 mètres 92 centimètres, au prix de 17 frs 30 le mètre carré. Le Conseil, considérant qu'il importe de donner un accès facile aux groupes scolaires des filles, décide d'acquérir ces terrains.

Rue Cachelou.

M. Boigeol, propriétaire à la Plage, offre à la ville : 1º le sol de la rue Cachelou, depuis la rue des Bains jusqu'à la rue Andrée; 2º la rue reliant la rue Cachelou à l'Esplanade et versera à la ville une somme de 1.200 frs à titre de subvention, à la condition que cette dernière procédera à la cons-

truction d'une chaussée empierrée avec trottoirs et caniveaux.
Le Conseil accepte.

Le Conseil adhère à payer une somme de 994 frs pour
l'enlèvement du sable que la tempête a amoncelé sur l'Esplanade.

Association Cycliste-Boulonnaise.

6 Septembre. — Une somme de 30 frs est votée à cette
Société pour une course organisée de Boulogne à Berck.

17 Septembre. — Une indemnité de 100 frs sera accordée
au contrôleur des contributions directes pour le numérotage
des rues.

Gratification.

M. Lecieux [1], Secrétaire de la Mairie, reçoit une gratification de 50 frs pour services rendus. Il occupe ce poste depuis
juillet 1893.

5 Octobre. — Le Conseil rembourse à M. Gambier le cautionnement qu'il avait versé pour travaux de construction
de la rue Armand Husson.

Classe enfantine de la Plage.

Le nombre des élèves étant de 120, il est nommé une
adjointe, au traitement de 500 frs par an.

Horloge de l'Hôtel-de-Ville. Lustres.

200 frs sont votés pour l'éclairage de nuit de l'horloge à
la Mairie.

Le Conseil vote 526 frs 15 pour l'achat de deux lustres
dans la salle des Fêtes à l'Hôtel-de-Ville.

---

[1] Son beau père, M. Fontaine (Pierre), a été maire de Berck, de 1864
à 1869.

Recensement.

Après le dénombrement de 1906, la population s'élève à 9.636 habitants. La classe du commissariat de police passe de la 4ᵉ classe à la 3ᵉ.

Asile Maritime.

31 vieillards, hommes et femmes, sont hospitalisés à l'Asile.

Le Conseil décide de demander l'hospitalisation à l'Asile, selon les conditions fixées par la loi du 14 juillet 1905, art. 8 et le réglement départemental sur l'Assistance aux Vieillards, art. 10, des vieillards ou infirmes de la commune.

6 Novembre. — Le Conseil approuve le devis du plafond de la nef de l'Eglise St-Jean-Baptiste, lequel se monte à 2.684 frs 66.

Concession Parmentier.

Le Maire est autorisé à solder les frais d'Enregistrement de la donation de la concession offerte à la famille Parmentier, ancien Maire de Berck.

Remboursement de Cautionnement.

La Ville rembourse à M. Sénépart, entrepreneur à Mouy (Oise), le cautionnement qu'il avait fourni pour la construction de l'Esplanade.

Contributions indirectes.

M. le Receveur fait connaître que les recettes d'octroi, pour 1907, paraissent devoir dépasser les prévisions d'une somme de 9.000 frs et qu'en conséquence les remises éventuelles à faire aux employés dépasseront aussi les prévisions de dépenses d'une somme de 800 frs. Le Conseil vote cette somme pour indemniser les employés.

Exposition de Calais.

Le Conseil refuse toute participation aux offres de M. Rohrbacher, pour l'Exposition de Calais.

Cours complémentaires de Filles à la Plage.

Près de 300 élèves fréquentent l'Ecole. Il est demandé un cours complémentaire annexé à l'Ecole publique.

Le Conseil prend l'engagement d'en ouvrir un pendant cinq ans.

Brasseurs.

9 Décembre. — Le Conseil accepte que la corporation des brasseurs donne à la Ville, pour abonnement de 1908, la somme de 8.200 frs.

Sauvetage de l'Enfance.

Pour 1908 et 1909, le Conseil vote 30 frs à la Société de l'Union Française pour le sauvetage de l'Enfance.

Dons de M. De Lhomel.

M. De Lhomel donne à la ville le sol des rues de Paris, du Phare, depuis la Villa Normande jusqu'à la rue de l'Ancien Calvaire, les rues de l'Est, Alice (anciennement rue Castanon) et celle du Presbytère.

Le Conseil accepte, à la condition que la construction des dites rue ne se fera qu'au fur et mesure des disponibilités de la ville.

Route du Phare.

20 Décembre. — M. Champroux, Directeur de l'hôpital maritime, informe le Maire qu'il a reçu l'ordre de clore la route du Phare. Libre le jour, interdite pendant la nuit: en hiver, de cinq heures du soir à sept heures du matin; en été, de sept heures du soir à six heures du matin.

Le Conseil regrette cette décision, qui rend la population maritime responsable d'une équipée sans conséquence, en lui interdisant les moyens d'accès à la mer, dont elle a besoin la nuit comme le jour et prie M. le Directeur de vouloir bien rapporter une mesure qui porte le plus grave préjudice aux intérêts des marins.

Rues De Lhomel et Odette.

30 Décembre. — Le Conseil approuve les plans d'alignements.

Rue St-Georges.

29 Janvier. — Une somme de 765 frs 24 est votée pour la construction d'un mur de soutènement rue St-Georges. La Ville a donné 615 frs 24 et M. Rousseau, 150 frs.

Bouches d'Incendie. Rue du Temple.

Le Maire demande qu'il soit établi sur le parcours des rues vingt nouvelles bouches d'incendie. M. Deplanque offre de les établir au prix de 140 frs l'une, avec rabais de 15 $^o/_o$.

Le Conseil décide l'achat de la maison Bouville-Lambert (Carlos), à Berck-Ville, pour élargir la rue du Temple, prix : 1.500 frs.

Numérotage des Rues.

6 Février. — Le Conseil approuve le devis. 1o L'Avenue de la Gare se termine du côté nord à la petite rue Singer, qui sépare l'immeuble occupé par la Société générale de la propriété Dessiaux et du côté Sud à un point correspondant à la petite rue Singer. 2o Que la rue Carnot comprendra tout le reste du parcours jusqu'à la rue de l'Impératrice.

Appareils « Minimax ».

Le Conseil fait l'acquisition de dix apparails avec supports, contenant chacun six litres.

Bureau de Bienfaisance.

M. le Préfet du Pas-de-Calais a nommé membres du Bureau de Bienfaisance, Mlle Léonie Duplais et M. Arthur Becquart, Conseiller municipal.

Collections de Journaux.

M. Tassin, de Paris, offre à la Ville, moyennant frais d'achat et de reliures (en 10 volumes), le *Bulletin de la Plage*, 1881-1891, le *Journal de la Plage*, 1892-1893 et le *Journal de Berck*, 1891-1906-1907.

M. Ticquet, propriétaire de la collection des journaux locaux, demande 125 frs. Le Conseil accepte.

Bouches d'Incendie. Cantonnier.

Le nombre de 20 nouvelles bouches demandées dans la séance du 29 janvier précédent est porté à 25.

Le sieur Béthencourt est nommé à partir du 1er janvier 1908, pour l'épandage du louage dans la Mollière et pour l'entretien du cimetière. Traitement : 600 frs.

Indemnités. — Gardes.

Le Conseil vote à M. Perny, Commissaire de Police, 200 frs; 60 à M. Lecieux, Secrétaire de la Mairie; 40 à M. Cornu, Secrétaire-adjoint.

MM. *Sellier, 850 frs; Jules et Victor Baillet, gardes, 700 frs par an.

Une somme de 300 frs est votée au Comité des Intérêts généraux de la Plage.

Lampes Electriques. — Musée Scolaire.

4 Mars. — Le Conseil décide que des lampes seront posées : 1o au coin de chez M. Warmé, entrepreneur; 2o à l'intersection des rues Alice et de l'Est ; 3o Derrière l'usine à gaz. Dépenses : 500 frs.

Par l'intermédiaire de M. Morel, député, M. le Président de l'œuvre des musées scolaires de Pêches, va doter gratuitement la ville d'un Musée scolaire, à la condition de procurer le local. Le Conseil offre ou l'Ecole des Garçons de Berck-Ville ou les bâtiments des Tramways.

Achat de la Maison des Consorts Macquet.

Le Conseil décide l'acquisition de cet immeuble au prix de 1.000 frs. La maison Macquet est située face l'Ecole maternelle.

Gratifications. — Casinos.

Aux sieurs Gosselin, concierge de la Mairie, 40 frs; Rivet (Charles), cantonnier, 40 frs.

D'après une lettre de M. le Préfet, le Conseil décide de modifier les art. 5 et 7 du cahier des charges à imposer aux divers établissements de jeux.

ART. 5. — Il demeure entendu que l'autorisation sollicitée par le susdit établissement devra être employée dans les locaux actuellement occupés par lui et ne pourra être utilisée ni transportée autre part.

ART. 7. — Dans le cas où le........ viendrait à être le seul établissement de la Commune de Berck-sur-Mer, où les jeux soient autorisés, M...... versera le 15 août de chaque année, etc.

Caisse de Secours des Sapeurs-Pompiers.

31 Mars. — Par lettre, en date du 15 mars 1908, M. le Préfet fait connaître qu'il a attribué à la Compagnie de Berck-sur-Mer une subvention de 238 frs, sur la somme mise à sa disposition par M. le Ministre de l'Intérieur. Le Conseil décide que cette somme sera versée dans la Caisse de secours mutuels des Pompiers.

Echange de Terrains.

Entre M. Romain (Edmond) et la Ville; à la condition que cette dernière fasse établir un mur de clôture prolongé jusqu'au pignon de M. Gruel. Le Conseil accepte.

Constructions de trottoirs et caniveaux.

Rues du Dr Danvin et des Bons Berckois.

A l'unanimité, le Conseil approuve ces travaux, dont la dépense sera portée au budget additionnel de 1908.

Le total des dépenses imprévues, pour 1907, se monte à 944 frs 01. Le Conseil approuve à l'unanimité.

Constructions de Chaussées.

Le Conseil approuve les projets suivants: 1º Construction de chaussées empierrées entre les rues des Bains et de la Plage, sur une longueur de 211 mètres 50 centimètres, faisant partie de la rue Dubois. 2º Construction de trottoirs et caniveaux rue Dubois, entre les rues de Paris et de la Plage.

Travaux dans les Rues de la Plage.

30 Avril. — Le Conseil adhère aux travaux ci-après:

1º Rues de la Mer, Lavoisier et du Calvaire, estimés frs		3.000
2º Trottoirs et caniveaux rue du Calvaire	»	4.100
3º Chaussée empierrée, rue Theillier	»	2.300
4º Trottoirs et caniveaux rue Theillier	»	2.800

17 Mai.

Installation du Maire, des Adjoints et des Conseillers Municipaux.

ELECTIONS DU 3 MAI 1908

Berck-Ville: inscrits, 1272 — Votants, 1.015.
Berck-Plage: inscrits, 699 — Votants, 594.

MM. le Docteur Quettier, Conseiller général, Chevalier de la Légion d'Honneur, Maire; Macquet (Philippe), dit *Compère*, 1er adjoint; Malingre-Caffier (Michel), 2e adjoint. Conseillers municipaux:

MM. François Rivet, dit *St-Luc*.

Bouville (Lucien).

Pentier (Lucien).

Dacquet (Arthur).

Clément (Jules).

Lavoisier (Victor).

Carpentier-Malingre.

Romain-Pringarbe.

Fanthomme (Arsène).
Minet-Gorré.
Macquet (Théodule).
Becquart (Arthur).
Malingre-Rivet.
Cornu (Paul).
Parmentier (Philippe).
Dehaut-Parmentier.
Macquet-Baillet.
Nortier (Léon).
Andrin-Bouville.
Bodot (J.-Bte).

Receveurs Municipaux

de la Ville de Berck-sur-Mer, de 1826 à 1909.

1826 à 1858, MM.	Routier ([1]).
1859 à 1869	Chesneau.
1869 à 1886	Baillet.
1886 à 1889	Mercier.
1889 à 1894	Damiens.
1894 à 1899	Germain.
1899 à 1905	Chevalier.
depuis 1905	Lagelouze.

---

[1] Était un grand oncle de M. Arthur Becquart, conseiller municipal.

Œuvres Philantropiques

Asile Maritime. [1]

Fondé en 1888 par M. Lavoisier (Victor), Conseiller Municipal.

Maison de retraite pour les vieux marins et vieilles matelotes de Berck.

Cette œuvre, reconnue d'utilité publique, en 1895, est dirigée par les Religieuses Franciscaines de Calais.

En 1907, avec le concours de MM. le Préfet du Pas-de-Calais et le Docteur Quettier, Maire, le Comité d'administration a obtenu l'Assistance obligatoire pour les vieillards hospitalisés se trouvant dans les conditions requises.

Situation financière de l'Asile au 31 décembre 1908.

Balance en banque	frs	1.030,90
Balance chez le Trésorier		405,70
TOTAL :	frs	1,436,60

N. B. — Dans le résumé de la situation, il n'est pas fait état de la valeur du terrain, 92 ares, du mobilier et des bâtiments de l'Etablissement.

RESERVE.

57 frs rente française 3 $^0/_0$, leur coût		1.855 fr. 85
63 obligations Bône Guelma	»	29.113 fr. 00
1 obligation Eaux de Berck	»	500 fr. 00
Immeuble et mob., 23, Avenue de la Gare		25.000 fr. 00
TOTAL :		56.468 fr. 85

PASSIF.

L'Asile n'a aucune dette.

---

[1] Compte-rendu de l'année 1908.

Dispensaire de Rothschild.

Fondé en 1892 par Mme la Baronne James de Rothschild.

Etat des services du Dispensaire de Rothschild de Berck-sur-Mer,

Pour les 5 dernières années : 1904-1905-1906-1907-1908.

Années	Consultations	Pansements au Dispensaire	Pansements et Visites à domicile	Malades en traitement au Dispensaire Jours de présence	Opérations	Lait Bons : 1 litre	Viande Bons : 1 kilo	Appareils plâtrés	Bains	Décès
1904	1746	4321	10	735	25	2066	91	102	458	1
1905	3138	5391	95	1101	35	2629	269	104	462	2
1906	3511	5294	98	1175	25	3433	315	95	544	1
1907	3584	4826	87	679	22	2838	235	80	388	3
1908	3570	4609	245	830	29	3290	649	90	292	»
Totaux	15549	24441	535	4520	136	14256	1559	469	2144	7

SERVICE DES NOURRISSONS.

Années	Consultations	Lait	Phosphatines	Malt	Layettes	Biberons	Tétines	Dons en nature		
								Bons : Pain	Bons : Fourneau	Bons : Charbon	Vêtements
1904	—	—	--	—	—	—		150	300	105	52
1905	1101	10016	145	20	75	—	232	98	850	10	185
1906	974	9341	231	230	91	—	225	190	2000	62	245
1907	890	7570	139	163	74	26	301	264	2250	99	151
1908	1012	8558	174	295	81	167	280	264	2000	99	185

Cet état de services — qui ne comporte que cinq années — démontre le bien que fait le dispensaire dans la population berckoise, privée d'un hôpital municipal.

Madame la Baronne James de Rothschild est ici l'âme de la charité sous toutes ses formes. Aussi est-ce à juste titre que la reconnaissance publique lui est acquise.

Sous la direction intelligente et dévouée de Mlle C. Hutter que d'infortunes sont soulagées, que de souffrances sont apaisées, que de misères sont consolées!...

Fourneau Economique.

Fondé en 1901 par Mlle Léonie Duplais.

Cette œuvre d'assistance fonctionne pendant les rigueurs de l'hiver. Depuis 1906, le Conseil municipal lui a voté une subvention annuelle de 100 frs [1].

De 1901 à 1908, il a été distribué 61.541 portions [2].

Les dépenses s'élèvent environ à 2.400 frs par an et les ressources ne sont dues qu'à la charité publique.

----

[1] Considérant les services rendus par cette œuvre, le conseil vient de lui voter un secours de 100 fr., sur les fonds libres de l'exercice 1908. (Séance du 12 mars 1909).

[2] Du 7 décembre au 16 mars 1909, 10, 821; au total : 72.362 portions, (*Compte-rendu d'avril 1909*).

Table des Matières.

			Pages
		Dédicace.	3
Chapitres	I.	Berck	7
»	II.	Familles Berckoises de 1169 à 1793. . .	8
»	III.	État-civil de 1669 à 1908	9
»	IV.	Église St-Jean-Baptiste 1137	15
»	V.	Le Clergé de 1670 à 1908	18
»	VI.	Berckois.	19
»	VII.	Berckoises	22
»	VIII.	L'Hôtel-de-Ville	26
»	IX.	Patois de Berck	30
»	X.	La Douane	33
»	XI.	Délibérations du Conseil municipal. — Élections de 1826 à 1908.	36
»	XII.	Receveurs municipaux	288
		Œuvres philanthropiques	289

ERRATA.

Page 27 (1re ligne) :
Au lieu de En 1898, *lire* En 1908.

Table des Matières :
Chap. II. Familles Berckoises *au lieu de* 1169 *lire* 1669.

9 782019 937218